商标注册与确权程序改革研究

——追求效率与公平的统一

张玉敏　著

知识产权出版社
全国百佳图书出版单位

图书在版编目（CIP）数据

商标注册与确权程序改革研究：追求效率与公平的统一/张玉敏著. —北京：知识产权出版社，2016.4

ISBN 978-7-5130-4135-5

Ⅰ.①商… Ⅱ.①张… Ⅲ.①商标管理—研究—中国 Ⅳ.①F760.5

中国版本图书馆 CIP 数据核字（2016）第 069340 号

内容提要

针对我国商标注册和确权程序繁琐、冗长，抢注、恶意异议等行为时有发生等问题，本书运用民法原理分析指出，商标注册是申请人为自己设定商标权的单方要式民事法律行为，商标法具有商事法的属性，商标注册和确权程序的设计应遵循民事法律行为制度的原理、原则，以效率和公平的统一为价值目标。指出为适应全民创业、万众创新，进一步改革开放及发展经济的要求，商标注册和确权程序应在2013年《商标法》基础上进一步简化，并提出具体的改革建议：首选方案是采不审查主义，先异议后注册；次优方案是坚持全面审查原则，先注册后异议。

读者对象：知识产权领域相关工作者、学习者。

责任编辑：崔　玲　　　**责任校对**：谷　洋

封面设计：sun工作室　韩建文　　　**责任出版**：刘译文

商标注册与确权程序改革研究

——追求效率与公平的统一

张玉敏　著

出版发行：知识产权出版社有限责任公司　　网　址：http://www.ipph.cn
社　址：北京市海淀区西外太平庄55号　　邮　编：100081
责编电话：010-82000860 转 8121　　责编邮箱：cuiling@cnipr.com
发行电话：010-82000860 转 8101/8102　　发行传真：010-82000893/82005070/82000270
印　刷：北京科信印刷有限公司　　经　销：各大网上书店、新华书店及相关专业书店
开　本：720mm×960mm　1/16　　印　张：16.5
版　次：2016年4月第1版　　印　次：2016年4月第1次印刷
字　数：320千字　　定　价：50.00元

ISBN 978-7-5130-4135-5

迟来的正义是非正义

——19 世纪英国政治家威廉·格拉德斯通

自　　序

本书的主要内容是关于商标注册和确权程序的讨论，从法学研究分类的角度，属于立法论的范畴。笔者将商标注册之前的程序称为注册程序，将注册之后处理注册商标效力争议的程序称为确权程序。

研究实体法的学者，通常对程序问题不感兴趣，认为程序问题尢非就是个操作规程，没有学问，不值得为此去浪费精力。但是，对于商标法而言，商标注册制度是商标法的核心和主体，商标法的所有制度，除侵权责任制度外，都是围绕着商标注册展开，或者为商标注册服务的。其实，侵权责任制度也是为保护注册商标服务的。可以说，商标注册制度决定着商标法的基本面貌。商标注册制度包括商标注册条件和商标注册程序两方面的规定。本书侧重商标注册程序的研究。

商标注册程序真的只是一个操作规程，没有理论，没有学问吗？为什么每次商标法的修改，程序问题都是一个重要的议题，而且，人们总是在程序问题上争论不休？例如，我国《商标法》1993 年和 2001 年两次修改，重点都是程序问题。1993 年修改增加了关于注册商标违反第 8 条（不得作为商标使用的标志）或者是以欺骗的手段或其他不正当手段获得注册的，由商标局撤销该商标注册，其他单位或者个人可以向商标评审委员会申请撤销该商标注册的规定；2001 年修改取消了商标评审委员会的裁定为终局裁定的规定，赋予当事人申请司法审查的权利，并且将申请撤销不当注册商标的期限由一年改为五年；在《商标法》第三次修改过程中，程序问题更成为争议的焦点，如我国是否应当取消全面审查原则，改采只依职权审查绝对事由？异议应当向商标局提出还是直接向商标评审委员会提出？对于商标局做出的异议裁定是否应当允许当事人向商标评审委员会申请复审？如此等等。同时，笔者在研究其他国家商标法的时候发现，各国的商标注册程序是如此的不同，如有的采全面审查原则，有的只审查绝对事由；有的先异议后注册，有的先注册后异议；有的国家甚至在相当长的时期内既不依职权审查相对事由，也没有异议制度，审查机关没有发现拒绝注册的绝对事由的即核准注册，甚至绝对事由的审查也只是部分的，不是全面的。而目前在欧盟，越来越多的国家正从全面审查转向只审查绝对事由。

注册程序的繁简与注册质量是什么关系？这些繁简不同的程序体现了什么样的立法理念和价值追求？这些问题引起笔者极大的兴趣和不懈的思考。

人们制定商标注册制度，总想设计得逻辑严谨、丝丝入扣、没有漏洞。人们相信，严谨的程序有利于实现法律的公平、公正。例如，我国2001年《商标法》规定的商标注册审查程序，就是行政三审（商标局二审，商标评审委员会一审）、司法二审，而且，商标局对注册申请要进行全面审查，对异议人的范围也没有限制。如此一来，对同一个问题，如注册商标是否与他人在先权利相冲突的问题，行政和司法要进行5次审查，如果当事人申请再审，则可能要进行6次审查。这还没有考虑所谓循环诉讼的问题。复杂、繁琐的注册程序一方面使审查机关不堪重负，审查周期过长，申请人也为冗长的程序所累，不能及时获得商标注册，影响经营活动的顺利开展。另一方面也给一些人利用程序或敲竹杠发不义之财，或骚扰、迟延他人商标注册，进行不正当竞争以可乘之机。而且，程序越复杂，可以被利用来骚扰申请人的机会也就越多。看来，复杂的程序不仅没有效率，也未必能实现公平。2013年《商标法》的修改限制了异议人的资格和异议理由，取消了对商标局认为异议不成立，核准商标注册时异议人申请复审的权利，简化了异议程序，既提高了审查效率，缩短了商标注册周期，又有效地抑制了利用程序敲竹杠和进行不正当竞争的骚扰行为。新商标法实施一年来，异议率比之前五年的平均值有所降低，而且无效申请的比例并没有像人们担心的那样明显上升，反而有所下降。这说明，简化程序和追求公平、公正并不冲突，是可以统一的。

按照学科分类和相关国际公约规定，商标法属于知识产权法。但同时，商标是为贸易服务的，没有贸易就不需要商标和商标法，因此，商标法又具有商事法的属性。商事活动追求效率和安全，效益原则是商事法的重要原则，商标法作为为商事活动服务的法律，应当反映商事活动对效率和公平的要求。而我国目前的商标注册制度严重缺乏效率，而且由于缺乏效率而害及公平，影响“促进社会主义市场经济的发展”立法目标的实现。商标法如何才能达到效率和公平的统一，这是立法者、注册机关和学者应当高度关注、认真研究的。

笔者研究发现，科学的商标注册程序的设计，不是一个纯粹的技术性问题，它其实主要是由立法政策和立法者的法治理念决定的。如果立法者不愿意承认商标权是私权，不尊重权利人的意思自治，不相信权利人自己能够管理、运用好自己的权利，仍然打着“为权利人服务”的旗号充当“权利人的监护人”，那么，简化程序，追求效率和公平统一的改革目标是不可能实现的。说到底，商标注册程序的改革离不开商标权的私权属性和社会主义法治理念的支撑。为此，笔者不揣浅陋，把这几年的一些思考写出来，期望能够引起学界和立法者对商标注册程序问题的重视，为推动商标注册程序的改革，实现效率和公平的统一尽绵薄之力。

本书没有对商标法进行全面、系统的研究。商标法的实体性问题，如显著性理论、混淆判断标准、侵权判定、赔偿数额的计算等，已经有许多高水平的研究成果，而且这些领域应当是法官的长项，笔者唯有虚心学习，不敢贸然置喙。拾人牙慧、炒冷饭，自己辛苦不说，浪费读者宝贵的时间，实在是罪过。

本书还收录了几篇已经发表过的论文，有的与本书讨论的程序有关，有的与本书讨论的程序无关，但窃以为仍然有现实意义，亦收入供读者参考。

另外，笔者在研究的过程中，收集了从晚清到中华人民共和国成立初期的商标法立法文本，为方便读者了解我国近现代商标立法概貌，附录于后。需要说明的是，这些文本均来自其他著作，笔者没有条件与原件核对，如有错误，欢迎校正。

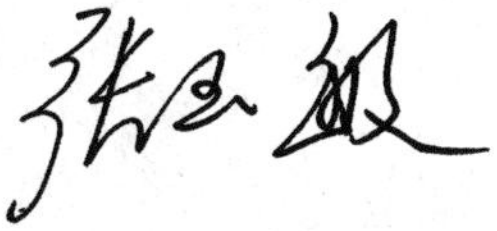

2015 年 10 月于重庆

目　　录

第一章　中国商标立法简史

一、中国古代商标的起源和发展

（一）明清以前我国商标的起源和发展

中华民族有着悠久灿烂的文化。春秋末年，铁器的发明与运用，促成第二次社会大分工，农业和手工业分离，商品交换逐渐活跃起来。当时，山东的临淄，河北的邯郸，中原的大梁（今开封）、洛阳等地，成为繁华的商品集散地。生产者为了表明自己的产品与他人产品的区别，开始在产品上印制作坊的名称和工匠的姓氏。在考古出土的铜镜上，即发现有邹氏、马氏、袁氏、宋氏等标记。在修复长城时，也从秦砖上发现有产地、工匠姓名等印记。[1]《礼记·月令》中"物勒工名，以考其诚，工有不当，必行其罪，以究其情"的记载，说明这些印记是官府监督商品质量的工具。但不可否认的是，这些标记也具有识别商品来源和信誉担保的作用。至汉代，这些标记的商标性质便日益显现出来。出土的汉代铜镜上，就已经有了宣传自己商品的广告铭文，如"侯氏作镜大元伤，巧工刻之成文章，左龙右虎辟不阳（祥），七子九孙居中央，夫妻保日安。"[2] 该铭文中"侯氏"是制作者的姓氏，其他广告语则宣传自己制作的铜镜的质量优良，同时，祝愿使用者平安吉祥。曹操《短歌行》中的著名诗句"何以解忧，唯有杜康"，《汉书·王遵传》中"箭张禁、酒赵放"的记载，都说明当时用姓氏、姓名表彰自己商品的情况已经较为普遍。侯氏、杜康、张禁、赵放都是表示商品来源或者说明制作者的，与今天的商标已经没有多大的区别。以上记载说明，我国起码从汉代起，以姓氏来标识自己的商品已经具有一定的广泛性。

唐宋时期，我国的手工业生产已经相当发达，为了保证商品质量，官府往往要求在产品上标明制造者的名字，如工匠名字、作坊名称或者店铺名称（物勒工名），才可以上市销售。唐《永徽律·杂律》规定："诸造器用之物，及绢布之属，有行滥短狭而卖者，各杖六十。"《疏议》解释："凡造器用之

---

[1][2] 参见：马东岐，康为民．中华商标与文化［M］．北京：中国文史出版社，2007：3.

物，谓供公、私用，及绢布绫绮之属，行、滥（谓器用之物不牢不真）、短、狭（绢匹不充四十尺，布端不满五十尺，幅阔不充一尺八寸之属）而卖，各杖六十。故《礼》云：‘物勒工名，以考其诚，工有不当，必行其罪’。其行滥之物没官，短狭之物还主。”由《疏议》的解释可以看出，至唐朝，官府仍然主要将这些标记作为监督管理商品质量的工具。

至宋代，商品生产和交易更加活跃、繁荣，商标的使用已经相当普遍。《清明上河图》里描写的京城繁华景象和琳琅满目的店铺名称，说明人们已经非常重视“招牌”在交易中的作用。现珍藏于中国历史博物馆的“白兔”商标模板，可谓图文并茂：图样中间是一只捣药的白兔，白兔上边是阴文“济南刘家功夫针铺”，左右两边刻有阳文“认门前白兔儿为记”，商标下边是一段宣传广告：“收买上等钢条，造功夫细针。不误宅院使用，客转与贩，别有加饶。请记白。”该商标使用在小商品“功夫细针”上，且构思巧妙，意蕴深刻，设计精美，这说明在我国宋代，随着贸易的发达，商标的使用已经相当普遍，商标的设计已经达到相当高的水平。

（二）明清时期我国的商标使用和管理

明清时期，我国的炼铁、铸造、造纸、食品、印刷和纺织等产业得到长足的发展，技术已达到相当高的水平，与此相适应，名牌产品也大量涌现。流传至今仍脍炙人口的“苏”“湘”“蜀”“粤”四大名绣，“内联升”布鞋、“同仁堂”中成药、“张小泉”剪刀以及享誉中外的珐琅工艺品“景泰蓝”，都是那个时期创出的牌子。其中，创于明宣德年间（1426－1435 年）的“景泰蓝”，后来演变成为北京珐琅工艺品的通用名称，这从一个方面说明了“景泰蓝”在当时的知名度。此外，明嘉靖年间（1522－1566 年）上海的“顾绣庄”绣品；明万历年间（1573－1620 年）江苏松江府西郊尤墩地区的“尤墩”暑袜；清乾隆年间（1736－1795 年）江苏松江的“飞花布”（亦称“丁娘子”布）；清咸丰年间江苏金山枫泾镇丁义兴小酒店创制的“枫泾丁蹄”，还走出国门，于宣统二年（1910 年）获南洋劝业会银质奖章，后又获得德国莱比锡国际博览会金奖。其中，尤墩暑袜用尤墩地区出产的土布制作，品质精良，深受百姓欢迎。制作者为防假冒，在暑袜上标注“尤墩”地名，以示区别。这相当于现今的地理标志产品，“尤墩”就是原产地名称或者地理标志。❶

将商标作为民事权利加以保护，在我国是从民间开始的。随着工商业的发展，商标的使用日益普遍，商人逐渐认识到商标的重要意义，产生了保护

---

❶ 左旭初．中国商标法律史（近现代部分）［M］．北京：知识产权出版社，2005：6-7.

商标的需求。

道光五年（1825 年），上海绮藻堂布业公会所制定了《牌谱》和《牌律》。《牌谱》相当于现在的商标注册规则。《牌谱》规定，“各牌第一、第二个字，或第二、第三个字，不准有连接两字相同，不准连接两字内有音同字异，或音、形相同之弊，如‘天泰’与‘天秦’，‘大成’与‘大盛’等字样。”《牌律》则相当于现在的商标法律。《牌律》分为六章，共 24 条。第一章入所章程，规定入所牌号登记、注册事项，包括布牌、商号的名称、业主住址、姓名及布牌登记格式；第二章营业牌号；第三章布牌注册；第四章布牌纳费；第五章牌号权利；第六章冒牌罚则。该《牌律》具备了今天商标法的主要内容，特别难能可贵的是，《牌律》专章规定了牌号的权利，这反映了当时商人已经有了保护牌号的权利意识。上海绮藻堂布业公所光绪十五年（1889 年）抄本和有关史料显示，上海绮藻堂布业公所使用的《牌谱》，以布商牌号起首第一个字计，共有 168 个，以这 168 个字起首组成的牌号（商标）共有 697 个。按起首第一字排在前八位的是天、长、益、大、水、庆、恒、祥。❶ 这说明当时上海商人使用商标已经相当普遍。

清光绪三十年（1904 年），上海商务总会按照商会章程的要求，也曾经对商业企业办理商标登记。如宣统元年（1909 年）二月初二，上海美兴洋行就曾经在上海商务总会登记用于棉织品的“升官发财”商标，登记编号是第 63 号。❷

随着商品经济的发展，商标大量使用，假冒等侵权行为的发生也就不可避免。当时虽然没有国家层面保护商标的法律，但是，为了维护市场秩序，发展地方经济，商品交易发达地区，如上海、江浙一带的地方官府通过发布告示的方式，严禁假冒和短尺少寸、掺杂使假等行为。如顺治元年（1644 年），松江府发布告示，要求各个布商遵守字号、图记规则，不得假窃混冒。顺治十六年（1659 年）四月，苏松两府为禁止布商假冒布牌，发布告示并立碑，对布商假冒字号“给示勒石，严禁假冒，永垂德政，以安商业事前来”，有假冒者，“正法施行，决不轻贷。”光绪二十四年四月二十九日（1898 年 5 月 17 日），上海县府发布禁止本市布商冒牌、短尺、掺杂做假的布告《钦加盐运衔在任候选道江苏松江府上海县正堂黄》，其中就有关于牌号登记的内容：“上海土产以布为正宗生意，在沪布商各立牌号，报明公所，登簿存查。”布告中还对牌号登记规则做了规定：“不准字音相同或者音同字异等弊。”❸ 乾隆元年（1736 年），长洲县布商黄文龙假冒同行布匹商标被提起诉讼，经

❶ 左旭初．中国商标法律史（近现代部分）[M]．北京：知识产权出版社，2005：8-9.

❷ 左旭初．中国商标法律史（近现代部分）[M]．北京：知识产权出版社，2005：9.

❸ 左旭初．中国商标法律史（近现代部分）[M]．北京：知识产权出版社，2005：9-11.

官府审理后，判决“勒石永禁”，“嗣后，各守字号、图记、招牌、店名，不得假窃混冒。如敢故违，许即鸣官详究”。道光年间，扬州谢馥春香粉老铺生产的香粉货真价实，品质精良，生意兴旺。附近的一些香粉小店便偷偷仿冒谢馥春的产品四处兜售。为了防止仿冒，谢馥春香粉老铺便在柜台上放置五只竹筒作为商标，后又在店堂内醒目处张贴告白：“本店城内仅此一家，此外并无分铺，请认清辕门桥谢馥春香粉老铺，五筒为记，庶不致误。”但仿冒者还是不断出现。谢馥春业主于是将13家仿冒的店铺告到大理院，谢馥春获得胜诉，13家被告店铺门口被官府贴上判决书，以示处分。❶

二、清朝末年的商标立法

中国的商标立法始于清朝末年。清末保护商标的规定，最初反映在清政府与帝国主义列强签订的条约中。如1902年9月5日中英两国签订的《中英续议通商行船条约》第7款规定，由南、北洋通商大臣，于其各自管辖区内，设立牌号注册局所。而商标的日常注册管理则完全由英国控制的海关负责。1903年10月8日，中美签订的《中美通商行船续订条约》第9款规定，凡美国人民之商标，在中国设立的注册局所，由中国官员查察后，缴纳公道规费，并遵守所定公平章程，由中国政府允示禁止冒用。同日中日签订的《中日通商行船条约》第5款，即是日本要求清政府为保护日本在华商人使用的商牌、专利等而专门规定的。

为了履行条约规定，清政府于1903年7月成立商务部，并计划在商务部设商标注册局，开始履行通商条约中有关保护商标的条文。此时，驻华大使、外国商人多次催促清政府尽快制定完备的商标法律，商务部于1903年10月31日咨文外务部函请海关总税务司，要求帮助草拟商标注册章程。英国人裴世楷受海关总税务司赫德指派，于1904年2月拟订出《商牌挂号章程》共13条。《商牌挂号章程》具有浓厚的殖民主义色彩，如第1条规定，办理商标注册的工作人员完全由英国人控制的海关总税务司安排。第2条将呈请挂号的商标分为洋牌和华牌，外商使用的已经在其本国注册的商标，在我国注册的称为洋牌，外商直接在我国使用，尚未在外国注册的称为华牌——我国商人使用的商标不在这个章程的保护范围之内，如果外商假冒中国人的商标，中国政府也无权处理。该章程一经公布，马上引起国内工商界人士的强烈反对，上海商人还多次要求英国大使转海关总税务司对该章程的不平等和歧视性问题进行修改。根据国内工商界和外国驻华大使的意见，清政府商务部对《商牌挂号章程》几经修改，拟订出《商标注册试办章程》，1904年8月4日，

---

❶ 左旭初. 中国商标法律史（近现代部分）[M]. 北京：知识产权出版社，2005：10.

经光绪皇帝钦定颁布施行。《商标注册试办章程》共28条，细目23条。这是我国历史上第一部由中央政府正式颁布的商标法律。《商标注册试办章程》对商标标识要素和不得作为商标注册的文字图形、申请注册程序、注册机关、注册有效期、注册商标的转让、注册商标的注销、侵权责任、注册费用等做了规定。与《商牌挂号章程》相比，《商标注册试办章程》做了以下重要修改：①明确规定商务部设立试办章程局，办理试办章程事务，天津、上海海关作为商标挂号分局，以方便广大厂商就近申请办理试办章程事务；②删除了关于洋牌、华牌的规定，这意味着国内商人也可以依章程申请商标注册。但《商标注册试办章程》仍保留了领事裁判权，其第20条规定：对于侵害商标者，如被告系外国人，由该地方官照会该管领事会同审判，如被告系中国人，由该管领事照会该地方官会同审判，如两造均为洋人或华人，由各该管衙门办理。

《商标注册试办章程》颁布后，英、德、意、比利时等国大使和商人纷纷提出反对意见。商务部为慎重起见，决定暂缓施行《商标注册试办章程》的大部分内容，第2条“津、沪两关作为商标挂号分局，以便挂号者，就近呈请”仍如原规定执行，于1904年10月23日正式受理中外商人的商标挂号申请。对商务部决定修改《商标注册试办章程》的决定，国内工商界议论纷纷，新闻舆论也认为政府软弱无能，批评外国驻华公使非法干预中国商政。商务部参考英、法等五国大使的修改意见，几易其稿，形成《商标章程草案》72条、附则3条。但是，随着辛亥革命爆发和清政府的垮台，这个草案也不了了之。

三、中华民国时期的商标立法

（一）北洋政府时期的商标立法（1912年成立至1928年6月）

这一时期在我国商标法律史上占有重要的地位。北洋政府时期，我国颁布了第一部付诸实施的商标法律《商标法》和《商标法施行细则》；颁布了第一部关于商标注册机构的法规《商标局暂行章程》，成立了第一个中央商标管理机构农商部商标局；编辑出版了第一本宣传商标法律、公告注册商标的综合性刊物《商标公报》。

中华民国政府成立后，即着手准备商标立法，派出负责商标工作的工商部商务司人员赴日学习、调研商标法律的修订问题，回国后对清末已经修订过三次的商标章程再次进行修改。工商部改为农商部后，商标法的修改及企业商标备案工作也改由农商部分管。由于商标备案增多和法律修订事务需要，农商部成立商标登录筹备处。筹备处做了大量工作，在清政府《商标章程草案》的基础上制定出《商标章程》，共53条，并送各国驻华公使征求意见。不久，法、美、俄等国大使先后将各自修改的商标章程交外交部转呈农商部，送北洋政府国会进行审议。但因时局动荡，商标法的立法工作被搁置，商标登录筹备处也被撤销。进入20世纪20年代以后，我国工商业发展迅速，国内企业逐渐认识到使用和保护商标的重要性，希望自己的商标能够得到政府商标法律的保护。在国际上，第一次世界大战结束，英、法、德等国要求维持他们过去在我国获得的经济利益，也多次催促北洋政府尽快颁布实施商标法律。国内各地商会、工商业联合会、行业协会等民间团体，也数次向政府提交议案和建议，希望政府体谅商艰，使商标法律早日颁布。[1] 在这种形势下，北洋政府于1922年7月再次决定在农商部设立商标登录筹备处。商标登录筹备处积极协调海关总税务司和天津、上海的海关商标挂号分局，要求将办理了近20年的所有商标挂号档案资料移交给中国人自己管理，将所有商标挂号事务收回由中国人自己办理。1923年春，多次修订并经媒体征求社会各界意见的《商标法草案》经国会两院通过，中国历史上第一部正式付诸实施的《商标法》于1923年5月3日公布施行。5月8日，《商标法施行细则》公布施行。

1923年《商标法》共44条，采注册取得商标权的原则和先使用原则；[2] 注册有效期二十年；注册商标得与营业一并转让，商标转移非经商标局核准注册，不得对抗第三人；商标注册后迄未使用满一年，或停止使用满两年者，商标局得以职权撤销注册；商标审查设审查、审定公告、异议、再审程序，对再审不服时，得依法诉愿于农商部。《商标法》还设有评定程序，认为注册商标应无效或者应认定商标专用权之范围者，得由利害关系人申请商标局评定。对评定之评决不服，得请求再评定，对再评定之评决不服时，得于六十日内诉愿于农商部。对诉愿之决定不服时，以其决定违背法令为限，得提起行政诉讼。1923年《商标法》以两条规定了10种侵犯商标权的行为为犯罪，处一年以下徒刑或500元以下罚金，并没收其侵权物件归受害人。如果所受损害超过没收物件估值，受害人得就不足数额请求赔偿。

1923年《商标法》规定商标注册、评定、管理和审判权归中国政府，商标局并积极开展收回原由英国人控制的海关总税务司管辖的天津、上海海关的商标挂号权，要求移交其挂号以来的所有档案，因而遭到西方国家驻华公使和在华洋商的无理指责，尤以英国驻华公使和英商为甚。他们多次集会，

---

[1] 左旭初．中国商标法律史（近现代部分）[M]．北京：知识产权出版社，2005：143.

[2] 1923年《商标法》第3条规定，二人以上于同一商品以相同或近似值商标个别呈请注册时，应准实际最先使用者注册。其呈请前均未使用，或孰先使用无从确实证明时，得准最先呈请者注册；其在同日呈请者，非经各呈请人协议妥洽让归一人专用时，概不注册。

反对我国的1923年《商标法》。1924年三四月间，英国商会联合美、法、日、意、瑞典等十国商会会长，向我国政府提出反对1923年《商标法》的多条意见，主要意见集中在商标局没有洋人代表，商标评定人员皆为中国人。英国驻华公使和商人还怂恿北京公使团向我外交部提出承认商标法的四个条件，其中包括商标局应聘请外国人为执行商标法的法律顾问，商标公报要用英文书写，反对更换代理人等（1923年《商标法》第10条规定，商标局于商标有关系之代理人认为不适当者，得令更换。）[1] 1924年3月28日，西商总商会在上海召开年会，会长报告认为，1923年《商标法》“并未经外交使团，或任何使馆之考虑。其内容于外人利益相妨，有破坏领事裁判权之情形。本会对该法，其反对主因，系在商标事务，完全由中国管理。该法规定商标须在北京商标局注册，该局人员完全由华人充当，商标诉讼之三审，全由中国官厅受理。”报告还无理要求商标局“须由外国专家助理，且在商标局及商标公断处，外人亦应有管理权”。[2] 英国公使还指示海关总税务司以中国在制定、颁布1923年《商标法》时没有事前或事后和英国公使协商，更未经英国人之许可为借口，一再拒绝、拖延移交商标挂号的管辖权和挂号档案资料，赤裸裸地干涉中国内政。同时，英国驻华公使还指示英国商会联合在华英商，通过《泰晤士报》等媒体，发表反对、攻击我国1923年《商标法》的文章。

面对各国公使和英国商会等的无理要求，上海总商会等社会团体和广大工商界人士则纷纷利用《申报》《东方杂志》《总商会月报》等媒体发表时事述评等文章，批驳英商等干涉中国内政的无理要求，呼吁政府顶住压力，对以英美商会为代表的反对我国1923年《商标法》的闹剧和无理要求，不予理会并进行针锋相对的斗争。北洋政府在国内舆论的压力和支持下，对以英国公使和商人为代表的外国公使和商人无理要求采取了不予理会的强硬态度。

在英、美积极反对我国1923年《商标法》的同时，德、日基于自身利益的考虑，则采取了承认的态度，并积极将在华使用的商标呈请商标局注册。美国也于1926年5月29日正式通知中国政府：“美国承认中国《商标法》，并自1926年9月1日起在美国生效。即中国商标亦在美国确认。”商标局在坚决抵制外国公使和商人无理要求的同时，在执行商标法的具体问题上也做了适当的妥协，并依法帮助英国商人解决了在山西缠讼多年的商标纠纷，受到英国商人和舆论的好评。至1926年，包括英国在内的世界各国均承认了我

[1] 沈雁南：《〈商标法〉及关税预备会两交涉的结束》，钱智修编《东方杂志》第21卷第13号时事述评，商务印书馆1924年7月10日出版，第6页。转引自：左旭初．中国商标法律史（近现代部分）[M]．北京：知识产权出版社，2005：189-192.

[2] 《西商年会会记·商标法问题》，《申报》1924年3月10日。转引自：左旭初．中国商标法律史（近现代部分）[M]．北京：知识产权出版社，2005：190.

国1923年《商标法》。❶

为了实施1923年《商标法》，1923年5月12日，我国第一部关于商标注册机构的法规《商标局暂行章程》正式颁布，第一个商标局同时成立。《商标局暂行章程》规定，商标局隶属于农商部，掌管商标注册各项事宜，其主要职责包括商标审查、评定、再评定，商标注册及公布、商标编辑、调查及公报事项。自《商标局暂行章程》颁布至1927年7月短短三年中，该章程三次修订，名称后改为《商标局组织条例》，隶属关系也由农商部改为实业部。❷

在此期间，除北洋政府制定的1923年《商标法》之外，广东、湖南、四川等省也制定过地方性的商标法规。一些民间商会组织，也制定过一些商会、行业的商标使用管理规则，如上海总商会制定了《商事公证规则》，对商标进行公证，对保护会员商标不受同行业其他厂商的假冒、仿冒，起到了较大的作用。湖南等省的商会组织，也对会员使用的商标进行了不同形式的管理。这在北洋政府1923年《商标法》尚未出台，政府管理不到位、不健全的情况下，对促进厂商使用商标，维护商标使用秩序，起到了很好的补充作用。

（二）南京国民政府的商标立法

1927年，南京国民政府成立，同年12月1日，在南京成立全国注册局，分管商标注册、公司登记等工作。除北方地区的商标注册还向北洋政府的商标局呈请注册外，其他地区的厂商已不再向北洋政府的商标局呈请注册。1928年6月，国民革命军打进北京城，北洋政府垮台，商标局的工作也随之终止。南京政府注册局成立后，至1928年12月的一年间，注册局共为中外厂商核准注册和补行注册商标2 300件，其中，中国厂商呈请注册和补行注册商标947件，外商呈请注册和补行注册1 353件。此期间，商标注册实际上沿用的是北洋政府1923年5月颁布的《商标法》和《商标法施行细则》。

南京国民政府执政期间，对《商标法》进行了两次修订。

1. 1930年对《商标法》的修正

由于呈请商标注册的数量日益增多，工商部研究决定并报国民政府同意，在工商部之下设立商标局。同时制定公布了《商标局组织条例》。

由于北洋政府的1923年《商标法》已经很难适应商标管理工作的需要，颁布新的《商标法》成为业内的一致要求。1929年春，南京国民政府工商部商标局成立了商标法研究委员会，专门从事《商标法》的起草。本次修法由

---

❶ 国民政府实业部商标局编：《商标公报百期纪念特刊》，第4页，1935年6月15日。转引自：左旭初．中国商标法律史（近现代部分）［M］．北京：知识产权出版社，2005：212.

❷ 左旭初．中国商标法律史（近现代部分）［M］．北京：知识产权出版社，2005：214-226.

立法院商法委员会主任委员马寅初主持，他委派著名会计师潘序伦等研究《商标法》修改的相关问题。潘序伦对使用在先制度提出尖锐批评，认为使用在先主义“不啻对于商标之不注册，加以奖励”，认为应当“采用折中主义，即使用在先者，呈请亦应在先是也”，才适合国情。还有人建议将第5条删除，以贯彻商标专用权精神。[1] 但是，1930年5月6日通过，1931年1月1日施行的《商标法》，仍采在先使用原则，而且将原第4条规定的“本法施行前以善意继续使用五年以上之商标于本法施行六个月以内依本法呈请注册时，得不依第2条第5款及第3条规定之限制，准予注册”，改为“以善意继续使用十年以上之商标……”删除了“本法施行以前”的限制性规定，使用主义的色彩更加浓厚。1930年《商标法》与北洋政府1923年《商标法》相比，主要是增加了不得使用党旗、党徽、总理遗像，包括总理姓名、别号呈请注册的规定；删除了侵犯商标专用权的刑事责任的规定，理由是这在其他法律，包括刑法中已有规定。由于1930年《商标法》删除了对假冒商标查处的条款，在处理有些假冒商标问题时，如何适用刑法条款较难掌握，1931年3月，立法院第136次会议议决案通令严禁仿造他人已注册之商标，仿造他人注册商标，以伪造论。

既然对使用主义多有批评，1930年《商标法》为什么还要采使用主义？对此，马寅初曾发表数篇文章进行解释。他认为，使用主义最大之弊端在于商标专用权不确定。之所以仍兼采使用主义，主要有以下考虑：其一，历史原因，“旧商标法系经北京旧国会通过，已有七年之历史，若完全将使用主义推翻，采用呈请主义，恐影响甚大”；其二，防止恶意注册，恶意注册是注册主义的最大弊端，在商标法施行的七年时间中，“外人呈请注册者多，华人呈请注册者甚少，且有多少人以恶意呈请，倘商标注册，以呈请之先后为准则，善意者之权利，反被恶意者剥夺”，“舍使用主义而用呈请主义，则仿冒之弊将防不胜防”。至于第4条没有废除且将“本法施行前”删除，马寅初认为，旧法主要是给予欧美国家商人的特权，具有临时性质，以法律施行后六个月内注册为限，此次修法删除“本法施行前”，将其临时性质废止，作为永远之规定，是考虑到华商法律意识不强，为保护其权益而设。鉴于“我国交通不便，变乱相侵，而人民知识复极幼稚，尤以法律上之利害素非关怀，径效日本，未免令先使用者吃亏，或使黠者起觊觎之心而图侥幸之举，故以先使用

---

[1] 参见：刘文远. 从“移植”到“内生”的演变：近代中国商标权取得原则的确定及调整［J］. 知识产权，2015（4）.

者为限，较合于实际情形”。[1]

2. 1935 年对《商标法》的修正

20 世纪 30 年代初，我国社会经济不断发展，呈请商标注册的数量迅速上升，中外厂商商标争议纠纷也越来越多。据实业部商标局资料，1927 年，经全国注册局核准注册的商标仅 188 件，到 1934 年，一年核准注册的商标达到 2 792件，同期，受理商标异议案件从 22 件上升至 95 件，评定、评决案件从 2 件上升至 41 件。[2] 同时，业内人士普遍感到 1930 年《商标法》的部分条款已不能适应商标事业发展的需要。1932 年“淞沪抗战”爆发后，上海与南京交通中断，商标局迁往商标注册量占全国 80% 以上的上海。商标局迁往上海后，使上海不但成为商标注册中心，而且成为商标法律法规研究中心。当时，上海市商会组织上海工商界人士，联合国内部分民商法专家、律师等，积极开展对商标法律法规的研究工作。上海总商会、上海机制国货工厂联合会及各同业公会等还多次召开修改商标法的研讨会，在各类新闻媒体上公布修改商标法的文章和研讨会、座谈会的消息。1934 年 7 月，上海工商界代表多次向政府立法院、司法院、实业部商标局、上海市商会等反映，1930 年《商标法》在诸多方面不适应工商业发展及商民注册需要。上海市商会也向政府提出议案称，现行《商标法》在诸多方面，亟须进行必要的修改。上海市商会还邀请 11 位工商界领袖、著名律师等成立商标法规研究委员会对商标法进行专题研究，向国民政府立法院提出多项修正意见。[3] 由于 1930 年《商标法》将第 4 条的临时权宜性质改为永久性规定，大大加强了商标法的使用主义色彩，与注册主义发生了激烈冲突：即使不注册，只要能连续使用十年，哪怕与已经注册的商标相同或者近似，也仍然享有注册的权利，这必然带来实施中的混乱，由此导致注册主义的商标权取得原则在人们的心目中就变成了使用主义。该法颁布不久，《申报》就发表消息说，“中国商标法根据最先使用主义，与注册之先后，无甚关系”。[4] 在法律实施的过程中，对使用先后的争执也构成了当时商标纠纷的主要内容。1934 年共有 150 件商标纠纷，争议问题七种，其中前三种都是商标使用先后的争议。而且，1930 年《商标法》对使用的重视，并没有如立法者期待的那样为民族工商业的发展提供保护，在

---

[1] 参见：马寅初：《新颁布之商标法（即修正商标法）》，载《东三省官银号经济月刊》1930 年第 2 卷第 9 期。马寅初：《商标与商标法》，载《银行周报》，1931 年第 15 卷第 47 号。转引自：刘文远. 从“移植”到“内生”的演变：近代中国商标权取得原则的确定及调整［J］. 知识产权，2015（4）.

[2] 国民政府实业部商标局编：《商标公报百期纪念特刊》，专载 P15，1935 年 6 月 15 日。转引自：左旭初．中国商标法律史（近现代部分）［M］. 北京：知识产权出版社，2005：328.

[3] 转引自：左旭初．中国商标法律史（近现代部分）［M］. 北京：知识产权出版社，2005：330.

[4] 《商标法颁布后之商标讯》，《申报》，1930 年 5 月 21 日。转引自：刘文远. 从“移植”到“内生”的演变：近代中国商标权取得原则的确定及调整［J］. 知识产权，2015（4）.

当时的工商业者看来，第4条恰恰有利于工商业发达的西方国家。有鉴于此，在工商界，特别是上海总商会和会计师团体的推动下，1934年开始了对1930年《商标法》的再次修改。1934年8月14日，《商标法修正草案》呈交立法院讨论。在对1930年《商标法》讨论修改期间，包括商标局局长在内的许多人士纷纷发表自己的见解，媒体记者也积极采访报道。1935年10月31日立法院通过《商标法修正案》，11月23日公布，即日起施行。修改后的1935年《商标法》共39条，仍采先使用原则，但是加上了在中国境内使用的限制，即将第3条修改为："二人以上于同一商品，以相同或近似之商标各别呈请注册时，应准在中华民国境内实际最先使用并无中断者注册。"原第4条因工商界人士认为涉嫌阻碍我国工商业和商标事业的发展被删除。❶

3. 抗战期间的商标工作和1948年《〈商标法〉草案》

"七七事变"以后，抗日战争全面爆发，日货遭到国人全面抵制。日商便将他们生产的劣质日用品，包括化学品、轻工业品、纺织品等冒充国货销售。1938年10月27日，国民政府经济部公布《查禁敌货条例》，1940年1月8日公布《非常时期上海特区及各游击区商人呈请商标注册处理办法》，规定对相同或近似于业经公告查禁之敌货商标，不得注册。该办法对查禁劣质日货，抵制伪劣日货在我国城乡的销售起到了一定的作用。抗战胜利后，经济部公布《收复区敌伪商标处理办法》，宣布"凡在收复区由敌伪组织审定注册之商标，无论属何国籍，一概无效。"要求厂商将原由汪伪政府核发的商标注册证等迅速交由经济部商标局进行核查，一律换发新证。

抗战胜利后，民国政府再次启动了《商标法》的修改工作。此次修改的主要目的，就是要将兼采注册主义和使用主义改为纯采注册主义。1946年，时任商标局局长张以焜提出："我国过去商标立法，系兼采注册主义及使用主义，此次修改，将纯采注册主义"。他认为，旧法以使用先后作为商标权取得标准，导致的结果是"凡未经审定或注册之商标，只需以使用在先为理由，即可推翻已经审定或者注册之商标，易生流弊，殊非立法本意"。其继任者吴承洛也指出，中国商标注册手续过于繁杂，影响商品经济发展。战后对活跃市场，商标作用极大，为此，政府加强商标管理，"简化登记手续，强制推行"。邱鹤年在1946年为陆桐生《商标法及其判解》（大东书局1948年出版）一书所写的序言中也认为，现行《商标法》存在几个方面的问题，其一是采

---

❶ 1930年《商标法》第4条"以善意继续使用十年以上之商标，依本法呈请注册时，不受第2条第6款规定之限制。但商标局认为必要时，得令其将形式或所施之颜色，加以修改或限制。"工商界人士普遍认为，此规定实际受惠的，不见得是落后的本国工商界，而是工商业先进的外国商人。见国民政府实业部商标局编《商标公报》第95期（1935年1月15日）专载第4页。转引自：左旭初．中国商标法律史（近现代部分）[M]．北京：知识产权出版社，2005：333.

使用主义原则，发生使用先后纠纷，“迁延时日，遽难解决，致影响一方商标权益”；其二是诉讼程序繁杂，异议、评审各有两审，如再经过经济部、行政院、法院最后判结，往往要经年累月。在这样的认识之下，此次《商标法》修改对商标权取得原则做了重大调整。1948 年公布的《〈商标法〉草案》第 13 条规定：“二人以上于同一商品，以相同或近似之商标，各别呈请注册时，应准最先呈请者注册。”❶ 对商标权取得原则的这一重大调整，当时学界和实业界给予积极评价，认为“由放任主义改进强制主义，实倾向法治之意旨”。叶朝钧认为：“我国工商业渐趋繁盛……商标专用权之重要性，已深入商人之心，依照目前国情，商标之改为‘注册’主义，当无十分困难。”❷ 该草案和当时社会的主流观点，预示着商标权取得原则将从注册主义兼采使用主义转向注册主义。这种转变的理由及其原因，值得我们今天认真思考。

四、抗日根据地和解放区的商标管理和立法

（一）抗日根据地的商标工作

中国共产党领导的抗日根据地的商标工作是根据地经济工作的重要组成部分。商标工作主要是针对日商仿冒国货大量流入抗日根据地的情况以及日寇的经济封锁，严厉打击和查禁流入根据地的假冒国货，严厉禁止敌货奢侈品、迷信用品和毒品输入抗日根据地，以保护根据地工商业的发展。抗日战争初期，我国民众团结一致，抵制日货，不法日商将滞销日货贴附名牌国货商标，冒充国货，向我国市场倾销，大量假冒国货的日货流入抗日根据地。日本帝国主义在军事扫荡、围剿的同时，对根据地进行经济封锁，凡粮食、棉花、布匹等日用品，特别是药品、印刷纺织等器材，都在禁止之列。准许进入根据地的物资则为鸦片、化妆品、糕点、酒、人造丝织品、麻醉品等消耗根据地财力和毒害军民的奢侈品和毒品。抗日根据地对此是提高到敌我双方经济斗争的高度来认识的，认为“是敌我正面的经济战，它的胜负，足以影响抗战前途。其重要性，是不亚于军事的。”不能有任何轻视商标问题的思想存在，抗日根据地针锋相对地开展查禁、打击走私敌货的行动。❸ 如晋察冀

❶ 见《修订商标法草案》，载《诚信月刊》1948 年第 1 卷第 7 期。转引自：刘文远. 从“移植”到“内生”的演变：近代中国商标权取得原则的确定及调整［J］. 知识产权，2015（4）.

❷ 叶朝钧：《商标之使用主义与注册主义》，载《立信月报》1948 年第 7 卷第 7 期。转引自：刘文远，从“移植”到“内生”的演变：近代中国商标权取得原则的确定及调整［J］. 知识产权，2015（4）.

❸ 安徽、河南、浙江、江苏、湖北省工商行政管理局. 苏浙皖赣豫抗日民主政府的工商行政管理［M］. 北京：工商出版社，1987 年第一版；杨惠庄：《怎样开展对敌经济反侵略战——论皖南走私与防止对策》，《皖人报》1940 年 8 月 13 日。转引自：左旭初．中国商标法律史（近现代部分）［M］. 北京：知识产权出版社，2005：357，460.

边区政府1941年1月向边区各出入口发出“敌贸鉴别表”，将日本生产的81种商品，59种商品商标，列入禁止入口的黑名单。❶ 商标管理是根据地进行经济斗争的重要法律手段。晋察冀边区政府曾经发布过很多商标登记管理的规章制度，主要的如1944年5月25日颁布的《晋察冀边区商品牌号专用登记办法》，对牌号登记的申请、登记内容、登记的效力、侵权损害赔偿以及牌号专用权的撤销做了明确规定。

晋冀豫边区政府曾开展号召边区军民开展抵制敌货、使用边区土货的群众运动。为了更有效地开展抵制敌货，打击冒用敌货商标的违法行为，边区政府还专门制定了商标注册管理法规，在边区各边境口岸对出入境货物进行严格检查，如有非法走私敌货奢侈品、迷信用品等货物的，要受到严厉查处，情节严重的，还要移送司法机关追究刑事责任。晋冀豫抗日根据地太行地区针对一些非法商贩对敌货奢侈品、化妆品、迷信用品、毒品等走私较为严重的情况，开展“禁绝一切奢侈品，限制非必需品的输入。组织群众性的缉私工作……组织商人参加对敌经济斗争。”边区政府还通过向本地商贩发工商营业证的办法，监督商贩的经营活动。太行地区工商管理局还针对本地区商标使用存在的问题，指出：“我区有些产品如毛巾、洋袜、香肥皂等的质量与敌区机器制品相比，有的还无异于外货。但是商标很乱，冒外货的字号，不写地点的甚至根本什么都不写的很多，很难识别其系本地产品或外地产品。”“必须树立商品观点、市场观点、竞争观点，做到精制、精造商标，在审查工厂时，凡已出产之成品，一律限期登记，并详细检查商标，以资保护，以便管理。”❷

晋冀鲁豫根据地自1938年即开始对边区厂商使用商标进行监督管理，主要是为了抵制敌货产品对边区各地市场的倾销，以及制止本地不法商贩以日货冒充国货商标，对边区工业生产、集市贸易的干扰，破坏边区经济建设。1942年，边区政府颁布《晋冀鲁豫边府建设厅通令纸烟专卖实施办法》，该办法第5条规定：“各特许私营纸烟厂之商标，须事先向工商局办理登记”。

（二）解放区的商标工作

解放战争时期，解放区的商标工作，主要是对商标进行登记，严禁假冒，目的是发展生产，提高土货质量，保障解放区军民的物资供应。如，晋察冀边区冀中行署在解放战争时期，针对边区一些企业缺乏商标意识，不知利用商标在市场上建立自己的信誉，却经常从天津买来许多上海、天津等大城市企业甚至外国商标标识纸，贴在自己已经在市场上畅销的商品上的问题，于

---

❶ 王湘钦，吴太昌. 中国近代商业史论［M］. 北京：中国财政经济出版社，1999：725.

❷ 山西、山东、河北、河南省工商行政管理局. 晋冀鲁豫地区革命根据地的工商行政管理［M］. 北京：工商出版社，1987：489.

1947年3月5日发布《发展土货中的商标问题》，规定对假冒他人商标的行为将由边区政府予以制裁。同时对商民进行商标宣传教育："在繁多的商品竞争下，只有建立自己的商标，并努力提高质量，将自己的牌子卖亮，这才会在竞争中取得胜利。"❶ 1948年，冀中行署制定了《商标注册暂行办法》，要求企业使用商标要进行登记，经登记之商标牌号，政府依法保障其商标专用权，侵害商标专用权应承担赔偿损失的责任，并予以严厉惩罚。❷ 冀东行署1947年9月颁布了《冀东行政公署商标注册暂行办法》，该办法除对商标注册条件、注册内容等做了规定以外，还对注册获得之权利以及注册变更和撤销做了规定。❸

晋冀豫边区冀南区工商管理局根据本地区工商企业使用商标和查处假冒伪劣商品商标的需要，于1947年4月19日颁布了《冀南区商标注册暂行办法》，并依据该办法宣传商标法规，打击假冒名牌的不法行为，使边区市场秩序大为改观。如1948年8月26日，边区工商局发布《冀鲁豫区工商管理局紧急通知——为查获冒牌"金钟牌"香烟出售，并追究来源，以澄清市场秩序由》，要求本区工商管理局"为保护本区企业发展，保护制品专利，以期提高质量，抵制舶来品"，严查假冒，以防奸商捣乱，查出假冒烟后，除没收外并追究其来源，重大者送政府法办。❹

陕甘宁边区1949年7月18日颁布《商标注册暂行办法》共21条，同时颁布的还有《商标注册申请书》《商标注册证书》《商标权转移申请书》的式样。同年12月15日，边区政府工商处发出《关于商标注册的指示》，对注册中提出的一些具体问题给予详细解答。❺

晋冀鲁豫边区政府1946年8月颁布了《晋冀鲁豫边区商标注册办法》，该办法的目的是"为便于我区各种工业制品与舶来品之识别与管理"，凡经边区政府批准经营的公、私企业、作坊等，持有甲种执照者均应制定商标牌号，申请政府注册备案，以资保护。该办法规定，制定牌号登记时，须按其产销情形，分别向各级政府登记。凡在一县、市境内销售的，在县、市政府登记，产量较大出县营业者，由县、市政府转请行署批准登记。行销全边区甚至出境行销者，由县、市政府转请行署批准注册。分级注册管理的规定，符合当时的实际情况，也便于商民申请登记。对于相同、近似商标的注册申请，采

---

❶ 《发展土货中的商标问题》，1947年3月5日《冀中导报》。转引自：左旭初．中国商标法律史（近现代部分）[M]．北京：知识产权出版社，2005：386.

❷ 河北省工商行政管理局．河北省工商行政管理志 [M]：北京：民族出版社，1993：419.

❸ 河北省档案馆保存的《冀东行政公署商标注册暂行办法》（1947年9月28日）。

❹ 《冀鲁豫边区工商工作史料选编》，内图资准字第029号，1995年8月版，第350-351页。转引自：左旭初．中国商标法律史（近现代部分）[M]．北京：知识产权出版社，2005：399-400.

❺ 丁耀堂、渠川珹合编：《中外商标法规选编》P58，工商出版社1986年2月第一版。转引自：左旭初．中国商标法律史（近现代部分）[M]．北京：知识产权出版社，2005：476-477.

取先申请原则。办法还对牌号转让、撤销做了明确规定。该办法是根据地政府发布时间较早，内容较为全面、完整的一部商标注册和管理法规，不仅对促进边区经济发展，打击假冒，抵制敌占区奢侈品、迷信用品对边区市场的倾销起到了重要作用，而且为后来华北人民政府制定和颁布《华北区商标注册办法》奠定了基础。

山东渤海行署地区自抗战初期就对本地区厂商使用商标进行管理。1947年2月，为提高本地区工业产品质量，促进工商业发展，抵制外货及防止假冒，颁布了《商标登记注册暂行办法》，规定"凡在渤海区内制造的工业品，及有商标的土产，皆应登记注册。"对于登记注册的商标，如有冒牌伪造，一经告发，除赔偿注册人损失外，还要受政府法律制裁。对于不进行登记注册之商标，或应贴商标而不贴商标之工业品，一律以外来品论，征收入境税或禁止销售。关于登记费用，日用品200元，消耗品500元，迷信品1 000元。强制注册和不同的注册费，反映了鲜明的时代特征。

1949年1月8日，华北人民政府颁布《华北区商标注册暂行办法》（20条）和《暂行办法施行细则》，自公布之日起施行，之前各地颁布之商标注册办法即行作废。5月，根据实践中遇到的一些问题，华北人民政府决定对《华北区商标注册暂行办法》和《暂行办法施行细则》进行修改，6月11日，修改后的《华北区商标注册办法》和《施行细则》颁布，同时颁布的还有《商品分类表》《商标注册申请书》《商标审定书》格式样本等。《华北区商标注册办法》共20条，采注册取得商标专用权原则，注册有效期二十年，对注册条件、注册程序、异议、评定、续展、撤销、转让等均做了明确规定。之后，根据形势发展的需要，华北人民政府又制定了《工商部商标注册应行注意事项》，作为《华北区商标注册办法》的临时性补充条款。《工商部商标注册应行注意事项》与《华北区商标注册办法》相比，增加了很多具体内容，如对商标注册条件，商标注册程序，商标注册审定公告，商标争议的评定，商标注册变更、转让、注册费以及对老解放区和国民政府颁发的商标注册证的处理等，都做了具体规定。对于老解放区的注册商标，在换证时应严加审查，如其中有相同、近似商标使用于同一商品情形，须就近调查双方实际情况，送工商部审定。对原国民政府所发之注册证，原则上不予承认，但商人使用多年，仍须视为有优先权。[1]

边区的商标工作对边区经济发展和土货创名牌起到了积极的推动作用，在艰苦的抗战时期和解放战争时期，在经济落后的广大城乡，创出了深受根

---

[1] 《晋冀鲁豫地区革命根据地的工商行政管理》，工商出版社1987年版，第477-494页，华北人民政府工商部编印《商标公报》（第一期）（1949年6月15日），转引自：左旭初．中国商标法律史（近现代部分）［M］．北京：知识产权出版社，2005：440.

据地军民欢迎的名牌产品，如五星牌干电池，“解放牌”“幸运牌”“工农牌”火柴，“火车头牌”卷烟，“狮子牌”标准白布，“汝花牌”“尚英牌”“银香牌”棉布等。

前述情况说明，共产党领导的抗日根据地和解放区，在战事频仍的恶劣环境下，仍然十分重视发展经济和商标立法、商标注册保护工作。

五、新中国的商标立法

（一）《商标注册暂行条例》（1950 年）

中华人民共和国成立后，百废待兴，发展经济是新中国的重要任务。为了适应发展经济的需要，1950 年 7 月 28 日政务院通过了《商标注册暂行条例》，并于 8 月 28 日公布。《商标注册暂行条例》共 6 章 34 条，对立法宗旨，商标要素和禁用标志，注册的申请、审查、异议等注册程序做了明确规定；采商标权注册取得原则、自愿注册原则和先申请原则，注册有效期为自注册之日起二十年。商标注册机关为政务院财政经济委员会中央私营企业局。同年 9 月 29 日，政务院财政经济委员会颁布了《〈商标注册暂行条例〉施行细则》，该细则共 23 条，对《商标注册暂行条例》的具体事项，如申请书的要求、申请费的数额等问题做了规定。

《商标注册暂行条例》是在解放区商标法规的基础上，结合当时多种经济成分共存的实际情况和《中国人民政治协商会议共同纲领》确定的“公私兼顾、内外交流”的政策制定的。[1] 这是新中国第一部商标法规，也是新中国成立后最早的经济立法之一，为新中国商标注册与管理制度的建立打下了良好的基础。

（二）《商标管理条例》（1963 年）

随着国家对资本主义工商业社会主义改造的完成和反右斗争的开展，到 1957 年，《商标注册暂行条例》实际上已经停止执行，商标工作主要依据一些行政性规定来进行，如实行全面注册即强制注册，废止商标异议程序，把商标管理作为政府监督商品质量的手段等。[2] 1963 年 3 月 30 日，第二届全国人民代表大会常务委员会批准《商标管理条例》，由国务院于同年 4 月 10 日公布施行。《商标管理条例》共 14 条，主要是把 1957 年以来商标工作的变化用条例的形式固定下来。其主要内容包括：明确规定条例的立法目的是“为了加强商标管理，促使企业保证和提高产品的质量”；改自愿注册为强制注

---

[1][2] 参见：国家工商行政管理总局. 商标注册与商标管理［M］. 北京：中国工商出版社，2012：4.

册，规定企业使用的商标都应当向中央工商行政管理局申请注册；规定商标是代表商品一定质量的标志，要求工商行政机关应当会同有关部门对商品的质量进行监督和管理；取消了异议程序；取消了商标注册的有效期，商标使用期限自注册之日起到企业申请撤销时止。《商标管理条例》既没有规定商标注册人享有什么权利，也没有规定对注册商标的保护，申请注册只是企业的一种义务。《商标管理条例》充分反映了在计划经济条件下，商标完全成为政府管理经济的一种手段，与今天人们说的商标权的私权属性几乎没有关系。

1963 年 4 月 25 日，中央工商行政管理局公布了《商标管理条例施行细则》，对此前实际工作中采用的核转制做了明确的规定："企业申请商标注册、变更注册事项、转移注册、撤销注册和补发注册证，都应当报所在市、县工商行政管理部门核转中央工商行政管理局。"国内企业申请商标注册实行两级核转，即申请人所在市、县工商行政管理局核转省、自治区、直辖市工商行政管理局，省、自治区、直辖市工商行政管理局核转中央工商行政管理局。两级核转制一直到 1990 年试点建立商标事务所后才逐步废止。

（三）"十年动乱"时期商标工作受到破坏

"文化大革命"时期，社会主义法制遭到严重破坏，本来就简单、粗陋的商标注册制度也难逃厄运。"文化大革命"对商标工作的破坏主要表现在三个方面：一是取消了正常的商标注册管理工作。1966 年 8 月 27 日，中央工商行政管理局发出《关于商标改革的通知》，通知规定："文化大革命"期间，经工厂广大职工群众讨论同意，报业务主管部门和当地工商行政管理部门备案后即可以废除旧商标，印制新商标，新商标的设计要破旧立新，兴无灭资，商标混同问题待以后解决；"文化大革命"期间，暂不办理商标查询、注册、发证、变更和撤销手续；原拟下放给地方工商行政管理局办理的内销商品商标的注册也可以暂不办理。二是许多深受国人喜爱的著名老牌子受到批判，如"同仁堂"中成药、"张小泉"剪刀、"王麻子"刀剪、"六必居"酱菜、"内联陞"布鞋等，都是"为资本家树碑立传"，"嫦娥奔月""敦煌飞天"被批判为"宣传封建迷信"，"长命"牌被批判为"活命哲学"等。一些深受消费者喜爱的商标被迫改名，如"梅林"罐头改为"红梅"罐头，"回力"胶鞋改为"前进"胶鞋等。三是商标主管部门或撤或并，整个"文化大革命"期间，在全国范围内，无统一的商标注册管理机构。1969 年 6 月，中央决定将出口商品商标和外商商标的注册工作移交给外贸部办理，外贸部则交给中国国际贸易促进委员会办理。整个"文化大革命"时期，全国的商标工作处于无制度、无主管部门、无人负责的混乱状态。[1]

（四）改革开放后的商标立法

1. 1982 年《商标法》

中国共产党第十一届三中全会确立了把全党工作的着重点转移到社会主义现代化建设上来的总方针，商标工作作为经济工作的重要组成部分得到重视和恢复。1978 年 9 月 25 日，国家工商行政管理总局成立，根据工作需要，国家工商行政管理总局设立了商标局，1979 年年底，在全国恢复了商标统一注册制度。但当时商标工作的依据仍然是《商标管理条例》及其施行细则。随着经济体制改革的深入和企业经营自主权的扩大，《商标管理条例》已经明显不能适应经济发展的要求，制定一部全面规范商标注册、使用和保护的法律成为当务之急。于是，在总结我国 30 多年商标工作正反两方面经验的基础上，根据改革开放、发展商品经济的需要，并借鉴其他国家商标立法经验，1982 年 8 月 23 日第五届全国人民代表大会常务委员会第 24 次会议通过了新中国第一部《商标法》，并于 1983 年 3 月 1 日起施行。这部《商标法》也是改革开放以后颁布的第一部知识产权方面的法律。1982 年《商标法》共 8 章 43 条，它废弃了《商标管理条例》确立的全面注册原则，采取了自愿注册原则、注册取得原则和先申请原则；对注册申请的审查采取全面审查原则，注册须经过形式审查、实质审查、初步审定公告、异议、核准注册一系列程序；对核准注册的商标，可以在一年内向商标评审委员会提出争议，商标评审委员会的裁定为终局裁定；商标专用权的保护成为 1982 年《商标法》的重要内容，采取商标标识近似+商品类似的侵权判断标准。1983 年 3 月 10 日国务院发布《商标法实施细则》，对商标注册程序、手续、书件等具体要求做出了规定。

整体上看，这部《商标法》与当时经济发展的需要是相适应的，为发展商品经济，推进改革开放起到了积极的作用。但是，囿于当时的历史条件，该法不可避免地带有较严重的计划经济色彩，如受《商标管理条例》的影响，仍然将“加强商标管理”作为 1982 年《商标法》首要的立法目的，并在具体制度中赋予工商行政管理部门监督注册商标使用和查处侵权行为的广泛职权；作为确认和保护注册商标专用权的法律，通篇却没有注册商标专用权权利内容的任何规定；未确立诚实信用原则在商标法中的基本原则地位；在确立商标权注册取得原则时，未从制度上对未注册商标提供适当的保护，等等。1982 年《商标法》的这些缺陷为之后商标领域抢注等不正当竞争行为留下了

---

[1] 参见：国家工商行政管理总局. 商标注册与管理［M］. 北京：中国工商出版社，2012：5-6.

可钻的法律漏洞。

1982年《商标法》实施后不久，商标领域的竞争很快活跃起来，抢注他人商标的情况逐步显现并不断增多。1987年前后，先后发生多起抢注他人较高知名度商标的案件，其中最著名的有：安徽亳州古松酒厂抢注古井公司"曹操"牌白酒商标案；在"船牌"床单商标案中被查处的原侵权人，转而抢注另一被侵权人的"777"商标案；为北京市北冰洋汽水厂生产包装物的山西阳泉一个小企业将北冰洋汽水厂的"维尔康"（welcome）商标抢先申请注册案，等等。恶意抢注引起企业和社会各界的强烈不满，于是在1988年1月修改《商标法实施细则》时，在第25条增加了对注册不当的商标任何人可以向商标评审委员会申请裁定的规定。

2.《商标法》第一次修改（1993年）

1993年2月22日全国人民代表大会常务委员会对《商标法》进行了第一次修订。此次修订的动因，一是为了争取恢复我国在《关贸总协定》中的缔约国地位，使《商标法》符合正在起草中的《知识产权协定》（即后来的TRIPS协定）的要求，二是1982年《商标法》实施以来我国的经济体制改革不断深入，实践中暴露出1982年《商标法》的一些缺陷需要修改和完善。此次修改从篇章结构和条文数量来讲没有变化，仍然是8章43条，但内容较1982年《商标法》有所进步和完善。主要表现在：（1）增加了服务商标可以注册的规定。（2）在不得作为商标的文字、图形中增加了县级以上行政区划的地名和公众知晓的外国地名不得作为商标，但是地名具有其他含义的除外；已经注册的使用地名的商标继续有效。（3）对商标争议（1982年《商标法》第27条）作了较大修改，明确规定，已经注册的商标，违反1993年《商标法》第8条（不得作为商标使用的标志）规定的，或者是以欺骗手段或者其他不正当手段取得注册的，由商标局撤销该注册商标；其他单位或者个人可以请求商标评审委员会裁定撤销该注册商标。其目的就是解决"某些人弄虚作假骗取商标注册，还有的人以不正当手段将他人长期使用并具有一定信誉的商标抢先注册，谋取非法利益"的问题。[1]（4）增加"销售明知是假冒注册商标的商品的"为侵犯注册商标专用权行为的规定。（5）加强了对侵犯商标专用权行为的刑事处罚的规定。1982年《商标法》仅规定了假冒注册商标罪，1993年《商标法》增加了伪造、擅自制造他人注册商标标识或者销售伪造、擅自制造的注册商标标识及销售明知是假冒注册商标的商品的两种犯罪行为。总之，1993年《商标法》加强了对注册商标的保护力度，规定了对以

---

[1] 见刘敏学于1992年12月22日在第七届全国人民代表大会常务委员会第二十九次会议上所作的《关于〈中华人民共和国商标法修正案（草案）〉的说明》。

欺骗的或者其他不正当手段取得的注册商标的撤销，加强了对商业道德的维护。1993年7月15日，国务院发布了经修改的《商标法实施细则》。

但是，1993年《商标法》仍然保留了1982年《商标法》的某些缺陷，如仍然将“加强商标管理”作为首要的立法目的，仍然没有对商标权的权利内容做出规定，仍然没有对注册申请人、注册人和利害关系人有关商标确权的争议提供司法救济。虽然1993年《商标法》第27条增加了关于“以欺骗手段或者其他不正当手段取得注册的，由商标局撤销该注册商标”的规定，但是，仍然没有确立诚实信用原则在《商标法》中的基本原则地位，未将该原则贯彻到《商标法》的各项制度中去。如，仍然没有对未注册商标提供一般性法律保护，对恶意抢注等行为也没有规定制裁措施等。实践中，恶意抢注行为愈演愈烈，以致发生了中国（深圳）对外贸易中心有限公司连续大规模抢注他人200多件商标，注册后又与被抢注人联系，意欲高价出售这样的问题。[1] 这些缺陷使《商标法》不能充分保护诚实经营者的合法权益，有效规范市场秩序；有些缺陷，如未对注册申请人、注册人和利害关系人在确权程序中的争议提供司法救济，还成为我国加入世贸组织的法律障碍。

3.《商标法》第二次修改（2001年）

《商标法》第一次修改之后，我国经济体制改革进一步深入，市场经济发展迅速，国际上，随着《与贸易有关的知识产权协定》（TRIPS协定）的签订，知识产权保护水平进一步提高。为了加入世界贸易组织（WTO），我国的知识产权法律、法规必须达到TRIPS协定的要求。同时，我国商标领域抢注等不正当竞争行为日益严重，需要从法律制度上加以规制。为此，国家启动了包括商标法在内的知识产权法律法规的又一轮修改。2001年10月27日，《商标法》第二次修改草案经第九届全国人民代表大会常务委员会第24次会议审议通过。此次修改仍保持了8章的结构，但是条文增加到64条。主要的修改是：

（1）增加了反映市场经济要求的规定。如，关于集体商标、证明商标和地理标志的规定；在商标注册申请主体中增加了自然人；扩大了商标构成要素，1982年和1993年《商标法》只规定“文字、图形或者其组合”可以作为商标申请注册，2001年《商标法》规定任何能够将自然人、法人或者其他组织的商品与其他人的商品区别开的可视性标志，包括文字、图形、字母、数字、三维标志和颜色组合，以及上述要素的组合，均可以作为商标申请注册；将1993年《商标法》第8条的规定拆为两条：即2001年《商标法》第10条和第11条，第10条规定不得作为商标使用的标志，第11条规定不得作为商标注册的标志，且规定因缺乏显著性不得作为商标注册的标志经过使用

---

[1] 陈辉. 商标抢注遭遇红灯——深圳外贸公司67件不当注册商标被撤销［J］. 中华商标，1998（4）.

取得显著特征并便于识别的，可以作为商标注册等。

（2）增加了维护商标领域诚实信用和公平竞争的规定。如，对符合条件的注册驰名商标给予跨类保护的规定；对三维标志注册和含地理标志商标注册的限制性规定；商标注册不得侵犯他人在先权利的规定；代理人、代表人未经许可将被代理人、被代表人的商标以自己名义注册，被代理人、被代表人提出异议的，不予注册并禁止使用；对已经使用并有一定影响的未注册商标进行保护的规定；将利害关系人请求撤销不当注册商标的期限从一年增加到五年等。

（3）增加了司法审查程序。规定对商标评审委员会做出的复审决定、异议裁定和争议裁定，当事人不服的可以向法院起诉。

（4）强化了对商标权的保护。增加了临时保护措施的规定；进一步完善了对侵权行为的规定，将“销售明知是假冒注册商标的商品的”修改为“销售侵犯注册商标专用权的商品的”，但是能证明商品是自己合法取得并说明提供者的，不承担赔偿责任（区分了侵权责任和赔偿责任）；完善了赔偿责任的规定，明确被侵权人的损失包括为制止侵权行为所支付的合理开支；规定了法定赔偿额（50 万元以下）。明确规定了主管机关的执法手段，赋予县级以上工商行政管理部门查处涉嫌侵犯注册商标专用权行为的职权。2002 年 8 月 3 日国务院公布了根据 2001 年《商标法》修改的《商标法实施条例》。

通过这次修改，我国《商标法》全面达到 TRIPS 协定的要求，为我国加入 WTO 创造了条件。但是，2001 年《商标法》在增加了对商标评审委员会裁定、决定进行司法审查的规定后，却没有对行政审查程序做相应的简化，导致我国商标注册审查程序过于复杂冗长。

4.《商标法》第三次修改（2013 年）

《商标法》经 2001 年修改，全面达到了 TRIPS 协定的要求，在保护商标权和促进市场经济发展方面，发挥了重要的作用。但是，仍然存在一些应当引起重视的问题。商标主管部门认为存在的主要问题是：①商标确权程序比较繁琐，导致确权时间过长；②商标注册程序存在一些不完善的地方，不利于当事人方便、快捷地获得商标注册；③恶意申请商标注册，恶意提出异议，恶意转让注册商标等情况时有发生，严重影响了有关权利人的合法权益；④对行政执法程序还缺乏明确的规定，对侵权人的处罚力度还不够大，商标侵权行为尤其是“傍名牌”行为还在一定范围内存在。因此，国家工商行政管理总局 2003 年年底正式启动《商标法》修订工作，并确立了“缩短审查周期，完善确权程序，加大保护力度，提供更好服务”的修订目标。[1] 经过大量

---

[1] 见国家工商行政管理总局：《关于提请审议〈商标法（修订送审稿）〉的请示》（2009 年 11 月 18 日）附件 2《关于〈商标法（修订送审稿）〉的说明》。

调查研究，反复征求各方意见，国家工商行政管理总局于 2009 年 11 月 18 日向国务院提交了《中华人民共和国商标法（修订送审稿）》（以下简称《送审稿》），该《送审稿》共 8 章 79 条。国务院法制办对《送审稿》广泛征求意见、反复修改，经国务院讨论通过后于 2012 年 10 月 31 日报送全国人民代表大会常务委员会审议。全国人民代表大会常务委员会在审议过程中又多次征求各方意见，做了重要修改。2013 年 8 月 30 日，第十二届全国人民代表大会常务委员会第四次会议通过了《全国人民代表大会常务委员会关于修改〈中华人民共和国商标法〉的决定》，同日公布，定于 2014 年 5 月 1 日起施行。2014 年 4 月 29 日，国务院公布了根据新《商标法》修订的《商标法实施条例》，该条例共 10 章 98 条，定于 2014 年 5 月 1 日起实施。

经第三次修改的《商标法》共 8 章 73 条，第一章总则，第二章商标注册申请，第三章商标注册的审查和核准，第四章注册商标的续展、变更、转让和使用许可，第五章注册商标的无效宣告，第六章商标使用管理，第七章注册商标专用权的保护，第八章附则。

此次修改的主要内容有：

（1）确立了诚实信用原则在商标法中的基本原则地位。2013 年《商标法》第 7 条第 1 款明确规定："申请注册和使用商标，应当遵循诚实信用原则。"并在注册申请、商标使用、异议、无效和侵权责任等制度中加以贯彻。如明确规定申请商标注册不得损害他人在先权利，也不得以不正当手段抢注他人在先使用并有一定影响的商标；代理人、代表人未经授权以自己的名义将被代理人、被代表人的商标进行注册，被代理人、被代表人提出异议的，不予注册并禁止使用；因合同关系、业务关系等明知他人商标存在而抢注的，被抢注人提出异议的，不予注册；商标中有商品的地理标志但该商品并非来源于地理标志所标示地区，误导公众的，不予注册并禁止使用；得基于拒绝注册的相对事由提出异议和无效请求的人限于在先权利人和利害关系人等规定，都体现了诚实信用原则的要求。

（2）增加声音可以作为商标申请注册的规定，相应地，删除了 2001 年《商标法》中商标标识"可视性"的限制性规定。这一规定不但符合国际趋势，而且为商家申请商标注册提供了更多的选择可能性。

（3）强化了使用在商标保护中的作用。第一次在《商标法》中专条规定了何为商标使用；赋予商标在先使用人异议和商标注册无效宣告请求权；重申注册商标无正当理由连续三年不使用撤销制度，并在 2014 年《商标法实施条例》中明确规定了不使用的正当理由的几种情形；赋予在先使用并有一定影响的商标所有人先用权；在侵权诉讼中，赋予被告以注册人未使用注册商标进行抗辩的权利，如果注册人不能提供此前三年内实际使用注册商标的证据，也不能证明有其他损失的，被告不承担赔偿责任。

（4）简化了注册程序。2001 年《商标法》规定，任何人都可以对初步审定公告的商标提出异议，2013 年《商标法》将以在先权利为根据提出异议者限定为在先权利人和利害关系人，这一规定可以有效减少恶意异议；2001 年《商标法》规定，商标局审理后驳回异议的，异议人可以向商标评审委员会申请复审，对复审裁定不服的，还可以向法院起诉。2013 年《商标法》规定商标局经审理认为异议不成立的，直接核准注册，异议人不服，只能在商标注册后向商标评审委员会申请宣告商标注册无效。该规定简化了注册程序，可以在一定程度上缩短注册周期。而且，因为仍然为异议人提供了寻求司法保护的程序，亦符合 TRIPS 协定的要求。

（5）优化了侵犯商标权的判定标准。我国商标法一直采用商标标识近似+商品类似的侵权判定标准，学界对此多有批评。2013 年《商标法》改采混淆标准，在第 57 条第（2）项规定：未经商标注册人许可，在同一种商品上使用与其注册商标近似的商标，或者在类似商品上使用相同或者近似的商标，容易导致混淆的，构成侵犯商标专用权的行为。此规定使侵权判定标准与商标保护的目的、实质相一致，符合逻辑，更加科学，而且与 TRIPS 协定第 16 条的规定相一致。

（6）强化了对商标权的保护。一是增加了惩罚性赔偿的规定，对恶意侵犯商标专用权，情节严重的，可以在按规定的计算方法确定的数额的 1 倍以上 3 倍以下确定赔偿数额；二是将法定赔偿额上限从 50 万元提高到 300 万元；三是将对侵权行为的行政罚款的上限从违法经营额的 3 倍提高到 5 倍，并且将此规定从《商标法实施条例》中移至《商标法》，提高了权威性和威慑力。

（7）将对注册不当商标的“撤销”改为“无效”。

（8）增加了审批时限的规定。为了提高审批效率，缩短注册时间，2013 年《商标法》对初步审定、异议审查、撤销决定，及商标评审委员会对商标局的驳回申请决定、撤销决定、无效宣告的复审等时限都做了明确的规定。

（9）禁止用“驰名商标”做广告。由于对驰名商标的不当宣传，特别是许多地方政府将获得驰名商标的数量作为政绩指标并予以奖励的政策引导，商标领域通过不正当手段获取驰名商标认定和利用驰名商标进行广告宣传，欺骗消费者，进行不正当竞争的问题越来越严重，驰名商标被异化为不正当竞争的工具，学界、企业界和消费者反映强烈。全国人民代表大会常务委员会在审议过程中，根据社会各界的意见，在 2013 年《商标法》中明确规定：“生产、经营者不得将‘驰名商标’字样用于商品、商品包装或者容器上，或者用于广告宣传、展览以及其他商业活动中。”这一规定对解决利用驰名商标进行不正当竞争问题起到了釜底抽薪的作用。

如上所述，2013年《商标法》较2001年《商标法》在诸多方面都有明显的进步，基本实现了启动修法时确定的“缩短审查周期，完善确权程序，加大保护力度”的目标。但是，仍然存在浓厚的管理法色彩，诚实信用原则在具体制度中并未得到充分贯彻，商标使用在商标保护制度构建中的作用未能充分体现；特别是2013年《商标法》仍然坚持全面审查原则，注册程序仍然繁琐、冗长，不能适应经营者快速获得商标注册，在注册商标的保护下开展经营活动的需要；商标法各项制度之间，如三年不使用撤销制度与异议制度、无效宣告制度和侵权责任制度之间的逻辑自洽和协调有待改进。这些问题笔者将在后文进行讨论。

六、我国商标立法史的启示

我国历史上很早就开始用姓氏（名）标示自己的商品，如三国时期“何以解忧，唯有杜康”“箭张禁，酒赵放”“侯氏制镜大元伤”等流行语，都说明当时用姓氏标示自己的商品已经比较普遍。很显然，这种标示已经不仅是官府监督商品质量的手段，而带有明显的广告宣传性质了，也就是说，从其功能作用方面来讲，与今天的商标已经没有实质性区别了。至于大家熟悉的宋代济南刘家功夫针铺的白兔儿商标，更堪与今天的商标媲美。以当时中国使用商标的盛况与同时代的欧洲相比，我们的祖先并不落后，甚至还胜他们一筹。但是，为什么在中国大地上没有发展出商标法，到清朝末年，却要在西方列强的逼迫之下，引进、移植西方的商标制度？

晚清以降，中国政府变法图强，商标法也走过了从移植到内生的历程，在实业界和学界的共同努力下，国民政府1935年对《商标法》的修改和1948年的修改稿，已经摆脱外国的干涉，而注重从中国的实际出发。伴随着中国民族工业的艰难发展，商标事业也有了一定的发展，1928年一年，国民政府共为中外厂商核准注册和补行注册商标2 300件，其中，中国厂商947件，外国厂商1 353件。[1] 1928年至1933年六年间，国民政府商标局新核准商标注册16 690件。[2]

中国共产党在领导根据地的抗战和解放战争期间，十分重视根据地和解放区的经济工作，各解放区都制定、颁布了商标注册办法，其中，像《华北人民政府商标注册办法》已经达到相当高的水平。在经济落后的广大城乡，创出了深受解放区军民欢迎的名牌产品，如“五星牌”干电池，“解放牌”

---

[1] 见国民政府实业部商标局编：《商标公报百期纪念特刊》，1935年6月15日专载第15页。转引自：左旭初．中国商标法律史（近现代部分）[M]．北京：知识产权出版社，2005：269.

[2] 见国民政府实业部商标局编：《商标公报百期纪念特刊》，1935年6月15日专载第15页。转引自：左旭初．中国商标法律史（近现代部分）[M]．北京：知识产权出版社，2005：287.

“幸运牌”“工农牌”火柴，“火车头牌”卷烟，“狮子牌”标准白布，“汝花牌”“尚英牌”“银香牌”棉布等。

新中国成立后，为了活跃市场，发展经济，政务院在1950年即颁布了《商标注册暂行条例》，该暂行条例是新中国颁布的最早的经济法规之一，为恢复和发展经济发挥了积极的作用。但是，随着资本主义工商业社会主义改造的基本完成，国家逐步推行计划经济，实行统购统销的经济政策，加之“反右”等政治运动的影响，商标逐渐从企业保护民事权利和开展市场竞争的武器演变成国家管理市场的工具。1963年《商标管理条例》明确规定“加强商标管理”为商标法的立法目的，既没有规定注册人有什么权利，也没有注册的有效期和法律对注册商标的保护措施，商标注册人只有注册商标和保证商品质量的义务，注册商标彻底沦为政府管理经济的一种工具。“十年动乱”期间，商标工作从制度到机构都被取消，许多民族企业多年创出的名牌被当作“封、资、修”批判。这一切除严重破坏了国家经济外，另一个无形的恶果就是企业的商标意识荡然无存，以致改革开放初期，我们的许多企业在与外商合资时，完全不懂得商标的价值，将自己在市场上具有相当知名度的商标无偿投入合资企业，被外商“冷藏”，很快被消费者遗忘。这是改革开放初期，我们为自己的无知付出的高昂学费。

党的十一届三中全会确立了把全国工作的重点转移到经济建设上来的方针，经过十几年的探索，经济体制改革的目标实现了从建设社会主义有计划的商品经济到建设社会主义市场经济的转变，商标事业也迎来了自己的春天。

历史是一面镜子，也是最好的老师。回顾我国商标产生发展和商标法制建设的历史，我们深刻地认识到，商标是商品交易的产物，发达的商品交易是商标法产生和发展的基础。在纯粹的计划经济条件下，商标没有生存的条件，也没有必要。只有市场经济，才是商标大显身手的舞台。我国正在大力发展社会主义市场经济，这是中华民族不可逆转的历史潮流，我们有充分的理由相信，我国的商标事业，一定会伴随着社会主义市场经济的发展，创造出无愧于祖先，无愧于民族的辉煌。

第二章 商　标

一、商标的概念

商标俗称牌子。在我国历史上，曾经使用过“牌号”“字号”“招牌”“商牌”等称谓。如清朝时期上海绮藻堂布业公会所制定的《牌谱》将商标称为“牌号”，清朝地方政府发布的有关布告中则将“牌号”“字号”“招牌”并列。1904年2月在由英国人为清政府拟定的《商牌挂号章程》中将商标称为“商牌”。至1904年8月光绪皇帝钦定颁行的《商标注册试办章程》，才正式称为“商标”。之后我国有关商标的法律文件都采用“商标”称谓。

（一）商标的定义

商标是商人[1]使用在自己的商品或服务上，以与他人的商品或服务相区别的识别性标志。商标包含相互联系、有机结合的三个要素：商标标识、使用该标识的商品或服务和商标所有人。不和特定的商品或服务相结合的标志无所谓识别性，因此单纯的标志不能称为商标。而将特定标志和特定商品或服务相结合的是标志的所有人。实际上，人们在说到商标时，也总是将其与特定的商品或者服务联系在一起，如“海尔洗衣机”“格力空调”“阿迪达斯运动服”。黄晖博士指出：“商标并不仅仅是一个单纯的标记，它实际是由使用商标的主体、商标使用的对象以及组成商标的标志三位一体的统一物。这三个要素相互关联共同组成一个完整的商标。”[2] 所以，申请商标注册要填写申请人、申请注册的标志和指定使用的商品或服务，商标注册证书要填写注册人、核准注册的标志和指定使用的商品或服务类别。在审理侵权纠纷案件时，首先要比较被控侵权的商标和原告的注册商标指定使用的商品或服务是否相同或者类似，如果二者指定使用的商品或者服务既不相同也不类似，就可以排除侵权嫌疑（原告的商标是注册驰名商标的除外），只有在二者指定使用的商品或者服务相同或者类似的情况下，才需要对两个标志是否相同或者近似

---

[1] 本书所说的商人指一切从事商品生产、营销、服务活动的民事主体，有时也称为经营者。

[2] 黄晖. 商标法［M］. 北京：法律出版社，2004：23.

进行比对判定。

不和特定商品或服务相结合的“标志”不是商标，不管其设计多么精美，具有多高的独创性。如果它符合作品的条件，可以成为著作权法保护的作品，享有著作权，但不是商标法意义上的商标，它甚至不能成为“标志”。根据《现代汉语词典》的解释，“标志”和“标识”同义，作为名词，是“表明特征的记号”。[1] 记号是要有被标记的对象的，无标记对象者不能成为记号。本书在标识和商品（服务）相结合的意义上使用“商标”概念，将拟注册的商标图形或者文字等称为“商标标识”或者“标识”“标志”。

除商标外，经营者为了美化商品，向消费者宣传商品的功能、特点、原材料等，还可能在商品或服务上附加上其他图案或者文字，这些图案、文字因其不具有区别商品或服务提供者的作用，因此不是商标，我们通常将其中具有美化作用的图、文称为包装、装潢。如果这些包装、装潢因长期使用具备了识别作用，在不违反商标法禁止性规定的条件下，也就成了商标。

（二）商标的功能

从商标的定义便可得知，识别（或曰标示）商品或服务来源即商品或服务提供者的功能是商标最基本、最主要的功能，这一功能称为商标的来源识别功能或来源指示功能。商标是商品交易的产物，没有商品交易，就不会有商标，也不需要商标。商人之所以要使用商标，就是为了将自己的商品或服务与他人提供的商品或服务区别开来，以便在自己的商品或服务上建立自己的信誉。商标的品质保证功能和广告宣传功能都是在识别功能的基础上派生出来的，而且，只有在商标的识别功能能够正常发挥的情况下，商标的品质保证功能和广告宣传功能才能得到发挥。因此，商标的功能要放在商品交易的大背景下来理解。

关于商标的功能，我国学者有三功能说和四功能说。三功能说认为，商标具有指示商品来源功能、品质保证功能和广告功能。[2] 四功能说认为，商标具有识别功能、标示来源功能、保证品质功能和广告宣传功能。[3] 所谓识别，实质上就是对商品或服务来源的识别，除此之外，无所谓识别。所以，识别功能和标示来源功能实质上指的是同一项功能。因此，三功能说更为合理。国外有关著述也持三功能说，如日本学者纹谷畅男认为，商标具有商品来源

---

[1] 中国社会科学院语言研究所词典编辑室．现代汉语词典［M］. 5 版. 北京：商务印书馆，2005：88.

[2] 刘春田. 知识产权法［M］. 北京：中国人民大学出版社，2000：232-234. 张玉敏. 知识产权法学［M］. 北京：法律出版社，2011：273.

[3] 吴汉东. 知识产权法［M］. 北京：中国政法大学出版社，2002：218-219.

标示功能、品质保证功能和广告宣传功能。❶

1. 来源识别功能

来源识别功能是商标最主要、最基本的功能。经营者将商标使用于自己的商品或服务上，使消费者通过商标认识、记住自己的商品或服务，了解自己商品或服务的质量、品质特点，建立自己的信誉。消费者则通过商标选购自己心仪的商品或服务。在贸易全球化的当今世界，离开商标，人们几乎无法选购商品，商标的来源识别功能越来越重要。来源识别功能是商标的基本功能，商标的其他功能都是在来源识别功能的基础上派生出来的。如果商标的来源识别功能不能得到正常发挥，假冒、仿冒猖獗，“李逵”“李鬼”难以区分，商标的品质保证和广告宣传功能都无从正常发挥。反之，只要假冒、仿冒他人商标的行为能够得到有效制止，通过市场竞争的作用，商标所有人便会努力维持、提高自己商品或服务的质量，商标的品质保证功能自然能够得到发挥。因此，政府对商标的监管，其重点应当是对商标识别功能的保护，即禁止、取缔假冒、仿冒，而不是监督使用注册商标的商品的质量。这是因为：其一，商标的品质保证功能是在其识别功能正常发挥的条件下，通过市场机制作用的自然结果，如果商标的识别功能不能正常发挥，市场机制便不能发挥激励作用，政府的质量监管再严厉，也不能收到预期的效果；其二，政府对产品质量的监管，其法律依据是产品质量法，而不是商标法。

识别商品或服务来源并不是说消费者通过商标能够清楚地知道商品或服务的提供者的具体情况。如果说在商品交易的空间范围比较狭窄的时代，消费者能够通过商标了解商品提供者的具体情况，如商人名称、地址等。那么，在贸易全球化和商标许可使用十分普遍的今天，消费者已经很难确切知道贴附某商标的商品的提供者的具体情况了，而且，消费者对此也不再特别关心。消费者所关心的，是贴附某商标的商品的特定品质是否保持一致，其制造者是否受商标所有人控制。在这种情况下，商标的来源识别功能可以理解为标示商品或服务受商标所有人控制，并具有相同的品质。

在王老吉与加多宝红罐之争纠纷中，有学者主张商标的来源识别功能指的是识别商品生产者的功能，即商标所指示的是商品的生产者，而不是商标所有人。进而说明，商标所表彰的是生产者的商品质量，而不是商标所有人的商品质量。这种观点不但与商标法的理论和贸易实践不相符合，而且逻辑矛盾。按照这种观点，如果商标许可使用期间，由于被许可人的使用使该商标产生了较高知名度，该商标的商品来源指示功能指向的是被许可人。那么，许可合同终止后，商标所有人（注册人）不能使用这个商标，因为这会对消

❶ （日）纹谷畅男．无体财产法概论［M］．日本东京：有斐阁，1996：17-18.

费者产生欺骗；而被许可人也不能使用，因为合同已经终止，他无权再使用这个商标。这岂不荒唐！如果这样，谁还愿意将自己的商标许可他人使用？而且，如果有多个被许可人，商标的来源指示功能就要指向多个人，这岂不造成市场的混乱？如果这样，商标许可使用制度应该废除。

2000 年 9 月 25 日至 10 月 3 日召开的世界知识产权组织成员国大会第三十五届系列会议上通过的《关于商标使用许可的联合建议》第 5 条规定："注册持有人以外的自然人或法人使用商标的，如得到注册持有人的同意，即应认为构成注册持有人本人的使用。"也就是说，被许可人的使用，构成商标注册人的使用，其来源指示功能当然指向的是商标注册人。上述商标的来源指示功能系指示商品生产者的观点与该联合建议的观点明显抵触。

综合以上分析，我们认为，商标的来源识别功能，指的是将贴附商标的商品与该商标的注册人（所有人、持有人）相联系，而不是与商品的实际生产者相联系，不管商品是由商标注册人自己生产的，还是由被许可人生产的，甚至是由被许可人委托他人生产的。

商标的识别功能决定了申请注册的商标必须具备显著性，缺乏显著性的商标不能注册；决定了损害商标的显著性是侵害商标权行为的本质特征和判定标准。

2. 广告宣传功能

经营者将商标使用于商品或服务上进行交易，通过交易使消费者认识、记住自己的商标和使用该商标的商品和服务的品质特点。在这个过程中，商标的广告宣传功能也就得到实现。这是最直接的广告宣传。通过商品或服务的营销，消费者便能够通过购买、使用商品或服务，认识贴附特定商标标识的商品或服务的特定品质。当然，经营者还可以通过各种媒体宣传自己的商品或服务，在这种宣传中，由于商标所具有的显著性和易于呼叫、便于记忆的优点，商标自然成为突出宣传的焦点。这是经营者对商标所固有的广告宣传功能的利用。正是由于商标具有的广告宣传功能，商标被誉为"无声的推销员"。

3. 质量担保功能

商标的来源识别功能促使商标使用人努力保持、提高商品和服务的质量，因此，商标就具有了质量担保功能。所谓质量担保功能或品质保证功能，是指使用同一商标的商品、服务具有相同的质量和品质。商标的质量担保功能是市场竞争和商标识别功能相结合所产生的作用，而不是指商标管理部门通过商标管理监督商品和服务质量。

正是由于商标的商品或服务来源识别功能和质量担保功能，使商标成为保护商标所有人利益、消费者利益和维护市场经济秩序的社会积极因素，成为法律的保护对象。

我国有学者认为，在以上三种功能之外，商标还发挥着文化功能，并认为商标的文化功能表现在三个方面：首先，现代商标标识一般都带有某种美好的寓意，让人们在消费商品的同时获得精神的愉悦或感官的享受；其次，商标会增加我们生活中的语汇，使这些语汇成为大众交流和文化传播的媒介；最后，商标的使用会使其演化为一种具有特定文化内涵的象征性社会符号，进入公共话语领域。❶ 商标确实具有文化功能，而且与民族传统、风俗习惯、社会道德观念密切相关，相互影响。但是，商标法学所要研究的是对我们制定、执行和研究商标法有法律意义的商标的功能，而不是商标的所有功能。所以，文化功能不在我们的研究范围之内。

二、商标的分类

研究商标的分类，可以帮助我们深入认识商标的特点、用途，有利于对各项具体商标制度的学习。根据不同的标准，可以将商标分为不同的种类。

（一）商品商标和服务商标

商品商标是使用于商品上，用于识别经营者提供的商品的商标。所谓使用于商品上，是指将商标标识贴附在商品上或者商品的包装、容器、交易文书、标签等之上。将商标用于广告宣传、商品展销以及其他商业活动中，也属于商标使用。

服务商标是经营者为将自己提供的服务与他人的服务相区别而使用的商标。服务商标的使用方式包括：①直接使用于服务，如使用于服务介绍手册、服务场所的招牌、店堂装饰、工作人员服饰、招贴、与服务相关的配套用具以及与服务有联系的文件资料上；②将商标使用在广告中。随着经济技术的发展，第三产业如餐饮住宿、教育培训、金融保险、交通运输、信息传输、房地产经营、各种咨询服务、家政服务等迅速发展，服务商标的使用将会越来越广泛，在经济生活中的作用也越来越重要。

（二）普通商标、集体商标和证明商标

集体商标是指以团体、协会或其他组织的名义注册，供本组织成员在商事活动中使用，用以表明使用者在该组织中的成员资格的商标。凡该集体组织的成员皆可申请使用该集体商标，商标注册人不得拒绝，但使用人必须保证其产品或服务符合规定的质量。集体商标的意义在于向消费者表明使用该

---

❶ 杜颖. 商标法［M］. 2 版. 北京：北京大学出版社，2014：7.

商标的企业生产的商品、提供的服务具有相同的质量和规格，如“镇江香醋”。集体商标有利于农民联合起来闯市场。日本为了发展农村经济，近年亦大力发展区域团体商标。

证明商标是指用以证明使用该商标的商品或服务的原产地、原材料、制作方法、质量或其他特定品质的商标。如国际羊毛局的纯羊毛证明商标，我国的“安溪铁观音”“库尔勒香梨”等。证明商标只能由具备对使用证明商标的商品或服务的质量具有监督能力的组织注册。证明商标注册人自己不能使用该证明商标，其他产品或服务符合证明商标要求条件的经营者都可以申请使用。证明商标的意义在于向消费者表明其产品符合规定的条件或标准。

我国商标法规定，地理标志可以作为集体商标或者证明商标注册。

相对于集体商标和证明商标，经营者自己申请注册供自己使用的商标是普通商标。集体商标、证明商标与普通商标的主要区别在于，普通商标可以自由转让和许可他人使用，集体商标和证明商标的转让有主体资格的限制，许可使用也受规定条件的限制，如不能许可非集体组织的成员使用集体商标，申请使用证明商标的商品或服务必须符合证明商标要求的质量标准。

（三）联合商标和防御商标

联合商标是指在同一种商品上注册的一组近似商标。注册联合商标不是为了使用，而是为了防止他人仿冒。因此，从理论上说，允许注册联合商标，应豁免对联合商标的使用要求，即只要主商标符合使用要求，就不能以连续三年不使用为由撤销联合商标。

防御商标是指在类似商品上注册的相同或者近似商标。注册防御商标不是为了使用，而是为了防止他人抢注。从理论上说，允许注册防御商标，应豁免对防御商标的使用要求，即只要主商标符合使用要求，就不能以连续三年不使用为由撤销防御商标。一般来说，只有知名度高的商标才可以注册防御商标保护其主商标，普通商标不应允许注册防御商标。

主商标转让时，联合商标和防御商标应一并转让，以免造成消费者混淆。《商标法》规定，转让注册商标的，商标注册人对其在同一种商品上注册的近似的商标，或者在类似商品上注册的相同或者近似的商标，应当一并转让。未一并转让的，由商标局通知其限期改正；期满未改正的，视为放弃转让该注册商标的申请。通过转让以外的其他方式移转商标权的，应遵守同一原则。

有观点认为，在承认驰名商标跨类保护的情况下，没有注册联合商标和防御商标的必要，法律也没有承认联合商标和防御商标的必要。但是，驰名商标跨类保护首先要认定寻求保护的商标是驰名商标；其次要根据该驰名商标的驰名程度确定跨类保护的范围，这都具有很大的不确定性。相对而言，承认联合商标和防御商标制度，让权利人自己根据需要通过申请注册联合商标和防御商标，具有保护范围清楚、明确的优点。由于注册联合商标和防御商标不是为了使用，而是为了强化对主商标的保护，因此，只要主商标符合使用的要求，就应认为其符合使用的要求。

（四）视觉商标和非视觉商标

视觉商标是指商标标识是由可视性标识，如文字、图形、颜色、三维标志等组成的商标。又可分为平面商标、立体商标和动态商标。

非视觉商标主要有声音商标、味觉商标和触觉商标。我国 2013 年《商标法》增加了声音作为商标构成要素，同时删除了对商标标识“可视性”的要求。但是，我国目前尚未准许味觉商标、触觉商标和动态商标注册。

（五）注册商标和未注册商标

注册商标是依法经核准注册的商标。注册商标享有专用权，受法律保护。2013 年《商标法》第 56 条规定，注册商标的专用权，以核准注册的商标和核定使用的商品为限。注册人要在超出注册核定的商品或服务上取得商标权，需要另行申请注册。

未注册商标是经营者在经营活动中使用的，未经商标局核准注册的商标。未注册商标不享有商标专用权，但是可以使用，并可基于使用所产生的影响和商誉，受商标法和反不正当竞争法提供的相应保护。如，提出异议、阻止他人抢注的权利；申请宣告他人商标注册无效的权利；在商标被他人注册，且撤销权消灭以后，在原有范围内继续使用其商标的权利（先用权）；制止他人假冒等。但是，未注册商标不享有商标专用权，不能对他人提起侵权之诉，除未注册驰名商标外，商标被他人抢先注册满五年后，未注册商标使用人不能再申请宣告注册无效。

三、商标标识

商标标识是贴附于商品或服务上的识别性标志，是构成商标的要素之一。实际上，商标的识别性主要就是由商标标识决定的，当然商标的识别性要将商标标识与使用该标识的对象——商品或者服务相结合进行判断。由商标的功能所决定，并考虑到商标在经济生活和社会生活中的重要作用和影响，商标标识必须能够实现商标的识别功能，并符合法律的规定。所谓符合法律的规定，是指商标标识不能违反社会公共政策和公认的道德标准，不能欺骗、误导消费者，不能侵占公共表达资源，也不能通过商标注册保护产品和产品的实用功能，不能与他人的在先权利相冲突等。

（一）商标标识的构成要素

在本书中，构成商标标识的文字、图形、颜色、声音等要素称为“商标标识的构成要素”，简称“要素”。各国商标法对于构成商标标识要素的规定，可大致分为封闭式和开放式两种。

我国1982年《商标法》规定商标标识的构成要素是“文字、图形或者其组合”，1993年修改时该项规定没有变化。2001年修法时该项规定扩张为：“任何能够将自然人、法人或者其他组织的商品与他人的商品区别开的可视性标志，包括文字、图形、字母、数字、三维标志和颜色组合，以及上述要素的组合，均可以作为商标申请注册。”2013年修法时增加了“声音”，相应地，删除了“可视性”的要求。

文字包括汉字、少数民族文字和外文。汉字可以用简体字，也可以用繁体字，但都必须书写正确、规范。为了便于审查，少数民族文字要说明是何种文字，并说明含义，商标标识是外文或者包含外文的，应当说明含义。

图形可以是各种图形，但2013年《商标法》第10条明确排除的图形除外。用图形作商标标识，要按照1973年6月12日维也纳外交大会签订的《建立商标图形要素国际分类协定》通过的《商标图形国际分类》对图形进行归类并填写编码。❶ 为了保护自然人的肖像权，注册机关要求，以他人肖像申请商标注册的，应当提交经过公证的肖像权人授权书原件；以本人肖像申请商标注册的，应核对申请人身份证件，确认系本人肖像。

以三维标志作为商标标识申请注册的，应当在申请书中声明，说明商标的使用方式，并提交能够确定三维标志形状的图样，提交的商标图样应当至少包含三面视图。

我国商标法没有认可单色可以作为商标标识，但颜色的组合可以。以颜色组合作为商标标识申请注册，除要提交商标图样外，还应当在申请书中声明，并填写色标说明，说明商标的使用方式。欧共体法院根据《欧共体协调成员国商标立法1号指令》（以下简称《指令》）关于可以用书面形式表示的规定，要求申请颜色商标注册，必须以一种预定并一致的方式将各种颜色系统地结合在一起，申请人除提供颜色图样外，还要辅之以国际通用的颜色识别码。❷

以声音作为商标标识申请注册应当在申请书中予以声明，提交符合要求的声音样本，并对申请注册的声音以五线谱或者简谱方式加以描述并附加文

---

❶ 《维也纳协定》1977年5月1日生效。我国没有加入《维也纳协定》，但是，商标局从1988年5月开始使用《商标图形要素国际分类》。

❷ 参见：李明德. 欧盟知识产权法［M］. 北京：法律出版社，2010：461.

字说明。无法以五线谱或者简谱描述的，应当以文字加以描述。商标描述与声音样本应当一致。此外，还要说明声音商标的使用方式。

我国商标法关于商标标识构成要素的规定是封闭式的，由法律没有规定的要素作为商标标识申请注册不能获得核准。[1]

美国商标法第 2 条规定："根据商标的性质，凡能够将申请人的商品区别于他人商品的商标，不应驳回其在主注册簿上的注册"，除了这个原则性的规定之外，没有对可作商标标识的要素进行列举。这是典型的开放式规定。

《指令》第 2 条规定："所有可用书面形式表示的标记，尤其是包括人名的字词、图形、字母、数字、商品及其包装的外形，只要能将一个企业的商品或服务同其它企业的商品或服务区别开，均可构成商标。"《欧共体商标条例》第 4 条的规定与《指令》的规定相同。由于《指令》对欧共体成员国商标立法的约束力，欧共体成员国的国内立法都遵守这一规定，只是具体的表述方式有所不同，如德国商标法不仅正面规定哪些表达元素可以组成商标，而且在第 8 条从反面规定："不能以书面形式表述的标志，不能获准注册。"《指令》《欧共体商标条例》及其成员国的商标法虽然也列举了商标标识的构成要素，但是，这种列举是非穷尽式的，因此，也属于开放式规定。

商标注册与授予专利和确认作品种类不同，法律大可不必对商标标识构成要素做具体规定，而只需如美国和欧共体的商标法那样，对商标标识的构成要素作概括的开放式规定，同时，对不能作为商标使用和注册的要素加以明确规定。这样的规定不但简明，更重要的是，概括规定具有很强的适应能力，不需频繁修法，只需通过对法律的解释即能适应社会发展对增加商标标识构成要素的需要。而且，只要禁止性规定完善，也不会发生商标注册侵占公共表达资源的问题。

（二）不得作为商标标识的标志

不管是开放式的立法还是封闭式的立法，都在规定可以作为商标标识的构成要素之后，明确规定不可以作为商标标识的标志。这些禁止性的规定非常重要。实际上，商标标识的范围正是由可作为商标标识的构成要素的规定和不允许作为商标标识的标志的规定从正反两方面确定的。

我国商标法对不得作为商标使用的标志和不得作为商标注册的标志分别加以规定。不得作为商标使用的标志不仅不能作为商标获得注册，也不能作为商标使用。不得作为商标注册的标志虽然不能获得注册，但只要不与他人的在先权利相冲突，可以作为未注册商标使用。这里仅讨论不能作为商标标

[1] 我国 2013 年《商标法》第 8 条虽然在具体列举之后使用了"等"字，但无论是解释还是审查实务，都持封闭式理解。

识使用的标志，不能作为商标注册的标志，将在商标注册条件部分讨论。

我国2013年《商标法》第10条规定以下标志不得作为商标使用：

（1）同中华人民共和国的国家名称、国旗、国徽、国歌、军旗、军徽、军歌、勋章等相同或者近似的，以及同中央国家机关的名称、标志、所在地特定地点的名称或者标志性建筑物的名称、图形相同的；

（2）同外国的国家名称、国旗、国徽、军旗等相同或者近似的，但经该国政府同意的除外；

（3）同政府间国际组织的名称、旗帜、徽记等相同或者近似的，但经该组织同意或者不易误导公众的除外；

（4）与表明实施控制、予以保证的官方标志、检验印记相同或者近似的标志，但经授权的除外；

（5）同“红十字”“红新月”的名称、标志相同或者近似的；

（6）带有民族歧视性的；

（7）带有欺骗性，容易使公众对商品的质量等特点或者产地产生误认的；

（8）有害于社会主义道德风尚或者有其他不良影响的。

县级以上行政区划的地名或者公众知晓的外国地名不得作为商标。但是，地名具有其他含义或者作为集体商标、证明商标组成部分的除外；已经注册的使用地名的商标继续有效。

有害于社会主义道德风尚或者有其他不良影响的标志不得作为商标，是各国通行的规定。如美国商标法规定，含有不道德、欺骗或诽谤性内容，或者含有对生者或死者、机构、信仰或国家象征有贬损或引起错误联想的内容的标志应驳回其注册申请。英国商标法规定，不符合公共政策，或者有违于道德准则的商标不予注册。德国商标法规定，违背公共政策和普遍接受的道德准则的商标不能获得注册。日本商标法规定，可能损害公序良俗的商标不能注册。❶ 我国在适用2013年《商标法》第10条的规定时，何为“其他不良影响”，何为“社会主义道德风尚”都需要谨慎解释。最高人民法院在一个指导性文件中指出：人民法院在审查判断有关标志是否构成具有其他不良影响的情形时，应当考虑该标志或者其构成要素是否可能对我国政治、经济、文化、宗教、民族等社会公共利益和公共秩序产生消极、负面影响。如果有关标志的注册仅损害特定民事权益，由于商标法已经另行规定了救济方式和相应程序，不宜认定其属于具有其他不良影响的情形。❷

1997年，商标局以容易造成不良影响为由撤销了“福尔摩莎”商标注

❶ 参见：英国商标法第3条（3）（a），德国商标法第8条（2）5，日本商标法第4条（一）7，俄罗斯商标法第6条3。

❷ 见《最高人民法院关于审理商标授权确权行政案件若干问题的意见》第3条。

册。因为“福尔摩莎”与16世纪葡萄牙占领我国台湾地区时对我国台湾地区的蔑称“Formosa”的中文音译“福尔摩萨”相近似，该蔑称有时仍被沿用。1996年根据青岛市工商局的反映，商标局认定使用在白酒上的商标“二房佳酿”有不良影响。该商标除文字“二房佳酿”外，图形是一个旧社会装束的妇女坐在磨盘上，其广告词为“健康、质朴、倔强、回味无穷”。申请人声称其产品是由两间房子起家，故称“二房”。但是，该商标图案和广告的整体效果已经在市场上造成不良影响。故商标局决定撤销该商标注册。这些实例，可以帮助我们理解2013年《商标法》第10条的规定。

（三）我国商标标识规定的完善

1. 公益团体和事业的名称、标志不得作为商标

前些年，我国抢注商标之风也刮向公益团体，如著名高校名称、简称，丛书名称，杂志名称等，好像不管什么标志，不申请商标注册就不能得到法律的保护，他人就可以抢注，逼得这些单位也纷纷申请商标注册，完全背离了商标是商事活动标志的本质。抢注这些标志的目的，显然是利用这些公益团体的良好声誉，以获取不正当利益。如果不加禁止，实际上就是对搭便车行为的纵容，有损社会公共利益。对此类标志，外国有明确的禁止性立法可供借鉴。如德国商标法规定，含有地区、社团或国内其他公共团体的徽章的商标不应获准注册。意大利商标法规定，用于艺术、文学、科学、政治或体育领域的标识，展览会及活动、非营利性团体和协会的名称、缩写及其标志性徽记，如果为人熟知，只有权利人或经其同意，才能注册为商标。日本商标法规定，与不以营利为目的的公益相关团体，或者表示不以营利为目的的公益相关之事业的著名标志相同或者近似的商标不能取得注册。[1] 这些规定值得我国借鉴。建议将来修法时增加这方面的规定，原则是，这些公益团体和事业的名称、徽记不能作为商标使用，这些团体自己使用或者经其同意的除外。修法之前，可考虑通过审查指南和司法解释，将此类行为解释为“有其他不良影响”（引人误认为注册人的商品或服务与公益事业有关），或者“侵犯他人在先权利”（名称权），禁止他人注册。

此外，我国特别行政区的旗帜和徽记也应当禁止作为商标标识使用。

2. 关于地名商标

我国商标法规定，县级以上行政区划的地名或者公众知晓的外国地名，不得作为商标。但是，地名具有其他含义或者作为集体商标、证明商标组成部分的除外；已经注册的使用地名的商标继续有效。该规定是1993年《商标

---

[1] 见德国商标法第8条（2）6，意大利商标法第21条第3款，日本商标法第4条第6款。

法》新增加的，2001 年和 2013 年《商标法》保留了这一规定。《最高人民法院关于审理商标授权确权行政案件若干问题的意见》第 4 条指出，如果商标由地名和其他要素组成，在整体上具有显著特征，而不再具有地名含义或者不以地名为主要含义的，就不宜因其含有县级以上行政区划的地名或者公众知晓的外国地名，认定其属于不得注册的商标。

县级以上行政区划的地名和公众知晓的外国地名为什么不能作为商标？该条规定本身没有给出理由，也未见有任何立法和司法的解释。查其他国家的立法，也未见如我国商标法这样，以地名的行政级别作为可否作商标的标准。他国商标法与地名有关的规定，都是从维护公共利益和防止欺骗消费者的角度设立的。如欧共体《指令》第 3 条 1 款 c）项规定，纯粹由在商业中可用来表示商品或服务的种类、质量、数量、用途、价值、地理来源……构成的商标，不能获准注册；1 款 g）项规定，在例如商品、服务的性质、质量或地理来源上欺骗公众的商标不能核准注册。显然，c）项的规定是为了防止通过商标注册独占公共表达资源，妨害竞争；g）项的规定则是为了防止欺骗和误导公众。美国商标法对地名做商标没有专门的禁止性规定，而只是根据 TRIPS 协定的规定，禁止在葡萄酒和烈性酒上使用并非商品原产地的地理名称。❶ 其立法理由是为了防止产地的混淆和欺骗。欧共体法院在审理涉及地名商标案件时指出，禁止地名注册为商标不仅是因为它们可能反映商品的质量或其他特点，还因为它们会不同程度地影响消费者的喜好。如果某一地名在相关公众中毫不知名，或者至少作为地名并不知名，或者鉴于所指向的是像山脉湖泊这样的地方，相关公众不太容易认为是商品产地，则不必予以驳回。地名能否作为商标被核准注册，要看其指示的商品或者服务的性质。欧共体法院认为，如果无论是现在还是将来，都看不出这个地名会被用来指示商品或服务的来源，或者说这个地名会与申请注册的商品有什么联系，就不应拒绝其注册。❷

通过对美国、欧共体有关地名商标的规定和判例的分析，我们可以得到以下启示：

（1）地名能否作为商标注册，与地名的行政级别无关，而只与其知名度有关；

（2）拒绝地名作为商标注册的理由主要有两个，一是为了防止产源误导、混淆和欺骗；二是为了防止对地理标志的独占。如果不存在这样的问题，就没有理由禁止含有地名的商标注册。

为了防止产源误导和混淆，立法对策是禁止非产地的商品、服务使用产

---

❶ 见美国商标法第 2 条。

❷ 参见：李明德. 欧盟知识产权法［M］. 北京：法律出版社，2010：466-467.

地地名作商标标识或者商标标识的组成部分；为了防止对地理标志的独占，立法对策是已经成为地理标志的地名只能作为集体商标或者证明商标注册。我国2013年《商标法》第10条第1款第（7）项“带有欺骗性，容易使公众对商品的质量等特点或者产地产生误认的”标志不得作为商标使用的规定，可以解决防止产源误导和混淆的问题，而且其适用范围更加广泛，不限于县级以上行政区划的地名和公众知晓的外国地名，实际上，许多地理标志产品的产源并不是县级以上的。第16条第1款“商标中有商品的地理标志，而该商品并非来源于该标志所标示的地区，误导公众的，不予注册并禁止使用”的规定属于对同一个问题的重复规定，没有必要。因此，商标法的该规定应予删除，而代之以地理标志可以作为集体商标或者证明商标注册。这样既可以避免法律规范对同一个问题的重复规定，又可以防止对地理标志的个人独占。

第三章　商标注册的条件

商标是商业活动中使用的标志，在市场交易中发挥着指示商品或服务来源，维护市场竞争秩序的作用。一个商标注册后即依法取得专用权，享有排斥他人在相同或者类似商品或服务上使用相同或近似标识的权利。因此，商标注册虽然是申请人为自己设定私权，但由于商标权属于绝对权，商标权的设定对他人的行为自由构成限制，此外，商标在社会中还发挥着文化功能。因此，国家必须对商标的使用和注册进行监督管理，促其发挥积极作用，防止其消极作用。因此，各国对商标的注册条件都从正反两个方面进行明确规定。所谓正面规定，是指关于商标注册必须具备的条件的规定，又称为积极条件；所谓反面规定，是指关于不得作为商标使用或注册的规定，又称为消极条件。

第一节　商标注册的积极条件

我国采商标权注册取得原则，只有经商标局核准注册的商标，才享有商标权，受商标法的保护。[1] 商标法对商标注册的实质条件从申请主体和商标标识两个方面进行了规定。

一、商标注册主体

商标注册主体要研究的是什么人有资格申请商标注册。有资格申请商标注册的人，在其注册申请被核准后，即成为商标权人或者商标注册人，也就是商标权的主体。

随着商品交易范围的扩大，流通环节的增多，交易双方的空间距离越来越大，商品的种类越来越丰富、繁杂，商品生产者的身份越来越难以辨识，在这种情况下，商标的作用日益凸显。市场的扩大化、复杂化使消费者难以

[1] 我国商标法称商标权为商标专用权。本书认为，我国商标法规定的“商标专用权”与学理上所称的“商标权”的内涵和外延相同，是同一个概念。

知道具体的商品生产者和服务提供者，他们对此也不再关心，而将注意力转向对商标的关注，因为商标权人才是为商品和服务负责的人。不管实际生产商品的厂家有多少，他们都在商标权人的控制之下，并保证使用相同商标的商品具有相同的品质和特点。作为对商品和服务质量负责的人，商标注册申请主体的问题当然受到立法者的重视。各国商标法都将申请人的主体资格作为商标注册审查的首要内容，主体不合格，其他莫谈。

我国1950年《商标注册暂行条例》规定的申请主体是“一般公私厂、商、合作社”，1982年《商标法》规定的申请主体是“企业、事业单位和个体工商业者”，1993年修法时，关于申请主体的规定没有变化，2001年修法时，申请主体增加了自然人和其他组织，规定为“自然人、法人或者其他组织”。2013年《商标法》关于申请主体的规定与2001年《商标法》相同，其第4条规定：“自然人、法人或者其他组织在生产经营活动中，对其商品或者服务需要取得商标专用权的，应当申请商标注册。”第17条规定：“外国人或者外国企业在中国申请商标注册的，应当按照其所属国和中华人民共和国签订的协议或者共同参加的国际条约办理，或者按对等原则办理。”根据以上规定，中国公民和企业在我国申请商标注册需具备两个条件。

（一）属于自然人、法人或者其他组织

2001年《商标法》修改之前，中国的自然人不能申请商标注册，只有领有营业执照的个体工商户、个人合伙和外国自然人可以申请商标注册。这不但造成了“内外有别”和外国人的“超国民待遇”，而且，自然人一旦不再是个体工商户，就会丧失商标主体资格，普通的自然人也无法继承商标权。因此，2001年《商标法》修改时，增加规定自然人可以申请商标注册。因为自然人无所谓经营范围，所以新的《商标法实施条例》对其他申请主体也不再要求提交营业执照，不要求申报的商品范围不得超过核准登记的经营范围，而只要求申请人应当提交能够证明其身份的有效证件的复印件，商标申请人的名义应当与所提交的证件相一致。这些修改是符合《商标法新加坡条约》的要求的。❶

取消对自然人申请商标注册的限制，在网络时代具有重要意义。它使预

---

❶《商标法新加坡条约》第3条第4款［禁止其他要求］规定：除本条第1款、第3款及本条约第8条所提及的要求外，任何缔约方不得就申请另行规定其他要求。尤其不得在该申请的审查和审理期间要求申请人：（1）提交任何商业登记簿的证书或该登记簿的摘录；（2）提交其正在从事的工商业活动的说明及相关证据；（3）提交其正在从事的与申请中所列商品或服务有关的活动的说明及相关证据；（4）提交该商标已在其他缔约方获得注册，或已在非缔约方的《巴黎公约》成员国获得注册的证据。申请人要求适用《巴黎公约》第六条之五规定的除外。

我国尚未加入《商标法新加坡条约》。

先储备商标再从事经营活动成为可能，也使一些拥有个人主页但还没有开始商业运作的人获得了先注册商标再作价投资的可能。在政府号召全民创业的时代，允许自然人申请商标注册，具有重要意义。但是，法律和政策明确规定不得从事商业经营活动的自然人，如一定级别的党政领导干部，不能申请商标注册。

法人是具有民事权利能力和民事行为能力，依法享有民事权利和承担民事义务的组织。法人可分为企业法人、机关法人、事业单位法人和社会团体法人。法人是最普通、最主要的商标申请主体。值得讨论的是，机关法人，如政府机关、党委机关能否申请商标注册。我们认为，因为这些机关不能从事经营活动，所以不能作为申请商标注册的主体。

其他组织指依法能够取得权利、承担义务的组织，如合伙。

（二）从事生产经营活动

商标是商事活动中使用的标志，不从事生产经营活动的人，如政府、党委机关，不能申请商标注册。2013 年《商标法》第 4 条规定，自然人、法人或者其他组织“在市场经营活动中，对其商品或者服务需要取得商标专用权的”，应当申请商标注册。这一规定自 1982 年《商标法》颁布以来，虽经 3 次修订，除文字性改动外，实质内容没变。该规定明确要求，申请人应当是从事生产经营活动的自然人、法人或者其他组织，而且应当在与自己的业务范围有关的商品或服务上申请商标注册。但是，自 2001 年修法规定自然人可以申请商标注册以来，一些根本不从事生产经营活动的自然人大量申请注册商标，待价而沽，甚至到处打“侵权”官司，谋求不当利益，扰乱了商标注册秩序。针对不从事生产经营活动的自然人申请商标注册的问题，2007 年商标局专门发布了《自然人办理商标注册申请注意事项》，规定我国自然人申请商标注册、转让等，应当限于个体工商户、农村承包经营户和其他依法获准从事经营活动的自然人，且其申请注册的商品和服务的范围应以其营业执照或有关登记文件核准的经营范围为限，或者以其自营的农副产品为限。[1]《自然人办理商标注册申请注意事项》使对自然人申请商标注册的规定回到 2001 年修法前的规定。

外国人或者外国企业在中国申请商标注册的，应当按其所属国和中华人民共和国签订的协议或者共同参加的国际条约办理，或者按对等原则办理。

究竟是否需要对自然人申请商标注册的能力进行限制，这是一个值得研究的问题。讨论这个问题，应当考虑《商标法新加坡条约》的规定，正视网

---

[1] 转引自：国家工商行政管理总局. 商标注册与管理［M］. 北京：中国工商出版社，2012：88.

络时代万众创业的特点和商人、非商人的界限越来越模糊的现实。在这种社会背景之下，立法不宜从正面对自然人申请商标注册的主体资格进行限制，而可以从反面规定“依法不得从事经营活动的人除外。”

二、注册商标标识

申请注册的商标标识应符合以下条件：

（一）商标标识构成要素不违反法律规定

我国2013年《商标法》第8条规定：“任何能够将自然人、法人或者其他组织的商品与他人的商品区别开的标志，包括文字、图形、字母、数字、三维标志、颜色组合和声音等，以及上述要素的组合，均可以作为商标申请注册。”申请注册的商标标识必须是由符合上述规定的要素组成的，并且能够把申请人的商品或服务与他人的商品或服务区别开的标识。如何理解这些构成要素，请参阅本书第二章。

基于维护社会公共利益的目的，2013年《商标法》第10条规定的不能作为商标使用的标志，以及第11条、第12条规定的不能作为商标注册的标志，当然不能作为商标标识注册。对此，第二章已经做了讨论，此不赘述。

（二）商标应具有显著性（识别性）

由商标的功能所决定，商标必须具备显著性。2013年《商标法》第9条明确要求，申请注册的商标，应当具有显著特征，便于识别。

1. 商标显著性的要义

商标的显著性指的是一个标记把某企业与其他企业的相同或类似商品或服务区分开的功能或属性。[1] 商标的显著性又称为区别性。[2] TRIPS协定第15条规定，任何标记或标记的组合，只要能区分一个企业和其他企业的商品或服务，就可构成一个商标。如果标记没有固有的区分有关商品或服务的特征，成员可依据有关标志在使用后获得的区分性决定是否予以注册。我国2013年《商标法》第8条也规定：“任何能够将自然人、法人或者其他组织的商品与他人的商品区别开的标志……均可以作为商标申请注册。”因此，所谓商标的显著性，是指商标区别不同经营者提供的商品和服务的能力。商标显著性的要义是，特定的人将特定的标识使用在特定的商品或者服务上，能够使相关

---

[1] 参见：郑成思. 知识产权法［M］. 北京：法律出版社，1997：185. 黄晖. 驰名商标和著名商标的法律保护［M］. 北京：法律出版社，2001：11，316. 金勇军. 知识产权法［M］. 北京：中国政法大学出版社，2002：170.

[2] 郑成思 . WTO知识产权协议逐条解释［M］. 北京：中国方正出版社，2001：63.

消费者认识其为指示商标所有人商品或服务来源的标志，并能够与他人的商品或服务相区别。

2. 商标显著性的判断

（1）商标是否具有显著性，应当对构成商标的三要素，即主体、商标标识和标识的使用对象即商品或者服务，进行综合分析判断。首先，应当将拟使用的商标标识与指定使用的商品或服务相结合进行判断。如“苹果”使用在电脑、服装上，具有识别作用，符合显著性要求，但是，如果将“苹果”使用在水果苹果上，或者使用在苹果汁或者其他苹果制品上，则是本商品的通用名称，或者是指示商品主要原材料的标志，消费者不会把它当作指示商品来源的商标，不具有显著性。

如果一个标志使用在指定的商品或者服务上具有显著性，则要进一步判断，该标志和商品相结合的显著性或来源识别性是否指向申请人。通常情况下，“申请人”这个因素对显著性的判断没有实质性影响，特别是那些尚未当作商标实际使用的标志，只要不是指定使用的商品或者服务的通用名称或者通用标志，不管由谁申请，都具备显著性要求。因此，这个问题没有引起实务部门和学界的关注。“微信”商标异议案将“申请人”是否应当作为显著性考察要素的问题提到人们的面前，引起了司法、行政、律师和学界对此问题的广泛关注和热烈讨论。

“微信”案的简要案情如下：2010 年 11 月 12 日，创博亚太（山东）股份有限公司（以下简称“创博亚太公司”）在第 38 类信息传送等通讯服务上申请注册“微信”商标。2011 年 1 月 21 日腾讯公司发布“微信”即时通讯软件的测试版，在很短时间里吸引了超过5 000万的注册用户。2011 年 8 月 27 日，创博亚太公司的“微信”商标注册申请经初步审定公告。第三人张某在异议期限内对该商标注册申请提出异议，认为该商标注册会产生《商标法》(2001 年)❶ 第 10 条第 1 款第（8）项意义上的“其他不良影响”。商标局支持异议人的请求，驳回创博亚太公司的注册申请。创博亚太公司不服，向商标评审委员会申请复审。商标评审委员会裁定驳回创博亚太公司的复审请求，北京知识产权法院一审维持了商标评审委员会的裁定。根据一审判决，所谓不良影响主要是指，创博亚太公司申请“微信”商标注册后，腾讯公司的“微信”注册用户急速攀升，至 2013 年 7 月用户达到 4 亿，至 2014 年 11 月，用户更超过 8 亿。腾讯的“微信”在信息传送等服务市场上已经具有很高的

---

❶ “微信”案的一审判决于 2015 年 3 月 11 日作出，故异议时适用 2001 年《商标法》，而判决时适用 2013 年《商标法》。且 2001 年《商标法》与 2013 年《商标法》第 10 条、第 8 条规定一致。——编辑注

知名度和影响力，“微信”所指代的信息传送服务的性质、内容和来源已经形成指向腾讯公司的明确认知。在这种情况下，如果核准被异议商标注册，不仅会使广大消费者对“微信”所指代的信息传送等服务的性质、内容和来源产生错误认知，也会对已经形成的市场秩序造成消极影响。❶

法院的判决一出，便在社会上引起广泛关注和激烈的争论。反对者的主要理由如下：①“微信”商标注册申请是合法申请，不存在驳回注册的法定理由，不应驳回其注册申请；②《商标法》规定的“其他不良影响”指的是该标志或者其构成要素是否可能对我国政治、经济、文化、宗教、民族等社会公共利益和公共秩序产生消极、负面影响。如果有关标志的注册仅损害特定民事权益，不宜认定其属于具有其他不良影响的情形。“微信”商标注册影响的是特定民事主体的利益，不属于其他不良影响的情况。总之，数量巨大的消费者的利益是否等同于公共利益，以及核准“微信”商标注册是否真的会损害广大消费者的利益，成为争论的焦点，双方各有道理，谁也说服不了谁。著名的知识产权法学专家孔祥俊先生在西南政法大学举办的知识产权法官论坛上发表了对此案的看法：本案判断结果正确，但适用法律不当。他认为，该案应当以《商标法》第 8 条作为判决依据。笔者深以为然。《商标法》第 8 条规定：“任何能够将自然人、法人或者其他组织的商品与他人的商品区别开的标志……均可以作为商标申请注册。”该规定即含有商标的显著性判断应当将商标申请主体纳入考察范围的意思。在“微信”异议案中，虽然创博亚太公司在腾讯发表即时通讯软件测试版之前两个月提出了“微信”商标注册申请，但是，在此之前以及审核过程中并没有通过使用使“微信”在消费者中取得知名度。一审判决认可的证据表明，2011 年 4 月和 6 月，原告就其“微信”软件产品（一种向被叫用户提供当来电时显示主叫号码及其归属城市的信息与咨询的服务）签订了两份合作合同，其中 2011 年 4 月份的合同缺乏实际履行的相关证据，2011 年 6 月的合同虽然有合作单位的证言作为实际履行的证据，但是，该证言表明相关软件产品被命名为“沃名片”。即创博亚太公司没有提供证据证明“微信”获得了指向自己产品的显著性。相反，在此期间，腾讯名为“微信”的即时通讯服务却获得了巨大的成功，广大用户都把“微信”与腾讯公司和其提供的即时通讯服务紧密地联系在一起，换言之，“微信”的显著性是指向腾讯而非指向创博亚太公司，对于创博亚太公司而言，“微信”已经不具有显著性（识别性）。因此，法院应当以“微信”不具有识别创博亚太公司产品的显著性为由驳回其诉讼请求。

有人不赞成援引《商标法》第 8 条作为驳回创博亚太公司“微信”注册

---

❶ 参见：北京知识产权法院（2014）京知行初字第 67 号判决书。

申请的法律依据，理由是商标法限定了据以提出异议的理由，因而也就限定了驳回异议的法律依据，而第 8 条不在驳回异议的法律依据之内。笔者认为，根据我国商标法的规定，第 8 条可以作为驳回异议的法律依据。《商标法》第 33 条规定："对初步审定公告的商标，自公告之日起三个月内，在先权利人、利害关系人认为违反本法第 13 条第 2 款和第 3 款、第 15 条、第 16 条第 1 款、第 30 条、第 31 条、第 32 条规定的……可以向商标局提出异议。"而第 30 条规定："申请注册的商标，凡不符合本法有关规定或者……，由商标局驳回申请，不予公告。""本法有关规定"似不应排除第 8 条的规定。

（2）商标显著性判断的时间点。商标的显著性不是固定不变的，由于各种原因，它会发生变化，可能由无变有，由弱变强，也可能由强变弱，甚至由有变无。那么。应当以申请时的事实状态作为判断依据，还是以审查核准时的事实状态作为判断依据？核准一个商标注册，是为了让它在市场上发挥识别作用，而不是评价它的历史，因此，应当以核准注册时的事实状态为依据，而不是以申请注册时的事实状态为依据。《最高人民法院审理关于商标授权确权行政案件若干问题的意见》第 3 条指出，审查判断诉争商标是否属于通用名称，一般以提出商标注册申请时的事实状态为准。如果申请时不属于通用名称，但在核准注册时诉争商标已经成为通用名称的，仍应认定其属于本商品的通用名称；虽在申请时属于本商品的通用名称，但在核准注册时已经不是通用名称的，则不妨碍其取得注册。该条规定所表达的意思，实际上是以核准注册时的事实状态作为判断依据。这虽然是针对商品通用名称的规定，但我们认为具有普遍意义。外国的有关规定，也可以作为我们的参考。如德国商标法第 8 条第（2）款第 1 项、第 2 项、第 3 项规定了缺乏显著性的几种标记不应获得注册，第（3）款接着规定："在注册日之前，随着商标的使用，如果该商标在相关商业圈内成为在其申请的商品和服务上的区别性标志，第（2）款第 1 项、第 2 项、第 3 项则不应适用。"日本商标法第 3 条规定，缺乏显著性的商标，如果在注册时消费者已经能够通过使用结果分辨出是与特定主体的业务相关的商品或服务的商标时，即可以取得注册；第 4 条规定，与他人在先权利相冲突的商标，如果在注册时冲突已不存在，即不适用不能取得注册的规定。总而言之，商标是否具备显著性，应当以核准注册时的事实状态为准进行判断。该案中，按照商标评审委员会复审时的事实状态，微信已经与腾讯提供的即时通讯服务紧密联系在一起，对腾讯而言具有极强的显著性，而对于创博亚太公司而言，已经没有显著性。所以，驳回创博亚太公司微信商标注册申请是有法律依据的，也是合理的。

为了防止在得知他人申请商标注册之后，强势使用使商标与自己建立联系的恃强凌弱的霸王行径，通说认为，对于后使用者的保护应以善意为条件，恶意的在后使用不能产生受法律保护的利益，除非在先权利人明知在后使用的商标损害自己的权利却长时间容忍该使用。

但是，对于恶意的在后使用是否绝对不能产生受法律保护的利益，也是一个值得研究的问题。孔祥俊先生在《商标法适用的基本问题》一书中指出："一些商标在申请初期可能有傍在先商标声誉之嫌，当时认定其构成混淆性近似可能性较大，当由于授权、确权历时较长而该商标又经过较长期大量使用，其已经能够足以与在先商标区别开来，是否还单纯考虑其申请（或使用）之初的搭车模仿意图或者恶意，而不予注册或者撤销，也即是重在考虑惩罚其最初的恶意，还是尊重已经实际区分开来的客观事实，是一个值得研究的问题。"并认为《最高人民法院关于审理商标确权授权行政案件若干问题的意见》第1条对诉争商标注册人是否具有恶意未做明确要求，不是疏忽，而是因为实践中情况很复杂，是否具有恶意不好判断，故未做表态。因此，留下了可灵活处置和多方面探讨的空间。❶ 孔祥俊先生认为，把立足点放在惩罚恶意，是以道德取向为主，只要有不正当搭车模仿的意图，就予以遏制。而尊重客观上能否区分开来的客观实际或者因使用产生的市场状态，即便最初有搭车模仿的意图，但只要授权时相关标志能够区分开来，则不妨碍两者共存。因为商标的意义在于区分商品，能够区分开来的标志就有了各自存在的基础和条件。孔祥俊先生向我们提出了一个极具理论价值和现实意义的课题，值得我们认真研究。

3. 固有显著性和获得显著性

商标的显著性分为固有显著性和获得显著性。固有显著性是指一个标志使用在特定商品或服务上，很容易使消费者认为该标志是商标，并起到区别商品或服务来源的作用，如海尔（电冰箱）、双星（鞋）、小米（手机）。一般认为，臆造商标固有显著性最强，任意商标次之，联想商标再次之，描述性商标不具有固有显著性。获得显著性是指，一个标志使用在特定的商品或者服务上，本不能起到区别商品或服务来源的作用，但是，经过使用，消费者已经将该标志与其标示的商品或服务联系起来，起到了指示商品或服务来源的作用，即获得了显著性。获得显著性的标志通常是由描述性的词汇和图形组成的标志。这些词汇和图形由于缺乏显著性，本不能获得注册，但是，如果通过使用取得显著性，并便于识别的，就可以作为商标注册。我国2013年《商标法》第11条规定，仅有本商品的通用名称、图形、型号的，仅直接表示商品的质量、主要原料、功能、用途、重量、数量及其他特点的和其他缺乏显著特征的标志不得作为商标注册。但是，以上标志通过使用取得显著

❶ 孔祥俊. 商标法适用的基本问题［M］. 北京：中国法制出版社，2012：214.

特征，便于识别的，可以作为商标注册。如“两面针”是一种牙膏的主要原料，本不能获得注册，但是，通过使用和宣传，消费者已经认识到它是一种牙膏的牌子，即获得了显著性，因而获得了注册。获得显著性而注册的商标，理论上称为第二含义商标。应当注意的是，虽然描述性标志通过使用取得显著特征后可以获得注册，但是，这样的注册商标所受到的保护是比较弱的，商标权人无权禁止他人对注册商标中的描述性词汇和图形的正当使用。我国2013年《商标法》第59条第1款、第2款即规定：“注册商标中含有的本商品的通用名称、图形、型号，或者直接表示商品的质量、主要原料、功能、用途、重量、数量及其他特点，或者含有的地名，注册商标专用权人无权禁止他人正当使用。三维标志注册商标中含有的商品自身的性质产生的形状、为获得技术效果而需有的商品形状或者使商品具有实质性价值的形状，注册商标专用权人无权禁止他人正当使用。”

（三）能够用书面形式表示

《指令》要求构成商标的标志应“可用书面形式表示”[1]，《欧共体商标条例》和欧盟成员国内立法也都有“可用书面形式表示”的要求。欧洲共同体法院在判例中进一步明确，书面表示要能够做到明白、准确、完整独立、便于接触、易于理解、持久和客观。[2] 我国台湾地区“商标法”第19条规定商标图样应以清楚、明确、完整、客观、持久及易于理解之方式呈现。这里虽然没有使用“可用书面形式表示”，但是，申请注册的商标标识，必须用纸质或者电子文档的方式提交，不论是纸质的还是电子的文档，都属于“书面形式”。所以，我国台湾地区的规定也可以解读为商标标识须能够用书面形式表示。

能够用书面形式表示是商标注册审查和商标保护的需要。一个标志如果不能用书面形式清楚、准确、完整、持久地表示，审查机构无法进行审查，发生纠纷时法院也无法准确判断是否构成侵权，因而也就无法正确处理纠纷。因此，申请注册的商标标识能够用书面形式表示，应当是商标注册的当然要求。我国商标法虽然没有“可用书面表示”的字面规定，但是，2014年《商标法实施条例》分别对不同种类的商标标识规定了表示的要求，实际上是采用分别具体规定的方式对商标标识可用书面清楚、准确、完整、持久表示的要求。[3]

---

[1] 《欧共体协调成员国商标立法1号指令》第2条。

[2] 李明德. 欧盟知识产权法［M］. 北京：法律出版社，2010：462.

[3] 2014年《商标法实施条例》第13条。

第二节 商标注册的消极条件

消极条件，即不能作为商标注册的条件。根据商标法原理和《商标法》的规定，不能作为商标注册的条件包括：标志依法不能作为商标；标志缺乏显著性；申请注册的商标损害他人的在先权益；申请注册的标志具有功能性。第一种和第二种情况我们已经讨论过，此不赘述。这里只讨论损害他人在先权益和功能性两个问题。

2013 年《商标法》第 9 条规定：申请注册的商标，不得与他人在先取得的合法权利相冲突。第 32 条规定：申请商标注册不得损害他人现有的在先权利，也不得以不正当手段抢先注册他人已经使用并有一定影响的商标。“不得与他人在先取得的合法权利相冲突”与“不得损害他人现有的在先权利”可做同一理解。根据 2013 年《商标法》第 13 条、第 15 条、第 32 条的规定，“在先取得的合法权利”应包括“合法权利”和“合法利益”。《最高人民法院关于审理商标授权确权行政案件若干问题的意见》也使用了“合法权益”的称谓。该意见指出：“人民法院审查判断诉争商标是否损害他人现有的在先权利时，对于商标法已有特别规定的在先权利，按照商标法的特别规定予以保护；商标法虽无特别规定，但根据民法通则和其他法律的规定属于应予保护的合法权益的，应当根据该概括性规定给予保护。”

但是，法律明确赋予的权利和仅提供消极保护的利益毕竟不同。权利有明确的内容和清晰的边界，未经许可踏入他人权利的边界即为侵权，不管有无过错都应承担相应的法律责任。正当利益没有清晰的边界，因此法律只能禁止他人的恶意侵害行为。权利和利益的这种区别，在《商标法》关于注册审查的规定中也得到体现。因此，损害他人在先权益可分为损害他人在先权利和损害他人在先利益两种情况。

一、注册商标不得损害他人的在先权利

他人的在先权利包括商标法明确规定的在先权利和民法通则等法律规定的在先权利。商标法规定的在先权利指他人的注册商标专用权。民法通则等法律规定的在先权利包括肖像权、著作权、外观设计专利权、商号权（企业名称权）、姓名权等权利。

1. 在先商标权

注册商标享有商标权。商标权属于绝对权，具有排他性，因此，在商标权的效力范围内，不允许两个以上内容相冲突的权利同时存在。商标权的效

力范围表现在两个方面，一是地域范围，根据商标权的地域性原则，在中国注册的商标，在中国领域内有效，未在中国注册的商标，不受中国商标法的保护；二是核定使用的商品或服务的范围，注册商标在注册核定使用的商品或服务上享有商标权，可排斥他人在相同或者类似的商品或服务上注册、使用相同或近似的商标。因此，如果申请注册的商标与他人在中国在先注册的商标相冲突，即不能取得注册。所谓与他人的在先注册商标相冲突，是指申请注册的商标标识与他人在先注册的商标标识相同或者近似，而且指定使用的商品或服务与他人注册商标指定使用的商品或服务相同或类似，可能造成混淆的情况。因此，我国商标法规定，申请注册的商标同他人在同一种商品（服务）或者类似商品（服务）上已经注册或者初步审定的商标相同或者近似的，驳回申请，不予公告。已经初步审定公告的，在先权利人可以提出异议，已经注册的，在先权利人可以申请宣告注册无效。

2. 著作权

著作权是依照著作权法所取得的权利。以与他人在先取得著作权的作品相同或者近似的标识申请商标注册的，构成对他人著作权的侵害，不能获得注册。商标标识是否侵犯他人的著作权，应按照著作权法上侵权判断标准进行判断，包括受著作权保护的作品应在商标注册申请日之前完成，申请注册的商标标识与他人在先享有著作权的作品相同或者实质性相似，申请人或其委托设计人接触过或者有可能接触过该作品，没有取得著作权人的许可（超出许可范围视为未经许可）。如果商标标识系申请人独立设计完成，虽然相同或者实质近似，也不能认定为侵犯著作权，仍可获得注册。

3. 外观设计专利权

未经授权，在相同或者类似商品上，将他人享有专利权的外观设计申请商标注册的，不能获得注册。其要件是，外观设计专利的授权公告日早于系争商标申请注册日和使用日；申请注册的商标指定使用的商品与外观设计使用的商品相同或者类似；申请注册的商标标识与外观设计相同或者近似。

如果著作权和外观设计专利权保护期届满，作品和外观设计即进入公有领域，原权利人不能再禁止他人用作商标进行注册，除非该作品或外观设计已经产生了识别商品或服务来源的显著性，他人将其注册为商标会产生误导公众，混淆商品、服务提供者的不正当竞争的效果。

4. 商号权

商号的保护范围限于登记机关管辖的地域范围和所属行业，因此，禁止他人注册为商标须以商号登记日和使用日早于商标注册申请日，且商号具有一定的市场知名度，使用与该商号相同或者近似的文字做商标标识容易导致混淆，可能给商号权人的利益造成损害为条件。

5. 姓名权

姓名权是标识性人格权。未经许可将他人的姓名申请注册商标，给他人姓名权造成或者可能造成损害的，不能获得核准注册。姓名包括本名、笔名、艺名、别名等。认定申请注册的商标是否损害他人姓名权，应当考虑该姓名权人的社会知名度。未经许可使用公众人物的姓名申请商标注册的，或者明知为他人的姓名，却基于损害他人利益的目的申请商标注册的，应认定为侵害他人的姓名权，不予注册。

6. 肖像权

肖像权是民法通则确认的自然人享有的标识性人格权。未经许可，将他人的肖像申请商标注册，给肖像权人造成或者可能造成损害的，不予核准注册。他人的肖像包括肖像照片、肖像画等。申请注册的商标标识虽然与他人的肖像有所不同，但反映了他人的主要形象特征，在社会公众的认知中指向该肖像权人的，未经许可使用公众人物的肖像申请商标注册的，都应当认定为对他人肖像权的侵害，不予核准注册。

二、注册商标不得损害他人的在先合法利益

能够排斥他人注册申请的在先利益应当是按照社会一般观念应受法律保护的正当利益。根据商标法和其他法律的规定，可阻止他人注册的在先合法利益包括以下几种。

1. 未注册驰名商标

商标法规定，就相同或者类似商品或服务申请注册的商标标识是复制、摹仿或者翻译他人未在中国注册的驰名商标，容易造成混淆的，不予注册并禁止使用。如果有人将他人的未注册驰名商标抢先申请注册并获得初审公告，未注册驰名商标所有人可以提出异议，如果已经核准注册，驰名商标所有人可以申请宣告注册无效。我国采商标权注册取得原则，未注册驰名商标不享有商标权。之所以能排斥他人注册，是因为由于其驰名，承载了较高的商誉，这种通过诚实经营所积累的商誉是受法律保护的正当利益。商标法对未注册驰名商标所有人提供的异议权、无效宣告请求权的性质是撤销权，属于救济性权利，其基础是应受保护的民事利益，而非法定权利。

2. 注册驰名商标

商标法规定，就不相同也不类似的商品或服务申请注册的商标是复制、摹仿或者翻译他人已经在中国注册的驰名商标，误导公众，致使该驰名商标注册人的利益可能受到损害的，不予注册并禁止使用。这被称为注册驰名商

标的跨类保护。如果有人实施了上述申请行为，并获得初审公告，驰名商标所有人可以提出异议，如果已经核准注册，驰名商标所有人可以申请宣告注册无效。我国2013年《商标法》第56条规定，注册商标的专用权，以核准注册的商标和核定使用的商品（服务）为限。虽然是注册驰名商标，在不相同也不类似的商品或服务上，也不享有商标专用权，其异议权和无效宣告请求权的基础仍然是应受法律保护的利益而非权利。注册驰名商标之所以能排斥他人在不相同也不类似的商品或服务上注册，是因为由于其驰名，其影响超出了注册核定的商品和服务的范围，如果允许他人以相同或者近似的标识在这些商品或服务上注册，会使相关公众对商品或服务的来源产生误认，或者认为商标使用人与驰名商标所有人之间具有许可使用、关联企业关系等特定联系，从而减损驰名商标的显著性，贬损驰名商标的市场声誉，或者不正当利用驰名商标的市场声誉。需要注意的是，注册驰名商标的跨类保护，应当与驰名商标的驰名程度相一致，而且，以“误导公众，致使该驰名商标注册人的利益可能受到损害”为判断标准。

3. 在先使用商标

2013年《商标法》第15条规定，未经授权，代理人或者代表人以自己的名义将被代理人、被代表人的商标进行注册，被代理人或者被代表人提出异议的，不予注册并禁止使用。因合同关系、业务往来或者其他关系明知他人在先使用的商标而抢先在相同或者类似商品或服务上申请注册，该他人提出异议的，不予注册；已经注册的，在先使用人可以申请宣告注册无效。根据最高人民法院的司法解释，与上述代理人或者代表人有串通合谋抢注行为的商标注册申请人，可以视其为代理人或者代表人。对于串通合谋抢注行为，可以视情况根据商标注册申请人与上述代理人或者代表人之间的特定身份关系等进行推定。[1]

这里所说的在先使用商标，不以驰名或者有一定影响为条件，只要是在先使用的即可，但是，抢注人必须明知他人商标存在。显然，这里所禁止的是恶意抢注，即明知是他人的商标而抢先注册。未注册的非驰名商标没有驰名商标的知名度，也没有因驰名而产生的较高的商誉，其异议权和无效宣告请求权的基础，主要不是在先使用所产生的应受保护的利益，而是诚实信用原则，是维护诚实的商业道德和商标注册秩序的需要，因此，它只针对恶意抢注行为。如果他人并不知道在先使用商标的存在，善意地申请并获得注册，在先使用人不享有异议权和无效宣告请求权。换言之，普通商标（非驰名商标）在先使用人要提出异议或者申请宣告商标注册无效，必须证明注册申请

---

[1] 见《最高人民法院审理商标授权确权行政案件若干问题的意见》第12条。

人或注册人在申请注册时存在恶意。与商标所有人存在代理关系、代表关系或者有合同关系、其他业务往来关系，知道他人在先使用的商标存在，未经同意抢先申请注册的，即可作为申请人具有恶意的证据。驰名商标所有人则不需要证明申请人的恶意，因为他的请求权的基础是商标驰名所产生的应受法律保护的利益。

4. 在先使用并有一定影响的未注册商标

2013 年《商标法》第 32 条规定，不得以不正当手段抢先注册他人已经使用并有一定影响的商标。该规定也是 2001 年修法时针对抢注猖獗所增加的条款，[1] 其适用条件有两个：一是在先使用的商标必须具有一定影响。实践中，在中国境内实际使用并为一定范围内的相关公众所知晓的商标，即应认定为已经使用并有一定影响的商标；有证据证明在先商标有一定的持续使用时间、区域、销售量或者广告宣传等的，可以认定其有一定影响。二是申请人采用了不正当手段。实践中，如果申请人明知或者应知他人已经使用并有一定影响的商标而予以抢注，即可认定其采用了不正当手段。

对于是否需要在驰名商标之外再分出一个“有一定影响的商标”，理论界和实务界都有异议，这涉及认定驰名商标的目的和标准问题。笔者认为，驰名商标并非荣誉称号，认定驰名商标的意义在于确定保护范围，解决注册、侵权等纠纷，其标准不宜过高。如果我们适当掌握驰名商标的认定标准，有一定影响的在先使用商标一部分可以归入未注册驰名商标，一部分可以通过 2013 年《商标法》第 15 条作为在先使用商标保护。单独作为一个类型保护不但没有必要，而且徒增法律适用的困难。

5. 知名的商品特有名称、包装、装潢

《反不正当竞争法》第 5 条第（2）项规定，“擅自使用知名商品特有的名称、包装、装潢，或者使用与知名商品近似的名称、包装、装潢，造成和他人的知名商品相混淆，使购买者误认为是该知名商品的”行为，属于该法所禁止的不正当竞争行为。知名商品特有名称、包装、装潢具有识别作用，在这一点上，与商标具有相同的性质和功能，可以享受与未注册商标的同等待遇，给予同等的保护。因此，知道是他人知名的商品特有名称、包装、装潢而作为商标申请注册，造成和他人知名商品相混淆，使购买者误认为是该知名商品的，知名商品经营者提出异议的，应当驳回注册申请，已经注册的，应当宣告注册无效。是否为知名的商品特有名称、包装、装潢，应当根据商品的销售时间、销售区域、销售额和销售对象，市场知名度，进行任何宣传的持续时间、程度和地域范围等因素，进行综合判断。司法实践中，由经营

[1] 见 2001 年《商标法》第 31 条。

者营业场所的装饰、营业用具的式样、营业人员的服饰等构成的具有独特风格的整体营业形象，可以认定为“装潢”。知名的商品特有名称、包装、装潢是受反不正当竞争法保护的利益，所有人禁止他人使用的条件是使用人主观上具有恶意（明知而为），而且使用会造成混淆。善意使用的，不构成不正当竞争行为，所有人无权禁止。

在王老吉与加多宝红罐之争纠纷一案中，有学者认为，法律保护的是知名商品的特有名称、包装、装潢，而知名商品是红罐中装的，加多宝使用传统秘方生产的凉茶。也就是说，知名商品是指用特定配方、工艺生产的产品本身。这就提出了《反不正当竞争法》第5条第（2）项的立法目的是保护产品还是保护产品的特有名称的问题。《反不正当竞争法》第5条第（2）项规定“擅自使用知名商品特有的名称、包装、装潢，或者使用与知名商品近似的名称、包装、装潢，造成和他人的知名商品相混淆，使购买者误认为是该知名商品”的行为是不正当竞争行为。该条的规定很清楚，禁止擅自使用他人知名商品特有的名称、包装、装潢，是为了防止造成和他人的知名商品相混淆。因此它保护的不是商品本身，而是发挥着商品标识作用的知名商品的特有名称和包装、装潢。无名的商品质量再好，也是不可能知名的，因为人们难以呼叫和记忆，无法为其扬名。我国晋代欧阳健有句名言：“名不辩物，则鉴识不显”。❶ 充分说明了名称在记忆固化中的重要作用。因此，反不正当竞争法的该规定应解读为“知名的商品特有名称和包装、装潢”，方符合立法本意，即受《反不正当竞争法》第5条第（2）项保护的是商品的特有名称（而不是通用名称）和包装、装潢，而不是商品本身，保护的方法是禁止他人假冒、仿冒。保护商品配方和工艺的是专利法和商业秘密法。如果一项产品的配方和工艺既未获得专利保护，也不符合商业秘密保护的条件，他人的仿制是合法的，不应当禁止。

三、商标标识不能具有功能性

具有功能性的标志不能作为商标注册。功能性在商标法理论上被分为性质功能性、实用功能性和美学功能性。由商品自身的性质产生的形状被认为具有性质功能性，为实现某种技术效果需有的形状被认为具有实用功能性，使商品具有实质价值的形状被认为具有美学功能性。❷ 我国2013年《商标法》第12条规定，以三维标志申请注册商标的，仅由商品自身的性质产生的形状、为获得技术效果而需有的商品形状或者使商品具有实质性价值的形状，不得注册为商标。该条是我国商标法关于具有功能性的三维标志不能注册为

---

❶ 转引自：黄晖. 论商标通过结合主商标使用取得显著性［J］. 中华商标，2012（12）.

❷ 参见：李明德. 欧盟知识产权法［M］. 北京：法律出版社，2010：473-474，476-478.

商标的规定。

具有功能性的标志不能注册为商标，是各国商标法一致遵守的原则。《指令》规定，商品本身的性质决定的，取得某种技术效果所必需的，赋予商品实质价值的外形不得注册为商标，已经注册的，应宣布无效。英国、德国等欧共体成员国商标法遵循《指令》要求，对此都有原则上一致的规定。日本商标法规定，商品或商品包装的形状中，仅由该商品或者商品包装发挥功能所必须的立体形状构成的商标不能获得注册。❶ 美国商标法规定，商标构成要素作为一个整体具有功能性的，不能在主簿注册。我国台湾地区“商标法”规定，仅为发挥商品或服务之功能所必要者，不能注册为商标。❷ 分析上述规定可知，我国和《指令》、欧共体成员国以及日本商标法将非功能性要求限于立体商标，而按美国和我国台湾地区的规定，非功能性是一般要求，不限于立体商标。

具有功能性的标识不能作为商标注册，其立法理由在于，商标注册是保护经营者的商业信誉的，这种保护不能延伸到商品本身。允许将商品的功能性特征作为商标注册，实际上就是通过商标注册保护产品的功能和产品本身，会对其他经营者造成极大的不便，因而是反竞争的。美国最高法院在 Qualitex Co. v. Jacobson Products 案的判决中认为，如果商品特征为商品使用或性能所必需，或者影响商品的成本或质量，而独占使用该特征会给其他竞争者带来非由商业信誉本身产生的严重不利，则该特征就是功能性的。❸ 按照功能性理论，产品的功能性特征不能作为商标使用，因为这些功能特征就产品的用途或目的而言是必要的，如果允许某人将这类特征作为商标专有，就会将其他竞争者置于十分不利的境地。❹ 因此，这些特征即使通过使用获得显著性，也不能作为商标注册。欧共体法院在 Philips 案的判决中指出，《指令》第 3 条中所谓“为实现某一技术效果所必需的外形”，是指一个外形的基本功能仅在于实现该技术效果，该外形依法不能注册为商标。即使存在其他可以实现同样技术效果的外形，该外形仍旧不可以注册。具有该功能的商标不能按照使用产生显著性获得注册。❺ 该案的基本案情是：飞利浦公司 1966 年发明并开始生产有三个旋转的圆形刀头呈等边三角形分布的电动剃须刀，并获得了专

---

❶ 见《欧共体协调成员国商标立法 1 号指令》第 2 条，英国商标法第 3 条，德国商标法第 3 条，日本商标法第 4 条。

❷ 见美国商标法第 2 条 e（5）和我国台湾地区“商标法”第 30 条。

❸ Qualitex Co. v. Jacobson Products，514U. S. 165（1995）。转引自：杜颖. 商标法［M］. 2 版. 北京：北京大学出版社，2014：30.

❹ 转引自：李明德. 美国知识产权法［M］. 2 版. 北京：法律出版社，2014：475.

❺ C-299/99 Philips 案判决书。转引自：李明德. 欧盟知识产权法［M］. 北京：法律出版社，2010：477.

利。1985 年，飞利浦公司将该剃须刀刀头的俯视图申请商标注册，获得批准，该商标根据英国 1994 年商标法具有立体商标的效力。1995 年，雷明顿公司开始生产销售 DT55 型电动剃须刀，该剃须刀外形与飞利浦公司的产品相似。飞利浦公司诉雷明顿公司侵权，雷明顿公司则反诉请求撤销飞利浦公司的商标注册。欧共体法院认为，关键在于认定三头剃须刀是否属于取得某种技术效果所必需的外形，不能因为可以通过其他外形达到同样的效果就认为可以通过商标达到永久保护。在 Lego “玩具砖” 立体商标无效案中，欧共体初审法院于 2008 年 11 月 12 日做出的判决书中指出：根据欧共体法院的判例法，如果商品形状的主要部分体现了商品的功能，即使还存在不体现技术功能的非主要部分，也不能注册为商标。所谓 “为获得某种技术效果所必需的” 形状，是指该形状与商品的某种功能具有因果关系，为了使商品具有某种功能而设计出的形状，而不应理解为是与该商品的某种技术功能相对应的唯一的形状。凡是 “为获得某种技术效果所必需的” 形状，都不可以注册为商标。❶

美国的判例中，非功能性要求不限于立体商标，饮料容器的黑色、药片使用的白色、蓝色、红色都被认定为具有功能性。因为黑色具有避光功能，有助于饮料的保鲜，而且可以使消费者看不见容器里饮料的果汁和果肉分离的状态，而如果消费者看见这种分离状态会大倒胃口，可能就不想购买了。白色影响药品的成本，因而具有功能性。药品的自然颜色就是白色，如果允许对白色进行注册，其他竞争者就必须增加成本把药片涂抹成其他的颜色。蓝色、红色等颜色影响药品的使用，因而具有功能性，因为很多高龄患者把颜色和疗效联系在一起；一些患者将药品混合装在一个容器中，通过颜色对它们进行区分；在紧急情况下，颜色可以在一定程度上帮助区分药品；在某种药品以及它们的同类药品上使用相同的颜色可以防止分发药品的人发生混淆。❷

我国 2013 年《商标法》虽然仅在第 12 条对立体商标的非功能性要求做了具体规定，但是，第 11 条第 1 款第（2）项的规定仍然给非功能性的扩大适用留下了解释空间。该款规定，“仅直接表示商品的质量、主要原料、功能、用途、重量、数量及其他特点的” 标志不得作为商标注册。其中，直接表示商品的功能的规定，并不限于立体商标。因此，必要时可利用该款规定将功能性的适用范围做适当扩大，以适应保护公共利益和竞争自由的需要。

注册商标非功能性要求是保护竞争自由的规定。但是，我国在商标审查和司法实践中却不善于运用这一规定。如雀巢公司 2007 年向我国申请棕色方形瓶商标注册，被商标局以不具有显著性驳回。后来，雀巢公司提供了已经

---

❶ 参见：李明德. 欧盟知识产权法［M］. 北京：法律出版社，2010：477.

❷ 参见：杜颖. 商标法［M］. 2 版. 北京：北京大学出版社，2014：30-31.

获得显著性的证据而获得注册。2008年，雀巢公司即向广东省开平市的味事达和广中皇两家公司发侵权警告函，称其侵犯了自己的方形瓶注册商标专用权。实际上，我国广东的酱油生产厂家此前使用方形瓶容器已有二十多年的历史。广中皇接到警告函后即停止使用方形瓶，味事达则提起确认不侵权之诉。广东省高级人民法院终审判决确认味事达不侵权，味事达公司得以继续使用其方形瓶包装。实际上，方形瓶具有利于抓握的功能，棕色则具有避光功能，利于瓶内盛装物的保鲜。如果商标局不是以缺乏显著性，而是以方形瓶具有功能性驳回雀巢的注册申请，那么，雀巢公司即使提供再多的显著性证据，也不能获得注册。如前所述，欧共体法院认为，所谓“为获得某种技术效果所必需的”形状，是指该形状与商品的某种功能具有因果关系，为了使商品具有某种功能而设计出的形状，而不应理解为是与该商品的某种技术功能相对应的唯一的形状。凡是“为获得某种技术效果所必需的”形状，都不可以注册为商标。可见，非功能性原则比显著性原则更有利于保护竞争。

第四章 商标注册的性质和效力

第一节 商标注册的意义

一、注册制度在商标法中的地位

商标法的理论研究集中于对显著性、混淆标准、侵权责任等实质问题的讨论，对商标注册程序少有兴趣。实质性问题固然非常重要，但商标注册制度在商标法中的重要性也不容忽视。对于经营者来说，首先是取得权利，其次才是权利保护问题——没有权利，谈何保护？注册程序和注册条件规范的是普遍性问题，它对于商标法立法目的的贯彻和经营者商标权益的取得和保护具有普遍的重要意义；混淆标准、侵权责任等解决的是若干个别问题，具有纠错、救济的性质。二者互相配合、相辅相成，共同构建良好的商标注册、使用和保护秩序。

（一）注册制度是商标法的主要内容

从商标法的内容和条文数量来看，商标法就是一部商标注册法。除商标权保护部分之外，商标法的所有内容都是围绕着商标注册展开的，如商标注册的条件，注册的程序，注册的效力，注册的维持，注册的撤销，注册的无效等。商标法所确定的商标保护原则，如先申请原则还是先使用原则，或者是折中主义，也需要通过注册程序贯彻和体现。综观世界各国的商标法，不论是采商标权注册取得主义，还是采商标权使用取得主义，其主要内容都是关于注册制度的规定。商标法的基本面貌就是由注册制度决定的。所以我们说，注册制度是商标法的主体。

（二）现代商标法发端于商标注册制度的建立

从世界范围来看，专门的商标保护立法是从建立商标注册制度开始的。布拉德·谢尔曼和莱昂纳尔·本特利通过对英国知识产权法律发展的历史考察，认为知识产权登记制度的设立，是现代知识产权法的两个显著特征之一。❶ 根据余俊博士的研究，1875 年 8 月 13 日通过的英国历史上第一部商标法，即以“设立商标注册处”为核心，并在法律文本中设专条规定以“商标注册法”为其简称。该法共 12 个条文，其中大半与商标注册有关。所以，一部商标法的发展史，堪称一部商标注册法的发展史。❷ 世界上最早的成文商标法，1857 年法国《与商业标记和制造标记有关的法律》即规定了商标注册制度，该法采不审查原则和使用原则，商标权基于使用取得，注册具有证据效力。

我国民间对商标的保护也首先规范商标的注册和使用，如清道光五年上海绮藻堂布业公会就通过制定《牌谱》《牌律》，规范布商使用商标的行为。我国历史上第一部正式颁布的商标法，名称就叫《商标注册试办章程》，该法共 28 条，其内容除侵权罚则外，都是关于商标注册的内容，包括注册机构设置、注册条件，注册效力，注册程序等。

中外商标法的历史都说明，现代商标法是从建立商标注册制度开始的，商标法的修改也大都与注册制度的改革相关，一部商标制度的发展史，也就是商标注册制度的变革史。商标注册制度背后，隐藏着复杂的利益博弈和学说论争。

（三）注册制度决定商标法的基本面貌

如上所述，商标注册制度构成商标法的主要内容，商标法的原则要通过注册制度贯彻，商标法的立法目的要通过注册制度实现。不同的立法指导思想，决定着不同的注册制度，而注册制度也就决定了商标法的基本面貌。商标法的修改，主要也是对注册制度的修改，如我国 2001 年《商标法》的修改增加自然人可以作为申请商标注册的主体，以及商标评审委员会复审裁定应当接受司法审查的规定。2013 年《商标法》对异议制度作了重要修改，大大简化了注册程序。这些都是关于注册制度的修改，显然，这些修改具有重要的意义。不仅如此，注册制度还反映了立法者的法治理念，如，是尊重商标法的私法属性，尊重当事人的意思自治，让权利人自己承担权利防护的责任，自己决定是否反对在后商标的注册以及用什么方式来保护自己的权利，政府仅在必要时应权利人的请求对他们提供帮助；还是把自己放在“权利人的监护人”的地位，大包大揽，越俎代庖？在第三次《商标法》修改过程中，商标主管机关作为修改稿的起草单位，最终否定了放弃全面审查原则，改采只

---

❶ 参见：布拉德·谢尔曼，莱昂纳尔·本特利. 现代知识产权法的演进［M］. 金海军，译. 北京：北京大学出版社，2012：61.

❷ 参见：余俊. 商标法律进化论［M］. 武汉：华中科技大学出版社，2011：119.

审查驳回注册绝对事由的修改意见，坚持全面审查制度，而且认为在相当长的一段时间内中国只能采取全面审查原则，政府还必须充当“权利人的监护人”。❶ 这是典型的管理本位思维，而不是私法的权利本位思维，在这种思维方式的支配之下制定的商标法，必然具有强烈的管理法色彩。

二、商标注册制度的作用

商标注册制度在商标法中的重要地位，是由注册制度在商标法中的作用决定的。注册制度在商标法中的作用可以概括为：确定权利归属，划定权利边界，公示权利变动，便利交易活动。

（一）确定权利归属

商标注册的首要作用是确定权利归属。商标权不同于物权，其对象是没有物质实体的特定信息，不能通过占有来公示，而只能通过具有公信力的注册来公示自己的权利，确定权利的归属。因此，注册制度必不可少。英国1875年商标法引入注册制度，其直接目的在于解决商标所有人证明自己权利的举证难问题，但“实际上也是对于所有权的官方承认。”❷ 注册行为授予申请人一种权利，它意味着，如果商标获得注册，则自发出商标注册证的那一刻起，它就当然成为该注册证上列名者的财产了。确定权利归属对于稳定社会经济秩序乃至整个社会秩序的重要意义不言而喻，《尚君书》有云：“一兔走，百人逐之，非以兔可分以为百也，由名分之未定也；夫卖兔者满市，而盗不敢取，由名分已定也；故名分未定，尧、舜、禹、汤且皆如鹜焉而逐之；名分以定，贫盗不取。”商标注册制度通过申请、审查、异议、复审、司法审查等一系列程序，对申请注册的商标是否应当核准注册做出决定，并通过注册加以确定和公示，是建立良好的商标使用秩序的基础条件。

即使在采使用取得制度的国家，如美国，注册也具有重要的意义。在那里，虽然取得商标权的根据是使用，但是，商标注册也具有所有权通知的作用，而且，注册经过五年，原则上其商标权便不可争议。

我国采商标权注册取得制度，只有注册才能取得商标权。未注册商标即

---

❶ 国家工商行政管理总局编著，中国工商出版社2012年出版的《商标注册与管理》一书在讨论商标法是否应当取消对相对理由审查时认为，“在相当长的一段时间内，中国应当坚持全面审查的商标注册制度。只有社会主义市场经济发展到大部分经济主体能够自觉维护他人知识产权的时候，才有可能舍全面审查而取绝对理由审查，恢复商标专用权私权属性的本来面目，使政府不再充当权利人的监护人。”

❷ “Trade Marks”（1912年7月31日）Manchester Chamber of Commerce Monthly Record 198. 转引自：（澳）布拉德·谢尔曼，（英）莱昂内尔·本特利. 现代知识产权法的演进：英国的历程（1760—1911）[M]. 金海军，译. 北京：北京大学出版社，2006：235.

使已经驰名，依法也不享有商标权。经营者通过注册，获得权利内容确定、受法律保护的商标权，可以放心进行广告宣传，推介商标，开拓市场，而不必担心为他人作嫁衣。所以，我们在强调使用在商标保护中的作用的时候，切不可忽视商标注册的重要意义，毕竟我国和世界上大多数国家都采商标权注册取得制度，商标只有注册，才能取得商标权，得到法律的保护。

（二）划定权利边界

划定商标权的权利边界，是商标注册的重要作用。商标注册不但要明确核准注册的商标标识，而且要明确商标标识指定使用的商品或服务，二者结合，就划定了商标权的边界，确定了商标权的效力范围。如果没有注册制度，只能根据在先使用来确定商标权的归属和效力范围，而谁先使用、最早使用的时间以及使用的范围，证明都很困难，因而权利产生的时间和权利所及的范围都将难以准确划定。归属明确、边界清晰的商标权，是权利人行使商标权，如许可使用、质押、转让的必要条件，也是正确处理侵权纠纷的前提条件。虽然注册所记载的权利边界在实践中仍难免显得模糊，不够清晰，需要法官和行政执法人员进行解释，但是，注册的记载是解释的基础，没有注册的记载，就无从解释。而且，法官和行政执法人员必须受注册的约束，不能脱离注册任意解释。这比之于没有注册，靠使用确立商标权的效力范围，方便和确定多了。

（三）公示权利变动

权利变动指的是权利的取得、变更和消灭。商标权是绝对权，其权利变动关涉其他经营者的利益，需要向社会公示。商标法规定，不仅商标权的原始取得（注册取得）需要进行注册并公告，商标权的转让（继受取得）、质押、续展也要进行注册并公告。商标独占许可和排他许可虽不要求必须备案公告，但是未备案公告的不能对抗善意第三人。权利变动依法要进行注册、公告，是由商标权的绝对权性质和商标权保护对象是无形的信息决定的。商标权是绝对权，其权利变动对其他经营者的利益会产生影响；而且由于其无形，不能通过占有来公示，所以需要用注册、公告这样的方式来公示，广而告之，让其他人知晓商标的权利归属和变动情况。

及时公告商标的权利变动，让利益相关者及时了解商标权的归属和利用状况，对于维护交易秩序、提高效率、减少商标纠纷，具有重要的意义。

（四）便利交易活动

商标注册明确了商标权的归属，划定了商标权的权利边界，而且将商标权的权利变动向世人公示，为商标权的交易和使用注册商标的商品和服务的交易提供了明晰的权利基础和交易安全保障。如果没有注册制度，涉及商标的交易就缺乏安全感，交易相对人不得不对商标的法律状态进行调查，这不但费时费力，而且难以得到准确可靠的结果，交易活动将受到极大的阻碍。而且，没有注册制度对商标权的保护，也不利于商标所有人保护自己的权利。商标所有人在没有法律保障的情况下往往不敢大胆投资，担心自己花费巨资和努力赢得的市场声誉成为他人的嫁衣。长此以往，必将挫伤经营者创业的积极性，对经济发展造成不利影响。交易创造价值，在交易活动十分活跃的今天，注册制度的这一功能显得特别重要。

第二节　商标注册的性质

我国商标法实施以来，特别是 20 世纪 90 年代以来，商标抢注、恶意异议之风愈演愈烈，商标权注册取得制度的固有缺陷充分暴露，人们对注册取得制度的批评也越来越尖锐。人们在强调使用在商标保护中的地位和作用的同时，对商标注册行为的性质和商标注册的效力也给予越来越多的关注。关于商标注册的性质主要有授权说和确权说两种主张。

一、对授权说和确权说的评析

商标注册的行为属于何种性质的行为？我国学界主要有授权说和确权说两种主张。

孔祥俊先生主张商标注册属于行政授权行为："按照我国商标法的规定，注册商标并不以实际使用为前提和基础，也即不是对于已实际存在的商标权益的确认，因而核准注册商标不是一种行政确权行为，而属于授予或者创设注册商标专用权的行为。即使核准注册的商标是此前已经实际使用并具有一定影响的商标，也属于授权行为，即商标一旦注册，就在全国范围内享有注册商标专用权，而与原来的使用范围无关，也即不是对业已实际存在的权利的反映性确认。"❶"对于那些未实际使用而打算注册后使用的商标，由于其此前并未实际具有商品来源的识别作用，当然不是确认实际存在的商标权。即使对于实际使用并具有一定影响的商标，其核准注册也赋予其全国范围内的专用权和排他权，这种权利范围的扩张也是核准注册带来的。即使是对于驰名商标的核准注册，也赋予其跨商品类别保护的效力。"❷

---

❶ 孔祥俊. 商标与不正当竞争法——原理与判例 [M]. 北京：法律出版社，2009：55.

❷ 孔祥俊. 商标与不正当竞争法——原理与判例 [M]. 北京：法律出版社，2009：316.

国家商标主管机关明确主张商标局审查核准商标注册的行为是确权行为："商标局作为商标注册机关，在受理当事人的商标注册申请后，要进行全面审查，不仅要对申请的商标是否违反法律的禁止性条款进行审查，还要对该申请商标是否与他人已经注册或在先申请的商标存在权利冲突进行审查，从而做出相应的确权决定。"❶

《最高人民法院关于审理商标授权确权行政案件若干问题的意见》采用了"授权确权"的提法。据说，在制定该意见时，对于此类案件的性质有不同意见，考虑到《国家知识产权战略纲要》中将包括专利、商标在内的此类案件统称为授权确权案件，最终将其确定为授权确权案件。❷《国家知识产权战略纲要》第46条确有"改革专利、商标确权、授权程序"的提法。经由《国家知识产权战略纲要》和《最高人民法院关于审理商标授权确权行政案件若干问题的意见》的采纳，"确权、授权"便成为官方的说法，并反过来影响学界，成为通说。

授权说容易使人理解为商标权是注册机构代表政府授予申请人的。按照《现代汉语词典》的解释，"授"的含义是"交付、给予"。授权是指"把权力委托给他人或者机构代为执行。"❸ 但是，无论是注册机构还是政府，都不享有作为私权的商标权，当然不可能把自己没有的权利授予他人。因此，授权说不可取。虽然商标法规定注册商标才享有专用权，但是，商标权不是注册机构或者说注册机构代表政府授予的，核准注册不过是对申请人符合法律规定的注册申请的认可。孔祥俊先生所列举的证明注册商标是授权行为的例证，如果解释为法律赋予注册商标的效力则更符合立法的本意。

确权说认为注册机构核准注册是对申请人通过使用所取得的商标权的确认，既不符合"确权"的概念，也不符合法律的规定。确权是对既存权利的确认，如房屋所有权初始登记，是对合法建房行为所建造的房屋所有权的确认，而取得房屋所有权的实质根据则是合法建房行为。我国和世界上大多数国家的商标法都采商标权注册取得原则，实际使用不是产生商标权的根据，未注册商标即使已经有一定的影响和知名度，也只能产生应受法律保护的利益，这种受法律保护的利益限于异议权、撤销权（即我国商标法规定的无效宣告请求权，该权利的性质是撤销权）和先用权等救济性权利，而不是商标权。也就是说，单纯的使用不能产生可供确认的权利。确权说认为核准注册行为是对通过使用产生的商标权的确认，不符合我国商标法的规定，也不符

---

❶ 国家工商行政管理总局. 商标注册与管理［M］. 北京：中国工商出版社，2012：34.

❷ 参见：周云川. 商标授权确权诉讼［M］. 北京：法律出版社，2014：2（注3）.

❸ 中国社会科学院语言研究所词典编辑室．现代汉语词典［M］. 5版．北京：商务印书馆，2005：1260.

合世界上大多数国家的立法规定。[1]

二、商标注册行为是要式的单方民事法律行为

（一）商标注册行为是民事法律行为

民事法律行为是民事主体基于意思表示，设立、变更、终止民事法律关系的合法行为。以意思表示为要素是民事法律行为区别于其他法律事实最本质的特点。所谓以意思表示为要素，是指民事法律行为只能通过意思表示来实施，没有意思表示，就没有民事法律行为，而且基于民事法律行为在当事人之间产生的民事法律关系的内容就是当事人意思表示的内容。换言之，当事人的意思表示所产生的法律效力正是表意人所期望的。商标注册是由申请人提出商标注册申请发动的一系列行为，包括注册申请行为、审查核准行为（审查核准包括初步审定公告、异议、复审等多个程序）和注册公告行为等。运用法律行为理论分析商标注册行为，可得出如下认识：商标注册申请是申请人要求注册商标，为自己取得商标权的意思表示。只要这个意思表示符合商标法关于商标注册条件的要求，经审查机关依法核准注册，申请人就取得商标权，完成了一个为自己设定商标权的民事法律行为。核准注册的法律效果，是申请人申请商标注册的意思表示取得了法律效力。这个法律效果正是申请人所希望的。可见，商标注册行为完全符合民事法律行为的概念和法律特征。

（二）商标注册行为是单方法民事律行为

申请人申请商标注册的意思表示没有相对人，自申请人做出意思表示时（申请提交时）成立，不需要与相对人协商一致，也不需要相对人的接受和承诺，因此是无相对人的单方民事法律行为。接受申请的注册机关不是申请人意思表示的相对人，申请人申请商标注册的意思表示是否成立和有效与商标局是否批准无关，而只与该意思表示是否符合法律规定的条件有关。注册机关对于符合商标法规定条件的申请必须核准注册，不能任意予夺。注册机关的审查核准行为如果违反法律的规定，申请人享有法律赋予的申请复审、提起诉讼等一系列救济手段。

（三）商标注册行为是要式民事法律行为

商标注册行为是要式民事法律行为表现在两个方面：一是申请商标注册

---

[1] 就我们所见，除美国商标法采使用取得商标权，德国商标法规定注册、产生第二含义和驰名标志的使用产生商标权以外，大多数国家都规定商标权通过注册产生。

的意思表示必须符合规定的形式，即要按照规定的格式填写申请书（书面形式要求）；二是该意思表示须经审查机关批准才能生效。由于商标注册的法律效力是取得商标权，而商标权是绝对权，对其他经营者的行为自由构成限制，事关公共利益，所以，申请商标注册这个单方民事法律行为须经依法设立的注册机关审查核准才能生效，也就是说，经营者申请商标注册的单方民事法律行为以审查机关的核准为生效条件。审查机关必须依法审查，只要申请人的注册申请符合法律规定的注册条件，审查机关就应当核准注册，而不能任意予夺。审查机关核准注册的内容，就是申请书中所记载的申请人效果意思的内容。虽然审查员可以要求申请人对申请书的内容做出修改、变更，但是否修改以及如何修改都要由申请人自己决定，审查机关不能越俎代庖。如果审查机关的审查行为违反法律的规定，或者当事人对其审查决定不服，申请人享有法律赋予的一系列救济手段，如申请复审、请求司法救济等。其他人认为该商标注册会损害自己的在先权利或合法利益的，也可以提出异议，申请宣告商标注册无效，直至提起诉讼，寻求司法救济。

综上所述，商标注册是一个要式的无相对人的单方民事法律行为。在整个商标注册过程中，申请人始终居于主动的和主导的地位，是否申请商标注册，选择什么样的商标标识，在哪些商品或者服务上申请注册，都要根据意思自治原则由申请人通过申请行为决定。当发生争议时，是坚持通过行政程序或者司法程序寻求救济，还是选择和解或放弃，完全由申请人自己选择和决定。商标局核准的商标注册的内容实际上就是申请人在申请文件中表达的效果意思的内容，即申请人的效果意思经商标局的核准获得了法律效力。换言之，商标注册是申请人通过申请商标注册为自己设定商标权的行为。在这个过程中，注册机关扮演的是公共利益保护者的角色，驳回有损公共利益的注册申请，核准符合商标法规定的申请注册。申请人获得注册商标的权利——商标权，是申请人通过申请行为为自己设定的，或者说是法律赋予的，而不是注册机关授予的。认清这一点，授权说和确权说便不攻自破。

三、商标注册行为是设权行为

根据民法原理，民事法律行为可分为物权行为、准物权行为和债权行为。“物权行为是以直接发生物权的变动，即以物权之发生、变更、消灭为内容之法律行为。”“以物权以外之权利之移转、变更、消灭为直接的内容之法律行为，谓为准物权行为。”按照史尚宽先生在这里的说法，无体财产权属于准物权。❶ 在物权行为和准物权行为中，直接使权利发生的行为是设定权利的行

❶ 史尚宽. 民法总论［M］. 台北：正大印书馆，1970：287.

为，我们称之为设权行为；直接使权利移转、变更或消灭的行为是处分行为。商标注册行为是直接产生商标权的行为，属于准物权行为中的设权行为，或者如孔祥俊先生所说，是“创设权利”的行为。[1] 需要特别指出的是，商标权既不是审查机关授予的，也不是政府主管部门为申请人创设的，而是申请人依法通过申请商标注册行为为自己设定的，审查机关的核准注册只是该设权行为的生效条件。孔祥俊先生将“创设权利”与“授权”相提并论，似乎可以推测，在孔先生看来权利的“创设”主体和“授权”主体是同一的，即都是注册机关。如果这个推测不错，那么，我们不能同意这种说法。我们坚持主张，商标权是申请人为自己设定的，而不是政府主管机关“授予”的，也不是政府主管机关“创设”的。

在商标权注册取得制度之下，没有注册的商标不享有商标权，即使经过实际使用，产生了一定影响甚至已经驰名，也不能自动产生商标权；一定影响和驰名所产生的，只是受法律保护的利益。这种利益要上升为权利，必须经过申请和核准注册行为才能完成。通过上述分析可知，民事主体在商标权的设定或者说获取问题上居于十分重要的地位，没有民事主体对商标注册程序的发动，一切皆无从谈起。所以，归根结底，一国商标制度运行的效果，是由该国民事主体的商标意识和运营能力决定的。

承认商标注册行为是民事法律行为，有助于对商标法私法属性的认识，有助于商标法的改革和完善。既然商标注册是民事主体为自己设定商标权的行为，即是民事法律行为，那么注册程序的设计就应当体现民法的意思自治和诚实信用原则，充分尊重申请人和异议、无效宣告程序中相关当事人的处分权，鼓励当事人通过协商解决纠纷。对于侵害他人在先权益的驳回注册的相对事由，应遵循撤销相对无效民事法律行为的规则，即赋予受该行为侵害的人撤销权，只有撤销权人依法行使撤销权时，主管机关才可以依法审查，撤销权人不申请撤销，审查机关不应该越俎代庖主动审查，从而简化程序，提高注册审查的效率和质量，使商标注册制度符合市场经济的要求，更好地满足经营者对商标的需要，服务经济发展。

第三节　商标注册的效力

一、为什么要讨论这个问题

按照商标法的规定，商标注册产生商标专用权，这是不言而喻、毋庸置

---

[1] 孔祥俊. 商标与不正当竞争法——原理与判例［M］. 北京：法律出版社，2009：55.

疑的问题。但是，近几年在我国，这个不成问题的问题却成了问题。由于实践中恶意抢注、恶意异议、囤积商标等问题突出，注册取得制度的固有缺陷充分暴露，引起人们对注册取得制度的广泛批评和反思，同时对商标使用问题给予了高度重视，希望通过提高实际使用在商标保护中的地位和作用来克服注册取得制度的固有缺陷。相比于20世纪商标法实施之初，执法机关和学界对注册取得原则的机械理解，这是一个巨大的进步。❶ 但是，有些学者为了强调使用在商标保护中的重要意义，有意无意地贬低甚至否定注册在商标保护中的重要意义。如有学者认为，“那种只是作为商标注册，事实上未使用过的，不应算作是商标，更谈不上商标权。……实体商标权是由实际使用产生，而非注册产生。”❷ 还有学者认为，只有使用在商品或者服务上的标记才能叫商标，仅仅注册而没有在商品或者服务上使用的，不能叫商标，而只能叫作注册标记。并由此对注册商标的转让提出批评，认为未实际使用的注册商标的转让，是一种卖注册证书的行为，不应当支持。

强调使用在商标保护中的意义无疑是正确的，因为商标的识别性和价值都是通过使用产生和积累的。但是，真理超越一小步就可能变成谬误。为了强调使用在商标保护中的重要意义，而无视我国商标法的明确规定，否定注册产生商标权，提出“实体商标权由实际使用产生”，甚至认为未实际使用的注册商标不能叫商标，这就令人费解了。法学研究当然可以批评法律，特别是法律的某项制度或者原则。但是，我国商标法所采取的商标权注册取得原则，和世界上绝大多数国家的商标立法相一致，该原则是符合商标法的发展趋势的。而采商标权使用取得原则的，就我们所知目前只有美国。但美国之所以采使用取得原则，实出于无奈。美国国会制定商标法的依据是宪法中的贸易条款，即宪法第1条第8款所规定的：“国会有权管理与外国的、州与州间的，以及对印第安部落的贸易”。所以，在美国，需先有商标在州际贸易中的使用，才能产生商标权。这就决定了使用取得原则在美国商标法中的主导地位。❸

我们都承认知识产权是法定权利而非自然权利，而法定权利包括权利的取得方式法定。无视本国商标法的明确规定和世界上大多数国家都采取商标权注册取得原则的现实，以自然权利理论来批评我国的商标权注册取得制度，

---

❶ 凯蓉、笑蕾在《守法而弗变则悖——修改商标法迫在眉睫》一文（载《中华商报》1996年第2期）中介绍，他们在调研中发现，一部分人认为，“抢注”这一称谓本身就不科学。企业不及时申请商标注册，说明该企业的商标意识淡薄，其他企业将该商标申请注册，手续合法，程序适当，是合法的正当行为，也是我国商标法“申请在先原则”的具体体现，这种依法注册的行为无可非议。有人甚至认为，反对“抢注”是一种鼓励落后的行为，是对“申请在先”原则的否定。

❷ 刘春田. 商标与商标权辨析［J］. 知识产权，1998（1）.

❸ 参见：余俊. 商标法律进化论［M］. 武汉：华中科技大学出版社，2011：130（注6）.

这种思维方式难谓科学和严谨。

再者，如果注册不能产生实质意义上的商标权，那么，注册制度还有什么意义？商标权注册取得制度和使用取得制度还有什么区别？

最后，也是最重要的问题是，注册取得制度和使用取得制度究竟哪种制度更能够适应贸易全球化的需求？更有利于建设安全、高效的交易秩序？

所以，商标注册的效力问题，说到底，是我国商标法应当采取何种商标权取得原则的问题。这是商标法中一个带有根本性的问题，必须讨论清楚。

二、中国必须坚持商标权注册取得原则

商标权注册取得原则适应贸易全球化要求，符合国际上商标保护制度发展趋势，并与我国商标保护制度的历史相一致，我国商标法应当坚持注册取得原则。

（一）注册取得原则符合商标保护的国际发展趋势

注册取得原则最大的优点是权利归属明确。频繁的、大规模的交易要求权利的清晰和确定，这是世界上大多数国家商标法采注册取得原则的原因。就我们所知，目前世界上只有美国采使用取得商标权的原则，而美国之所以采使用取得原则，是由美国的政治体制和宪法所决定，实属无奈。兼采注册取得和使用取得原则的德国商标法，可以通过使用取得商标权的商标限于《巴黎公约》第六条之二意义上的驰名商标和第二含义商标，并不是所有在先使用的商标都可以取得商标权。除此之外，我们所见的商标法都采注册取得原则。可以说，注册取得原则是商标保护的国际发展趋势。

（二）注册取得制度具有比较优势

世界上没有完美无缺的制度。注册取得制度有缺陷，需要改进；使用取得制度也有不尽如人意的地方，也需要完善。人们只能在比较中选择较好的、比较适合于自己的制度，并在实践中不断修改、完善它，使之为本国的经济建设服务。

一般认为，目前世界上有三种商标保护制度：商标权注册取得制度、使用取得制度和混合取得制度。注册取得制度将商标权的取得系于注册，相比于使用取得制度的最大优点在于商标权的归属明确，有利于企业制定商标使用规划，为开发新产品，开拓市场预作准备；最大的缺点是易于诱发抢注。在使用取得制度之下，在先使用是取得商标权的根据，其最大的优点是可以有效抑制抢注，最大的缺点是未实际使用的商标不能申请注册，不利于企业实施商标战略。但是，自 1988 年美国商标法允许未实际使用的商标通过声明

使用意图申请注册以后，这个缺点得到克服。美国商标法的这一重大改革，标志着使用取得原则和注册取得原则开始走向融合——采注册取得原则的商标法越来越重视使用在商标保护中的作用，采使用取得原则的商标法允许未使用的商标申请注册。但二者仍然存在差异。最主要的差异就是，在注册取得制度中，注册是取得商标权的根据；而在使用取得制度中，在先使用才是取得商标权真正的根据，当发生冲突时，在先使用人获得商标权。实际上，这个差异也越来越模糊。例如，按照我国和许多采注册取得原则的商标法，在先使用并有一定影响的未注册商标，在异议程序中，可以作为引证商标提出异议，使商标注册申请被驳回；在无效程序中，可以作为引证商标提出无效申请，使注册尚未满五年的注册商标被无效。这和美国的抵触程序和商标注册五年后其效力即不可争议已经没有实质性区别。这究竟是使用取得制度学习了注册取得制度的结果，还是注册取得制度学习了使用取得制度的结果？或者是各自根据商标的本质和实际需要做出的选择？这是一个值得研究的、有趣的问题。但不管怎么说，两种商标权取得制度的差异并没有人们想象的那么大，实际上其相同点可能大于差异。这是否可以说明，影响一项法律制度的决定性因素是调整对象本身的本质特点，其他因素，如习惯、传统、法律体系等，都是次要的？

我们认为，注册取得制度与使用取得制度相比，在以下几个方面具有比较优势：

（1）权利归属明确。在注册取得原则之下，注册是取得商标权的根据，注册簿上的记载就是商标权的内容和范围，清楚明确，易于证明。

（2）更有利于交易安全。权利归属明确，权利内容清晰确定，是交易活动顺利开展的基本条件，注册取得制度能够满足这一要求。在使用取得制度之下，注册仅是商标权的初步证据，随时可能因受到在先使用人的挑战而无效，商标权不稳定，商标权的效力范围也不确定，不利于交易安全。而没有稳定、可靠的预期的制度不利于鼓励投资。

（3）更有效率。首先，在注册取得制度之下，注册是推定注册人享有商标权的证据，证明容易，比使用取得制度之下，证明在先使用的时间和范围容易得多，因而更有效率。其次，在注册取得制度之下，在注册簿上可以查到所有有效的注册商标信息，为企业申请商标注册，规划经营战略提供参考。由于在注册簿上能够查询到所有有效注册商标的信息，企业就可以少走弯路，避免做无用功，节约时间和成本，以较低的成本和较少的时间取得所需要的商标注册，提高效率。而使用取得制度难以做到这一点。

（三）注册取得原则是我国商标保护的历史选择

我国商标立法的发展史，是从兼采注册取得原则和使用取得原则走向单纯的注册取得原则的历史。1904年晚清政府颁布的《商标注册试办章程》采先申请原则，规定二人以上就相同或者近似标识在相同或者类似商品上申请注册的，准最先申请者注册。《商标注册试办章程》受到以英国为首的西方列强的反对。1923年北洋政府《商标法》采先使用原则，规定二人以上就相同或者近似标识在相同或者类似商品上申请注册者，准最先使用者注册，均未使用的，准最先申请者注册；该法施行前善意继续使用五年以上的商标，于该法施行后六个月内呈请注册者，不受前述规定的限制。1930年南京政府《商标法》保留了1923年《商标法》的先使用原则，同时将“本法施行前善意继续使用五年以上”，修改为“善意继续使用十年以上”，去掉了“本法施行前”的限定，将对善意继续使用商标的注册优待普遍化。该规定受到工商界和学界的批评。1935年修法时虽然仍采先使用原则，但增加了“在中华民国境内”的限制，即二人以上以相同或者近似标识在相同或者类似商品上申请注册的，准在中华民国境内实际最先使用并无中断者注册，均未使用或者谁先使用无从证明者，准最先呈请者注册。及至抗战胜利后再次启动商标法修改，主管机关清楚表明修法的目的就是要将注册主义兼采使用主义改为纯粹的注册取得主义，1948年公布的《〈商标法〉草案》第13条明确规定，二人以上就相同或者近似标识在相同或者类似商品上申请注册，准最先呈请者注册。同日申请，准最先使用者注册。该草案受到工商界和学界的普遍欢迎，认为商标法“由放任主义改进强制主义，实倾向法治之意旨”。“我国工商业渐趋繁盛……商标专用权之重要性，已深入商人之心，依照目前国情，商标之改为‘注册’主义，当无十分困难。”❶ 该草案未及通过立法程序成为正式的法律，便随着国民党政府的垮台而寿终正寝。但是，该草案确立的商标权注册取得原则和先申请原则，却在我国台湾地区后来的“商标法”中得到贯彻。

新中国第一部商标法律——《商标注册暂行条例》明确采商标权注册取得原则，其第10条规定，二人以上用相同或近似的商标使用在同一类商品之上，分别申请注册时，应准最先申请的注册；如于同日申请，则准使用在先的注册。该原则在我国此后的商标立法、修法中得到始终如一的贯彻。

如果说在改革开放之初，1982年《商标法》刚刚实施之际，中国的大部分企业基本上没有商标注册意识，不懂得注册的重要性，对于在先使用的未注册商标给予必要的优待，尚有一定的合理性（实际上当时恰恰机械地执行先申请原则，没有给在先使用的商标以优待）。那么，在《商标法》实施三十多年，企业的商标观念已经大大加强，懂得商标注册重要性的今天，强调商

---

❶ 参见：刘文远. 从“移植”到“内生”的演变：近代中国商标权取得原则的确定及调整［J］. 知识产权，2015（4）.

标注册的法律效力，引导经营者积极申请商标注册，营造良好的商标注册和使用秩序，应当是商标立法、司法和研究的重要任务。我们对注册制度缺点的批评和商标实际使用作用的强调，都是在坚持注册取得原则的前提下的调适性改革，绝不是对注册取得原则的否定。过分强调实际使用在商标保护中的作用，甚至否定注册产生商标权的法律效力，实质上是放弃法律的行为导向功能和型塑社会秩序（包括交易秩序）的功能，不利于商标法律秩序的建设，也不利于市场经济的发展。我国《商标法》选择注册取得原则是正确的，应当坚持，而不是拉着它向使用取得原则靠拢。

三、商标注册的效力分析

我国 2013 年《商标法》第 3 条第 1 款规定："经商标局核准注册的商标为注册商标……商标注册人享有商标专用权，受法律保护。"商标注册的效力是取得商标权，这是没有异议的。问题是，注册取得的商标权是否如某些学者所言仅是一种"程序性"的权利，必须实际使用以后才能产生实质性的商标权呢？注册商标在未实际使用之前是否应受法律保护，例如是否应受侵权法的保护，获得损害赔偿的救济？是否可以转让、质押和许可他人使用？笔者在这里不一般性地讨论商标权的效力问题（商标权的效力涉及范围广泛的问题，包括商标标识近似、商品和服务类似的判定，驰名商标跨类保护问题以及正当使用问题，等等），而只针对商标法理论研究中提出的上述问题谈谈自己的看法。

笔者认为，即使注册商标尚未使用，商标注册所赋予的也是一种完全意义上的商标权，具有法律规定的商标权的全部权能，包括自己使用、许可他人使用、转让、质押、禁止任何未经许可的使用和追究侵权责任的权利，以及对在后商标注册申请提出异议和无效宣告请求的权利。这些都是商标法赋予注册人的实体权利，而不是"程序性"权利。其他采注册取得商标权的立法，也都明确规定商标权依注册（登记）而存在。[1]

承认未使用的注册商标享有商标法规定的全部权利的理由是：

（1）我国商标法采注册取得原则，明确规定注册商标受法律保护，商标注册人享有商标专用权。商标权和其他知识产权一样具有法定性，权利法定包括权利的取得方式法定。因此，无论从知识产权的法定性理论出发，还是根据我国商标法的规定，注册都应当是商标权产生的根据。我国采注册取得原则，既有国际国内现实的考量，也有尊重历史的原因。使用产生商标权的自然权利理论不能作为解释我国商标权产生根据的理论。

---

[1] 参见：法国知识产权法典 L. 712-1 条，意大利商标法第 1 条和第 4 条，日本商标法第 18 条，英国商标法第 2 条、第 9 条，韩国商标法第 41 条，巴西知识产权法第 129 条。

需要说明的是，商标注册同不动产登记、动产占有一样，仅具有权利推定的效力。既然是推定，就可以被相反的证据推翻，如在先权利人如果能够在法律规定的撤销权期限内举出充分的证据，证明自己的在先权利，注册就可能被宣告无效。承认商标注册仅具有权利推定效力，并不否认注册是商标权产生的根据，更不等于承认只有实际使用才是产生商标权的根据。

（2）虽然说商标法保护的是以商标为载体的商誉，而商誉只能通过商标在商业活动中的使用产生，但是，这个命题的逆命题是不成立的，我们不能说，凡未建立商誉的商标不受商标法的保护。商誉的建立是需要时间的，商标注册的作用之一就是让注册人在法律的保护之下，通过商业性使用为自己的商标建立商誉。所以说，注册商标只要未被撤销或宣告无效，就应当受法律保护，不管其商誉高低，知名度大小。商誉的高低和知名度的大小只与商标受保护的程度有关（例如是否可以享受跨类保护以及侵权赔偿额的高低），而与是否应当受保护无关。

（3）虽然商标尚未实际使用，商标注册赋予注册人的商标专用权也是有价值的。尚未使用的商标的注册，就好像排队、占位子一样，由于注册商标具有稀缺性，因此这个位子是有价值的。商标核准注册，注册人就可以放心进行经营准备，不用担心为他人作嫁衣。根据情况，注册人可以自己使用注册商标，也可以许可他人使用，或者将该注册商标转让给他人。只要没有超过三年撤销期限，该注册商标就享有商标法赋予的所有权利，商标局没有理由禁止没有实际使用的注册商标转让和许可他人使用，相反，还应当积极促成注册商标的许可使用和转让。虽然注册人的商标尚未实际使用，但是它可能被有的经营者看好，愿意出高价钱购买，法律有什么理由不准卖呢？现在我们都在说要重视市场在资源配置中的基础性作用，对于注册商标这种重要的市场要素，其如何使用和流转应当交给市场决定，学者应当为知识产权资源的市场化鼓与呼，而不应当横加指责。有人可能会说，这不等于鼓励人们大量注册、囤积商标，通过转让、打侵权官司牟利吗？确有这种可能。但是，商标法是一个整体，立法者完全可以通过相关制度的设计来抑制、克服这个问题。例如，我国商标法已经规定了注册商标三年不使用撤销制度，如果按照体系化的要求，将该规定在商标法的相关制度中加以贯彻，承认异议人、无效请求人和被诉侵权人的不使用抗辩权，则这个问题基本上可以解决。[1]

（4）注册商标的实际使用需要准备时间。认为注册商标只有实际使用才能产生实体商标权，除自然权利思想和无视我国商标法规定外，对商标使用的实际情况缺乏了解也是原因之一。经营者通常需要在有法律保护的条件下

[1] 参见：张玉敏. 注册商标三年不使用撤销制度体系化解读［J］. 中国法学，2015（1）.

进行投资，实施商标使用行为。在申请过程中，商标是否能够被核准注册尚未可知，此时不对商标使用进行投资是经济人的理性选择，无可指责。商标被核准注册之后，商标的实际使用需要一系列的准备和相当的投资，需要一定的时间，注册之后没有马上投入使用也是合情合理的。因此，各国商标法都对注册商标规定了一定的使用豁免期，如欧洲国家一般是五年，我国和美国、日本、韩国、俄罗斯以及我国台湾地区是三年。这个豁免期实际上就是为注册人规定的商标使用的最长准备期限。在这个期限以内，注册商标虽然未实际使用，不影响法律对其提供的保护；一旦超过这个期限，注册商标仍未实际使用，且无不使用的正当理由，法律则不再提供保护，任何人都可以申请撤销该商标注册。使用豁免期制度就是商标法为注册商标使用问题规定的兼顾注册人利益和公共利益的解决办法，除此之外再对注册商标提出额外的使用要求，难谓妥当。

综上所述，依照我国商标法和其他采注册取得原则国家的商标法，商标自注册之日起取得商标权，不管注册商标是否已经投入商业性使用，注册人都依法享有法律赋予注册商标的所有权利，包括使用权、收益权、处分权、救济权，这些权利都是实实在在的实体权利，而不是程序性权利。只有在法律给予的使用豁免期届满以后，注册商标仍然未实际使用且无不使用的正当理由时，其效力才会受到挑战，才可能被撤销。

第五章　商标注册程序改革（一）

——问题、讨论和改革尝试

无论采注册取得制度还是使用取得制度，商标注册程序都是一国商标法的重要内容。注册程序不仅关乎申请人、在先权利人和其他利害关系人的切身利益，还关乎商标注册的效率和公平。因此，一国商标法的实施效果主要是由注册制度决定的。商标权保护制度固然重要，但其仅是对受侵权行为损害的权利提供的事后救济，虽然有威慑作用，其效果也仅限于遏制侵权，而不能解决经营者希望快速、便捷地获得商标注册的问题，不能解决商标注册的公平、公正问题。商标注册程序在商标法中不仅仅是一个程序问题，它体现立法者的法治理念，涉及商标法立法目的的实现，关乎申请人能否方便、快捷地取得商标注册，促进经济发展的大问题，需要从理论与实践结合的高度进行认真研究。

第一节　我国商标注册程序的沿革

一、1950 年《商标注册暂行条例》

1950 年《商标注册暂行条例》规定，商标注册申请经审查认为符合注册条件的，即予审定，发给申请人审定通知书并公告，认为不符合注册条件的，即驳回申请。二人以上就相同或者近似商标在相同或者类似商品上申请注册的，核准先申请者注册。对驳回申请不服的，可申请再审，再审决定为终局决定。自审定公告之日起四个月内他人得提出异议。无人异议或者异议被驳回，即核准注册。对于注册商标，他人认为与自己的在先注册商标相同或者近似的，可以在自注册公告之日起一年内提出异议。对于异议审定不服，得提起再异议。对再异议不服，得在接到通知之日起四十天内向政务院财政经济委员会申请裁决，经裁决后，即为终结。

《商标注册暂行条例》系采注册取得商标权的制度和先申请原则。商标注册程序采先异议后注册，但是注册后也可以对注册商标提出异议，不服异议审定可以再异议。商标注册争议由政务院财政经济委员会终局裁决。可见，条例所规定的注册程序是比较复杂的，只是没有提供司法救济程序。

二、1982 年和 1993 年《商标法》

按照 1982 年《商标法》的规定，对于商标注册申请，商标局经审查认为符合商标法规定的注册条件的，即予以初步审定并公告；认为不符合商标法规定的注册条件的，即驳回申请，不予公告。申请人对于驳回注册申请决定不服的，可以向商标评审委员会申请复审，商标评审委员会的复审决定是终局决定。对于初步审定公告的商标，自公告之日起三个月内，任何人可以向商标局提出异议。无异议或者异议不成立的，始予核准注册。对商标局的异议裁定，当事人不服的可以向商标评审委员会申请复审，商标评审委员会的裁定为终局裁定。对于已经核准注册的商标有争议的，可自商标核准注册之日起一年内向商标评审委员会申请裁定，商标评审委员会的裁定为终局裁定。1993 年修订的《商标法》的商标注册审查程序与 1982 年《商标法》相同。

1982 年《商标法》和 1993 年《商标法》规定的商标注册审查程序有以下几个共同特点：①审查机关对注册申请依职权进行全面审查并做出审查决定；②先异议，后注册；③未赋予当事人申请司法救济的权利，即行政裁决为终局裁决。

三、2001 年《商标法》

2001 年修订的《商标法》，商标注册程序有了重要变化。为了使我国商标法符合 TRIPS 协定第 62 条关于任何行政终局决定均应接受司法审查的要求，[1] 2001 年《商标法》取消了商标评审委员会的复审决定、裁定为终局决定、裁定的规定，规定当事人对于商标评审委员会的复审决定、裁定不服的，可以在接到通知之日起三十日内向人民法院起诉。其他关于初步审定程序、不服驳回申请复审程序和异议程序与 1993 年《商标法》的规定相同。这一修改的积极意义是赋予当事人寻求司法救济的权利，符合现代法治原则，而且使我国商标注册程序达到了 TRIPS 协定的要求（实际上超过了 TRIPS 协定的要求），为我国“入世”创造了条件。但是，商标法在增加了司法审查程序的同时，却没有对行政审查程序进行相应地简化，使本已复杂的商标注册程序更为复杂，商标注册周期因而大大延长，企业和社会各界的反应强烈。

2001 年“入世”后，我国改革开放的步伐加快，市场经济发展迅速，商

---

[1] TRIPS 协定第 62 条第 5 款规定：经本条第 4 款所指的任何程序做出的终局行政决定，均应接受司法或准司法审查。但是，在异议不成立或行政撤销不成立的场合，只要该程序的依据能够在无效诉讼中得到处理，即应无义务对该决定提供司法审查。

标在经济生活中的作用越来越大，商标注册申请量大幅提升。由于审查程序复杂、冗长，而且商标法对异议主体和异议理由没有限制性规定，任何人都可以对初步审定公告的商标提出异议，异议不成立也不需要负任何责任，导致恶意异议大量增加，申请案大量积压。至2007年年底，商标注册申请积压达到180余万件，审查周期超过三年；商标评审案件积压近5.5万件，审理周期长达十三年。引起社会各界和国际社会的普遍关注。[1] 过长的审查周期进一步引发恶意异议，形成恶性循环。一些与初步审定公告的商标没有任何利害关系的人钻法律的空子，以提出商标异议为手段对申请人进行勒索。还有一些人则利用异议程序阻挠、迟滞申请人的商标注册，以达到其实施不正当竞争的目的。异议被驳回后，还可以向商标评审委员会申请复审，复审被驳回后，则向法院提起行政诉讼，一审败诉后，还可以上诉，申请人的注册变得遥遥无期。由于异议程序费时较长，而且结果难以预测，申请人为了避免陷入冗长的异议程序，往往选择出钱换取异议人撤回异议。[2] 企业对商标注册程序的繁琐、冗长意见很大，强烈要求简化审查程序，缩短注册周期。商标主管机关也认为，现行商标法有的内容已难以适应实践需要，主要是商标注册程序比较繁琐，商标确权时间过长，提出异议的主体和理由过于宽泛，程序过于复杂，恶意异议现象比较常见，商标领域的不正当竞争现象比较严重。[3]

概括而言，2001年《商标法》规定的商标注册审查程序的主要问题是程序繁琐，注册周期过长，不能适应经济发展对商标注册的需要。所谓注册程序繁琐，主要表现在：

（一）初审阶段的全面审查原则

在初步审查阶段，商标局对申请注册的商标进行全面审查，即不但依职权主动审查申请注册的商标是否有应当驳回注册的绝对事由，而且依职权主动审查申请注册的商标是否有应当驳回注册的相对事由。对于符合商标法规定的，由商标局依职权做出初步审定的决定并公告；对于不符合商标法的有关规定或者与他人已经注册或者初步审定的商标相同或者近似的，由商标局驳回申请，不予公告。申请人对驳回申请不服的，可以向商标评审委员会申

---

[1] 参见：国家工商行政管理总局. 商标注册与管理［M］. 北京：中国工商出版社，2012：318.

[2] 据金武卫在《〈商标法〉第三次修改回顾与总结》（发表于《知识产权》2013年第10期）的介绍，商标局完成异议审查，做出裁定大约需要二十个月的时间，商标评审委员会对不服异议裁定的复审大约需要十八个月的时间，加上行政诉讼程序，最终确定是否予以注册一般需要五年左右的时间，有的甚至长达七八年。

[3] 参见：国家工商行政管理总局局长周伯华2012年12月24日在第十一届全国人大常委会第三十次会议上所做的《关于〈中华人民共和国商标法修正案（草案）〉的说明》。

请复审，对商标评审委员会的复审决定不服的，可以向人民法院起诉。

（二）异议的主体和理由过于宽泛

2001年《商标法》规定，对于初步审定公告的商标，自注册之日起三个月内，任何人均可向商标局提出异议，对于异议主体和异议理由没有限制。这就意味着，与初步审定公告的商标没有任何利害关系的人，也可以以相对事由提出异议。这就为恶意异议提供了可乘之机。

（三）未对异议人课以证明引证商标实际使用的义务

我国2001年《商标法》第44条规定，注册商标连续三年停止使用的，是撤销注册的法定事由。按照体系化的要求，该规定应当在异议程序中得到体现，但是，异议部分既未要求异议人提供引证商标实际使用的证据，也未赋予被异议人不使用抗辩权。理论上使商标法各项制度之间缺乏逻辑一致性，实践中为那些长期不使用，实际上已经死亡的注册商标阻止在后商标注册提供了可能。

（四）异议程序繁琐

2001年《商标法》规定，商标局对异议经过审理做出裁定后，双方当事人都可以向商标评审委员会申请复审。即如果商标局做出异议成立的裁定，被异议人（注册申请人）可以向商标评审委员会申请复审；如果商标局做出异议不成立的裁定，异议人可以向商标评审委员会申请复审。相应地，当事人对商标评审委员会的复审裁定不服的，都可以向法院起诉。而TRIPS协定第62条第5款明确规定："在异议不成立或行政撤销不成立的场合，只要该程序的依据能够在无效诉讼中得到处理，应无义务对该决定提供司法审查。"该规定的意图明显倾向于使商标申请尽快获得注册，即更关注注册程序的效率，而把纠正注册失误的任务留给无效诉讼。我国的规定则更关注公平，赋予异议人和被异议人同等的申请商标评审委员会复审的权利，由此产生的问题前边已经论及，此不赘述。

以上程序设计，看起来很慎重、很公平。但是，一件商标注册申请如果走完全部程序需要经过行政三次审查（商标局两次，商标评审委员会一次）和司法两审。如果当事人提出申诉，还可能进入再审程序，这样司法也可能是三审。即使不考虑可能发生的所谓循环诉讼，一件商标注册走完全部程序，也要五到八年，甚至十几年的时间。这在全世界恐怕也可以荣膺冠军了。问题是，注册商标是为市场交易服务的，而市场交易追求效率，所谓"迟到的正义是非正义"。如此漫长的注册周期，能给当事人带来真正的公平吗？

针对2001年《商标法》在审查程序方面存在的突出问题，2013年《商标法》对商标注册审查程序作了重要改革。为了行文的方便，本书将2013年《商标法》对审查程序的改革放到存在问题和对各种改革意见的研究之后，再结合改革建议进行介绍和评论。

第二节　《商标法》第三次修改过程中对注册程序改革的讨论

《商标法》第三次修改过程中，对商标注册程序的改革是关注的焦点之一。期间，各有关方面，特别是商标注册主管部门的同志发表了许多很有价值的意见，早期的修改稿较为充分地反映了这些意见。根据笔者所掌握的资料，这些意见主要集中在两个问题上：一是是否应当废止全面审查原则，改采不审查原则（即审查机关只审查驳回注册的绝对事由，不主动审查驳回注册的相对事由）；二是是否应当对异议主体和理由加以限制，是否必须对异议提供复审和司法审查的权利等。今天来检视这些建议，仍然可以感受到其重要的学术价值。

一、关于全面审查原则存废之争

所谓全面审查，是指注册审查机关不但要依职权对驳回注册的绝对事由进行审查，而且要依职权对驳回注册的相对事由进行审查并做出审查决定。我国《商标法》第三次修改过程中，对于是否应当废止全面审查原则，改采只审查驳回注册的绝对事由（又称为不审查原则），形成了两种针锋相对的意见。一种意见主张废止全面审查原则，改采审查机关只依职权审查驳回注册的绝对事由，相对事由留给异议程序解决；另一种意见认为，我国目前尚不具备废止全面审查原则的条件，仍应坚持全面审查原则。

（一）主张废止全面审查原则的理由[1]

（1）相对事由属于私权的范围，私权应当由权利人通过法定程序进行保护，如启动异议、无效程序阻止在后商标注册或者撤销（2013年《商标法》改称无效）其注册。只审查绝对事由不仅体现了意思自治原则，符合私权的本质，还可节约大量行政资源。

（2）取消相对事由审查有利于更准确地判断是否存在权利冲突。实行全

[1] 参见：文学. 革命还是改良：商标法相对理由审查制度的改革［J］. 中华商标，2008（5）. 国家工商行政管理总局. 商标注册与管理［M］. 北京：中国工商出版社，2012：34-36.

面审查，审查员不能确定潜在的冲突商标的真实使用情况，无法判断在先商标的知名度等具体情况，难以对商标保护范围进行准确衡量。取消全面审查，相对事由通过在先商标权人启动异议或无效程序审查，当事人可以充分举证和申述理由，从而有利于审查机关对是否存在权利冲突做出准确认定。

(3) 取消相对事由审查可以避免注册簿中的死亡商标成为注册的障碍。在注册取得原则下，大量未使用的注册商标充斥注册簿是不争的事实，有相当数量的商标在核准注册时即已经死亡。❶ 由于这些死亡商标在专用权期限届满之前仍然属于有效的在先注册商标，仍然可以被引证驳回在后注册申请。将这些死亡商标作为在先权利驳回在后商标注册申请有失公平。

(4) 取消相对事由的审查可以提高审查效率，缩短审查周期，而这正是广大经营者强烈要求的。

"老商标"董葆霖先生也认为，欧洲绝大多数国家采用"对于在先权利不审查原则"，目的是缩短注册时间，增加商标审查透明度、科学性、准确性，将政企职责分开，特别是避免用无效商标驳回申请。这些做法可供我国借鉴。❷ 贾小龙博士也主张改审查原则为不审查原则，以提高注册效率，其主要理由是对于私权利无须政府主动审查。❸

取消依职权对相对事由进行审查的主张在2007年8月30日的商标法修改稿中得到体现，该修改稿第36条明确规定，审查机关只对驳回注册的绝对事由进行主动审查，发现有驳回注册的绝对事由的，即驳回申请。第37条规定，商标局经审查没有第36条规定情形的，即予以公告，自公告之日起四个月以内无异议的，予以核准注册。修改理由是，我国社会经济发展，公众法律意识增强；社会查询商标信息的技术手段已比较先进；废止全面审查，可以减轻商标主管机关的审查责任，减少工作量，提高注册效率。

(二) 主张坚持全面审查原则的理由

主张废止全面审查原则的意见没有得到学界的广泛响应。在商标主管机关内部，坚持全面审查的意见占了上风。认为我国应当坚持全面审查原则的理由是：

(1) 全面审查有利于注册商标的合法性与稳定性，有利于维护在先商标所有人的合法权益，避免法定权利之间的冲突。依职权对相对事由进行审查，

---

❶ 杨叶璇在《关于修改〈商标法修订送审稿〉的思考与建议》一文中披露，许多代理公司手里有数百甚至上千的注册证无人领取，商标局业务大厅里有大量无人领取的注册证，这种情况已经成为公知的事实。见《中华商标》2010年第7期。

❷ 董葆霖. 修改商标法的建议 [J]. 中华商标，2002 (2).

❸ 贾小龙. 注册商标专用权取得程序的整合 [J]. 中华商标，2012 (2).

应当视为政府为当事人提供服务的行为。

（2）取消相对事由审查将导致冲突商标并存数量增加，使纠纷处理的成本增大。

（3）取消相对事由审查不利于保护消费者权益，不利于维护正常的社会经济秩序。并存注册商标增多，将造成消费者的混淆和市场混乱。

（4）取消相对事由审查可能助长恶意注册。取消相对事由审查，恶意注册成功率可能大大增加，即使在先商标注册人启动无效程序，恶意注册者也已经收获颇丰了。

（5）取消相对事由审查会增加商标注册人的维权成本。主要是启动异议和无效宣告程序的成本和商标风险监控成本。

总之，反对取消全面审查的人们认为，"就目前看来，取消相对理由审查的时机尚不成熟，在相当长的一段时间内，中国应当坚持全面审查的商标注册制度。只有社会主义市场经济发展到大部分经济主体能够自觉维护他人知识产权的时候，才有可能舍全面审查而取绝对理由审查，恢复商标专用权私权属性的本来面目，使政府不再充当权利人的监护人。"❶

此外，还有人认为，废止全面审查原则的"革命性"改革能否缩短审查周期尚难以确定，有待深入分析。取消全面审查后，相关措施的完备程度和可操作性程度尚不够理想，因此主张采取类似日本的"改良性"改革更为稳妥。❷

在坚持全面审查原则的意见占上风的情况下，2007 年 8 月 30 日修改稿第 36 条、第 37 条的规定在之后的商标法修改稿中被否定。2013 年通过的《商标法》仍然坚持了全面审查原则。

二、关于异议制度改革的讨论

如前所述，为了使我国商标法符合 TRIPS 协定关于行政终局决定均应当接受司法审查的要求，消除"入世"的法律障碍，2001 年《商标法》规定，对于商标评审委员会驳回商标注册的决定、驳回异议的裁定和无效裁定，当事人不服，都可以向法院起诉。但是，在规定了司法审查程序的情况下，却没有对原本已经很复杂的行政审查程序做相应的简化，致使商标注册的审查周期比原来更长，引起社会各界和国际社会的普遍关注。正如国家工商行政管理总局局长周伯华在 2012 年所说的，现行商标法有的内容已难以适应实践的需要，主要是商标注册程序比较繁琐，商标确权时间过长，商标异议案件经商标局审理裁定就需约二十个月时间；商标领域不正当竞争现象比较严重。

---

❶ 国家工商行政管理总局. 商标注册与管理［M］. 北京：中国工商出版社，2012：34-36.

❷ 参见：文学. 革命还是改良：商标法相对理由审查制度的改革［J］. 中华商标，2008（5）.

而异议程序的主要问题是提出异议的主体和理由过于宽泛，程序过于复杂，影响了申请人及时获得商标注册。[1] 异议主体和理由过于宽泛产生两方面的问题。一是商标异议申请量大大增加，降低了商标注册效率；[2] 二是为部分恶意异议提供了便利条件。恶意异议通常表现为对他人在先商标注册申请提出异议，妨碍初步审定商标获得注册，向被异议人索取高额撤销异议的费用。[3]

商标局工作人员凯蓉、笑蕾早在1996年即撰文力主我国应当将注册前异议改为注册后异议。理由是，从多年的审查实践看，提出异议的案件占初步审定商标的比例不到2‰，而其中被裁定异议不成立的约占一半，即需要驳回注册的仅占初步审定商标的1‰左右。让999‰的初步审定商标一起陪候三个月明显有失公平，这说明我们在法律的价值取向上犯了一个错误。而且，异议程序容易被不法之徒利用。有些人为了延长对他人商标的不法使用，故意对应获准注册的商标提出异议，无形中增加了商标局和商标评审委员会不必要的工作量，扰乱了正常的注册秩序，权利人也往往无端受害。[4] 该建议有理有据，具有很强的说服力，是笔者所见到的关于异议程序改革的最早的文章。囿于历史的原因，2001年修法时没有把商标注册审查程序的改革纳入考虑的范围。

《商标法》第三次修改过程中，异议程序的改革成为关注的焦点之一。根据参与2013年商标法（修订送审稿）审查修改的金武卫先生介绍，商标法修改过程中提出的异议程序修改方案有以下几种：

（1）限制异议主体和理由；程序上由商标局接受和审查异议，但不做出裁定，商标局对异议审理后直接做出驳回注册申请或者授予商标权的决定，相应地，也就取消了后续的商标评审委员会复审和行政诉讼程序。这种方案将异议从商标审查的一个独立程序变成了商标局审查商标注册申请的内部程序，实质上等于取消了异议程序。

（2）将行政两审改为行政一审，即异议直接向商标评审委员会提出，由商标评审委员会做出裁定，后续程序不变。

（3）行政程序不变，但赋予法院直接改判权，即法院可以直接判决异议是否成立、驳回申请或者准予商标注册。[5]

此外，贾小龙博士建议，维持异议程序前置，但要限定异议申请人和异

---

[1] 见周伯华2012年12月24日向第十一届全国人民代表大会常务委员会第三十次会议所做的《关于〈中华人民共和国商标法修正案（草案）〉的说明》。

[2] 据统计，2008—2012年5年间，异议数量占初步审定数量的4.67%，而20世纪90年代的比例不到2‰。

[3] 参见：国家工商行政管理总局. 商标注册与管理［M］. 北京：中国工商出版社，2012：38.

[4] 凯蓉，笑蕾. 守法而弗变则悖——修改商标法迫在眉睫［J］. 中华商标，1996（2）.

[5] 参见：金武卫.《商标法》第三次修改回顾与总结［J］. 知识产权，2013（10）.

议理由，明确规定“一事不再理”原则，即对商标局裁定不服的，可以向商标评审委员会申请复审，也可以直接向法院起诉。❶ 史新章先生也主张对异议主体和理由进行限制，并将异议改由商标评审委员会审理，实质上取消异议复审。❷

最终，立法机关选择了第一种方案。理由是第一种方案实质性地取消了异议程序，将异议程序由商标审查过程中的一个独立的程序变成了商标局审查商标注册申请的一个内部程序，彻底解决了因异议程序复杂、冗长拖延商标注册的问题。异议程序的主要目的是提高注册质量，商标法已经就注册商标建立了撤销、无效程序，可以对商标注册进行授权后的事后监督，删除异议程序不会影响商标注册的质量，但可以提高审查、授权的效率。第二种方案改行政两审为行政一审，减少了行政审查阶段的时间，但难以彻底解决因异议程序冗长导致的恶意异议问题。同时，从商标评审委员会的职能来看，异议是商标申请、审查的正常环节，不是对商标局审查工作的监督程序，不宜由商标评审委员会直接受理异议。第三种方案涉及司法程序改革，赋予法院直接改判的权力从根本上冲击了我国的行政诉讼制度，应当在行政诉讼制度改革中统筹考虑，不宜单独在商标法中做出突破。比较而言，第一种方案是最佳选择。当然，对第一种方案也有不同意见，一是认为实质性取消异议程序后，商标注册人难以在商标授权前将恶意申请挡在门外，不利于在先商标注册人的利益；二是担心商标评审委员会难以处理大量的商标撤销和无效案件。❸

三、早期修改稿对注册程序的简化

关于异议制度改革的讨论体现在早期的商标法修改稿中。如 2006 年 4 月 18 日修改稿对异议程序做了以下修改：（1）将异议主体限定为在先商标所有人和利害关系人；（2）将异议理由限定为驳回注册的相对事由；（3）将向商标局提出异议改为直接向商标评审委员会提出异议；（4）设置了简易程序，规定商标评审委员会经审理认为异议不成立的，可以直接做出裁定，认为异议成立的，通知被异议人答辩，按普通程序审理；（5）异议人的在先注册商标注册已满三年的，被异议人可以要求其提供在被异议商标初步审定公告之前三年内实际使用的证据，或者未使用的正当理由，注册商标未使用且无正当理由的，该商标视为没有注册；（6）经裁定异议不成立的，即核准被异议商标注册；（7）经异议裁定核准注册的商标，任何人不得以相同的事实和理

---

❶ 贾小龙. 注册商标专用权取得程序的整合［J］. 中华商标，2012（2）.

❷ 史新章. 我国商标评审法律制度的历史、现状与制度完善［J］. 知识产权，2011（5）.

❸ 金武卫.《商标法》第三次修改回顾与总结［J］. 知识产权，2013（10）.

由申请宣告无效。该修改稿还有一种更激进的意见，主张删除异议程序，相关争议通过无效程序解决。❶ 为了抑制随意异议，特别是恶意异议，该修改稿规定，商标异议、撤销和无效宣告程序中败诉的一方当事人应当承担评审费用和对方因商标评审支付的合理费用。❷

2007 年 8 月 30 日修改稿大胆地放弃了全面审查原则，规定商标局只对拒绝注册的绝对理由进行审查，相对理由留给异议程序处理，异议直接由商标评审委员会受理。在 2006 年 4 月 18 日修改稿的基础上，增加抢注未注册商标强制转让的规定和恶意注册、恶意异议当事人的法律责任的规定，规定经裁定异议成立，被异议人出于恶意的，应当承担因商标申请给异议人造成的损失；经裁定异议不成立，异议人出于恶意的，应当赔偿被异议人因被异议商标延误注册所受到的损失。修改说明部分对取消相对理由审查列举了 3 条理由：（1）我国社会经济发展，公众法律意识增强；（2）社会查询商标信息的技术手段已比较先进；（3）减轻商标主管机关的审查责任，减少工作量，提高注册效率。根据修改说明，做出以上修改的理由可以概括为简化程序和减少恶意异议。如将向商标局提出异议改为直接向商标评审委员会提出，是为了减少行政审级，由原来的行政两审减少为一审；对异议主体和异议理由进行限定则是为了减少恶意异议；增加抢注他人未注册商标强制转让的规定，有利于及时将被抢注的商标返还给商标所有人，减少其因此所受的损失；增设简易程序，则是为了加快对异议案件的审理速度，维护双方当事人的利益；规定异议人和被异议人出于恶意的，应对其被裁定不成立的行为承担赔偿对方因此所受损失的责任，是为了促使当事人谨慎地申请商标注册，谨慎地提出异议，抑制抢注和恶意异议。

这两个修改稿对商标注册审查程序的改革是大胆的，值得称许。可惜的是，在后来的修改稿中，除异议程序的修改之外，其他极有价值的条文都不见了。

---

❶ 参见：2006 年 4 月 18 日《中华人民共和国商标法修改草稿》第 53－58 条、第 41 条。

❷ 参见：2006 年 4 月 18 日《中华人民共和国商标法修改草稿》第 50 条。

第三节　2013 年《商标法》对注册程序的改革

一、注册程序的改革

（一）对初步审查程序的改革

2013 年《商标法》仍然维持了全面审查原则，但是，对初步审查程序作了一定的优化，即给予申请人在商标局做出审查决定前说明或者修正的机会。2013 年《商标法》第 29 条规定，在审查过程中，商标局认为商标注册申请内容需要说明或者修正的，可以要求申请人做出说明或者修正。申请人未做出说明或者修正的，不影响商标局做出审查决定。申请人的说明或者修正，可以使商标局更清楚、更准确地了解相关情况，提高初步审定的准确率；同时也有利于申请人与审查机关沟通，充分表达自己的意见，降低商标局驳回申请后，申请人向商标评审委员会申请复审或者重新提出申请的概率，提高审查效率。这一规定也符合《商标法新加坡条约》的要求。根据《商标法新加坡条约》的规定，审查机关驳回各类商标申请前，应给予申请人陈述意见的机会。❶

（二）对异议程序的改革

2013 年《商标法》对异议程序做了两方面的重大改革。

1. 限定异议主体和理由

根据 2013 年《商标法》第 33 条规定，初步审定公告的商标违反驳回注册的绝对事由规定的，任何人都可以向商标局提出异议。但是，对于违反驳回注册的相对事由规定的，只有在先权利人和利害关系人才可以向商标局提出异议。即将 2001 年《商标法》不区分异议事由，不管是依据绝对事由还是相对事由，任何人都可以提出异议，改为绝对事由的异议主体不加限制，相对事由的异议主体限定为在先权利人和利害关系人。对于这项改革，在修法过程中各方意见高度一致，因此被立法所采纳。

2. 简化异议程序

按 2013 年《商标法》规定，商标局对异议审查后不再做出异议是否成立的裁定，而直接做出是否准予注册的决定，即认为异议成立的，做出不予注

---

❶ 《商标法新加坡条约》第 21 条。

册的决定，申请人不服的可以向商标评审委员会申请复审；认为异议不成立的，直接准予申请商标注册，并通知异议人，异议人不服，不能向商标评审委员会申请复审，只能在商标注册后向商标评审委员会申请宣告注册无效。这实际上将异议程序变成了商标局注册审查的一个环节，商标局不再就异议是否成立做出裁定，相应地，也就没有了后续的商标评审委员会对不服异议裁定的复审和法院的行政诉讼。与2001年《商标法》相比，异议程序有了实质性的简化。而且，由于异议人不服可以在商标注册后向商标评审委员会申请宣告商标注册无效，对商标评审委员会对无效申请的裁定不服，可以向法院起诉，也不违反TRIPS协定第62条关于行政终局决定应接受司法或准司法审查的要求。

将依据相对理由提出异议的主体限定于在先权利人和利害关系人，删除商标局对异议做出裁定的环节，商标局经审理认为异议不成立的即直接做出准予注册的决定，异议人不服只能在商标注册后向商标评审委员会申请宣告注册无效，是商标法第三次修改的亮点之一。这一修改简化了注册程序，可以大大缩短注册周期，有效抑制利用异议程序敲竹杠、谋取不义之财和以异议为手段骚扰他人商标注册的不正当竞争行为。这两项改革殊值赞同。

二、对注册程序改革的评价

（一）对初步审查程序改革的评价

此次《商标法》修改，没有废止全面审查原则，留下了遗憾。但是，在初步审查程序中，要求商标局给予申请人说明或者修正的机会，是一项重要的改革。该项改革可以在一定程度上弥补全面审查原则的缺陷——审查人员对商标实际使用的情况不甚了解，影响审查决定的准确性。根据2013年《商标法》第29条的规定，商标局认为商标注册申请的内容需要说明或者修正的，可以要求申请人做出说明或者修正。对于申请人来说，获得了一个与审查机关沟通的机会，可以利用这个机会向审查机关充分表达自己的意见，说明有关情况，或者修改注册申请中不符合商标法规定的内容，争取获得初步审定。对于商标局来说，也可以利用这个机会了解更多的情况，提高审查的准确性，并且可以通过与申请人的沟通，取得更多的共识，减少申请人因不服驳回申请决定申请复审的情况。这无论对申请人还是商标局，都有重要的积极意义。

应当指出的是，我国2013年《商标法》的这项规定比《商标法新加坡条约》的相关规定更全面。《商标法新加坡条约》第21条要求审查机关在驳回各种商标申请之前，应当给申请人陈述的机会，而我国商标法给予申请人说明和修正机会的，不限于拟驳回申请的情况，只要商标局认为申请内容有需要说明或修正的必要，就可以要求申请人做出说明或者修正，适用范围广泛得多，因而其积极意义也更大。

（二）对异议程序改革的评价

如前所述，此次商标法对异议程序进行了两点修改，一是将依据相对理由提出异议的人限定为在先权利人和利害关系人；二是实质性地取消了异议程序，将异议程序变为商标局对商标注册申请进行审查的一个环节，商标局对异议审理后不再做出裁定，而直接做出准予注册或者不予注册的决定，异议人对商标局核准注册的决定不服的，不能向商标评审委员会申请复审，而只能在商标注册后向商标评审委员会申请宣告商标注册无效。第一项改革断了一些人利用异议程序敲竹杠、发不义之财的路。因为异议人必须证明自己是在先权利人或利害关系人，并提供申请注册的商标损害自己在先权利的证据材料，没有利害关系的人不能再以异议之名，行牟利之实了。第二项改革实质性地取消了异议程序，相应地也就取消了商标评审委员会后续的复审程序和法院的行政诉讼程序，可以大大地简化注册审查程序，提高注册审查效率，有效抑制利用异议程序阻挠他人商标注册的不正当竞争行为。虽然在商标注册后异议人可以向商标评审委员会申请宣告注册无效，但是，申请人的商标已经获得注册，处于主动地位，无效程序对注册人造成的损害较异议复审对申请人造成的损害要小得多。因为商标已经注册，启动无效程序虽然会对注册人有或大或小的不利影响，但是不能阻止注册人使用注册商标实施经营计划。两项修改的效果是简化了审查程序，缩短了注册周期。这是符合商标法改革方向的。这两项改革的效果也可以证明，简化程序和实现公平正义并不冲突，而且可以相得益彰。可以预测，异议程序的这项改革，将带来商标注册审查的良性循环——恶意异议减少，审查速度加快，审查周期缩短。审查周期缩短使申请人不再害怕陷入异议泥潭而屈服于异议人的要挟，恶意异议无利可图，恶意异议进一步减少，审查效率进一步提高。

也有学者对这一修改持批评态度，认为不给异议人申请复审的权利，致商标注册人和已经初步审定公告商标的所有人失去了阻止损害自己利益的商标注册的机会，有失公平。虽然说异议人可以在商标注册后申请宣告该注册无效，但那时主动权完全掌握在注册人手中，对异议人很不利。笔者却认为这恰恰是异议程序改革的成功之处，是政策选择的结果。即立法政策优先考虑的是让申请人方便、快捷地取得商标注册，在注册商标的保护下开展经营活动，促进经济发展。而且这一改革与发达国家商标法的规定相一致。例如，按《欧共体商标条例》的规定，协调局经审查认为异议成立的，驳回注册申请，如果异议不成立，则核准共同体商标注册，没有复审程序，异议人不服只能在商标注册后申请宣告注册无效。而且按照《欧共体商标条例》，在异议程序之前，协调局并不对拒绝注册的相对事由进行审查，所以他们实际上只在异议程序中对相对事由进行了一次审查。而我国商标局在初步审定公告之前已经对注册申请进行了一次全面审查，异议程序中的审查已经是第二次审查了。欧盟成员国的商标法对异议的审理与《欧共体商标条例》的规定基本相同。可见他们的程序比我们更简单。在亚洲，日本商标法采注册后异议的制度，专利局在对注册申请进行全面审查后没有发现驳回理由的即核准注册。自商标注册公告之日起两个月内任何人均可向专利局提出注册异议，对专利局做出的维持商标注册的决定不能提出不服申请。❶ 我国台湾地区“商标法”亦采先注册后异议制度，并且规定，经异议确定后之注册商标，任何人不得就同一事实，以同一证据及同一理由申请评定。❷ 韩国商标法亦采全面审查原则，审查员经审查没有发现驳回理由的，即做出公告申请的决定。自公告之日起两个月内任何人可提出异议申请，对知识产权局就商标注册异议申请做出的决定，不得提出复审请求。❸ 上述立法说明，不管是欧洲国家还是亚洲的国家或地区，为了缩短商标注册审查的时间，都在尽量简化审查程序。而且就程序的设计来看，利益的天平明显倾向于申请人和注册人，换言之，让申请人方便、快捷地获得商标注册是异议程序设计追求的主要目的。我国商标法关于商标局经审查认为异议不成立即核准注册，异议人不能申请复审的规定不是我们的创造，只能属于借鉴。

虽然 2013 年《商标法》对异议程序进行了重要改革，使商标注册审查程序得到简化，并且在很大程度上限制了恶意异议，但是，商标注册程序仍显得复杂、冗长——如果走完全过程，一件商标注册申请，对于同样的事由，如驳回注册的相对事由，起码要经过行政三次（商标局二次、商标评审委员会一次）、司法二次审查，如启动再审程序，则要经过司法三审。这样复杂的程序难以适应市场经济快速发展、全民创业的需要，又耗费了大量的社会资源，包括经营者的资源和政府的行政资源，而且可能被利用来阻止、迟滞申请人的商标注册。

---

❶ 见日本商标法第 15 条、第 16 条、第 18 条和第 43 条之三。

❷ 参见：我国台湾地区“商标法”第 56 条。

❸ 参见：韩国商标法第 23 条、第 24 条、第 25 条、第 27 条。

商标法既是知识产权法，又具有商事法的属性，是为市场交易服务的法律。[1] 商事活动追求效益和安全，商标注册程序的设计必须符合商事活动的特点，为经营者追求经济效益和交易安全服务。从这个角度来审视我国的商标注册审查程序，我们认为仍有进一步简化的必要和可能。

第四节　域外借镜——欧盟的经验[2]

他山之石，可以攻玉。商标注册审查是采取全面审查原则，还是不审查原则，欧共体及其成员国的立法给我们提供了可供借鉴的经验材料。欧盟内部市场协调局局长乌博·德·鲍尔在为《欧盟商标审查体系：新商标申请与在先权利的冲突解决——相对驳回事由的审查》（以下简称《欧盟商标审查体系》）写的序言中认为，“关注欧洲的经验，可以公平地说，发展趋势是从依职权审查相对事由向通过异议程序依申请审查相对事由的制度发展。”“这一问题是关于全世界注册制度的未来活力以及有效管理的核心议题。”下面我们依据《欧盟商标审查体系》所提供的资料，对部分欧盟国家的商标审查制度及其运行状况进行介绍，相信会对我们思考我国商标审查制度的改革有所启迪。

一、《欧共体商标条例》的规定

《欧共体商标条例》采不审查原则，即审查机关（内部市场协调局）不对拒绝注册的相对事由进行审查，注册申请与在先权利的冲突通过异议程序解决，在先注册与在后注册的冲突通过无效程序解决。同时，建立了检索通知机制，即审查机关对在先共同体商标进行自动检索，其结果要通知申请人；如果申请将要公告的话，要通知可能存在冲突的在先共同体商标所有人。[3] 建立检索通知机制主要是基于政治原因而不是业务上的原因。因为欧共体最初的成员国中，德国、法国、卢森堡、荷兰、比利时的国内法中，没有基于相对事由依职权驳回注册的规定，英国、丹麦、爱尔兰、西班牙则规定审查机关应依职权审查相对事由并根据审查结果驳回注册申请。因此，

---

[1] 参见：杨志强，马德帅，刘强. 知识产权制度的商法性质考辩及其发展趋势［J］. 知识产权，2013（12）.

[2] 本部分内容参考了欧盟商标和外观设计注册局内部市场协调局第二上诉委员会主席托马斯·德·拉斯·海拉斯·洛伦佐等专家的集体作品：欧盟商标审查体系：新商标申请与在先权利的冲突解决——相对驳回事由的审查［EB/OL］.［2013-10-12］. http://www.ipr2.org/images/stories/eu-booklet-090702-en-3.2.pdf.

[3] 参见：《欧共体商标条例》第 36－40 条。

1988 年的《欧共体商标条例》采取了上述协调二者立场的制度，该机制使商标条例在共同体获得通过。但是，由于国家检索和通知缺乏真正的价值，目前，只有不超过 4%的共同体商标申请人选择国家检索报告。欧盟从 1996 年开始实行不依职权审查拒绝注册的相对事由的制度。总体上看，无论在节约内部市场协调局的资源，还是当事人的满意度方面，该制度的运行效果都不错。

二、法、德、意、比荷卢联盟商标法的规定

法国、德国、意大利和比荷卢联盟传统上一直采取不审查原则。

1. 法国

长期以来，法国对商标注册的审查仅限于拒绝注册的绝对事由，而且，1964 年 12 月 31 日之前，对绝对事由的审查只限于是否违反公共政策和公认的道德准则。1964 年 12 月 31 日的商标法才对绝对驳回事由引入了一个更全面的审查制度。但是，该法既没有规定异议程序，也没有规定依职权审查相对事由。直到 1991 年，法国才建立了异议程序，而且，该异议程序是逐步实施的。1992 年，只能针对商品和服务的《尼斯国际分类》中的第 2 类、第 20 类和第 27 类的商标申请提出异议，因为这些类别指定得最少。到 1996 年，异议程序才覆盖所有类别的商标申请。

法国立法者不授予工业产权局审查相对驳回事由的权力，是因为这样一个程序意味着注册审查要花费更长的时间，但企业需要更快地获得工业产权，特别是商标权。而且，相对事由涉及的是私人权益，应当由权利人自己维护。

实行这一制度并非像一些人想象的那样异议比例会很高，实际上，2007 年和 2008 年公告的商标中只有 5.8%被提出异议。异议裁决由 26 个雇员承担。相对较低的异议比例表明，依职权审查相对事由在多数案件中是无益且可能有害的：（1）依职权审查相对事由不会是详尽无遗的，在先的未注册权利，如商号、版权或者私人姓名权等是无法审查的。（2）依职权审查相对事由可能由于不必要地引用在先权利而过于形式化，并且产生额外的费用，如对所有人不再具有利益的商标或者长期未使用而应当撤销的商标经常会在审查过程中作为拒绝注册的事由被引用。另外，公司自己拥有或者属于其关联公司的许多商标也被作为新商标注册的障碍引用。

2. 德国

从 1949 年到 1994 年，德国商标法规定的注册审查仅限于对绝对事由的审查，拒绝注册的相对事由只能通过异议程序处理。异议程序设置在注册之前。异议只能由在先标志的所有人提起，只有在先已经注册或者已经申请的标志可以作为异议的依据，存在混淆可能性是异议的理由。驰名或者知名商

标的保护留给司法程序。审查员有权将申请注册商标的公告通知可能冲突的注册商标所有人。实际上，这一规定（审查员通知可能冲突的商标注册所有人）从来没有完全应用。1962年，该制度因为不起作用被废除。

1994年10月25日颁布的德国商标法将注册前异议改为注册后异议，理由是为了使异议制度与快速注册制度保持一致。根据快速注册制度，商标申请应当立即注册以使以德国已注册商标为基础的国际申请可以在六个月完成。注册后异议使申请人在异议最终处理完之前享有完全排他权，防止异议人阻碍商标注册的情况出现。

虽然有评论对德国注册后异议方案提出批评，认为它是最激进的，对在先权利人的保护不利，而且为在后商标注册人滥用权利扰乱市场提供了舞台，但是，该制度在德国运行良好。

3. 意大利

意大利1942年商标法规定注册机关只审查绝对驳回事由，在先权利人只能通过无效诉讼保护自己的在先权利。2005年2月10日通过的知识产权法典废除了1942年商标法。知识产权法典规定可以在意大利建立异议程序。但是，只有在确定该程序可行性的部委命令通过以后，规制异议程序的规则才能生效。2009年8月关于企业发展和国际化的第No. 99法律对知识产权法典从形式到内容都做出了重大的修改。2010年1月知识产权法典实施条例最终被经济发展部通过，这部条例规定了异议程序的可行性。知识产权法典实施条例从2010年3月开始实施，从那时起，意大利允许在知识产权局对商标申请提出异议。这意味着，从2010年3月开始，意大利的商标注册审查制度是，知识产权局只对驳回注册的绝对事由依职权进行审查，对于拒绝注册的相对事由，则通过异议程序解决。在此之前，意大利既不对拒绝注册的相对事由依职权进行审查，也没有为在先权利人提供异议的机会，在先权利人只能通过无效诉讼来保护自己的权利。

4. 比荷卢联盟

1996年以前，比荷卢联盟商标局既不审查绝对事由，也不审查相对事由，只审核申请手续。驳回的绝对事由和相对事由只能由相关当事人向主管法院提出。1996年比荷卢联盟才引进了依职权审查绝对事由的制度，2004年引进异议程序。比荷卢联盟商标局会将异议通知被异议人，并给予两个月的冷却期，冷却期可因双方请求延长两个月。大约80%的异议通过当事人的协议而结案。目前，比荷卢联盟商标局只对拒绝注册的绝对事由依职权进行审查，对拒绝注册的相对事由留给异议程序解决。

三、英国和西班牙的变革——由全面审查到不审查

1. 西班牙

西班牙历史上一直采取全面审查制度。这一制度最初规定在1902年工业产权法中，在1929年工业产权法和1988年商标法中予以保留。2001年商标法改采不审查原则，审查机关只依职权审查驳回注册的绝对事由，相对事由留给异议程序解决。2001年商标法注释说明显示的改革目的如下："使我们的制度与欧洲大部分国家的制度保持一致，特别是共同体商标制度；避免在先商标所有人无意对新申请提出异议时，由行政机构依职权引用在先商标而产生人为的争议；最后，加快体制以使其更有效率。"另外，普遍认为，对绝对禁止注册事由的审查是保护公共利益和普遍利益；而对相对禁止注册事由的审查是保护私人利益，即私权，私权的保护不应当是强制的，而应当保留在相关当事方自己手中。

西班牙专利商标局的技术顾问，内部市场协调局第二上诉委员会主席托马斯·德·拉斯·海拉斯·洛伦佐在解释西班牙商标注册程序改革，废除依职权审查驳回注册的相对事由制度的原因时，列举了以下七点理由：①需要与共同体商标注册制度相协调。②依职权审查相对事由产生了比它要解决的问题更现实的问题：相关企业90%的商标被驳回是依据没有使用的在先权利或者在先商标，其权利人既不愿保护也不愿提出异议。③在私人财产权事务上，政府既不应当监督管理，也不应当像监护家长那样行事，其保护应当由其所有人排他行使，这有利于市场和自由企业经济体系。在一个宪政国家中，权利人可以通过异议程序和上诉体制，享有全部可以利用的手段和保障。④在注册程序中，这种依职权审查制度是拖延和积压的主要原因，在处理申请时造成大量的积案。淘汰这种制度会明显加快程序，缩短不确定的期间，不确定性一直在对那些正在等待其商标注册命运的企业造成伤害。⑤淘汰依职权审查制度可以保证相对驳回事由是真正的相对，因为当前存在一个矛盾：一方面，相对事由的性质旨在保护私人财产和权利；另一方面，实施依职权审查制度好像它们是旨在保护公共利益的绝对事由。⑥当前法律所提供的依职权审查制度是不方便的、不现实的，也是歧视性的，它甚至扩张了私人权利，比如著作权，审查员一般是不知道的；还有地理标志，要使用现有的检索体系去查找地点，以有效及时的方式做出实际的审查，是非常困难甚至是不可能的。

起草新商标法的巴贝罗·奇卡也指出，西班牙68%的注册商标在其法定的十年有效期届满前被放弃并停止使用。但审查员实际上不知道这个情况，继续在依职权审查时引用它们，从而对申请人造成不适当的伤害。

实行新的审查制度后，西班牙专利商标制度运行良好，目前，西班牙商标局有 36 名审查员。

2. 英国

英国于 1621 年制定了商品标志法，后经 1875 年、1905 年、1919 年和 1937 年修改，于 1938 年通过新的商标法。1938 年商标法确立了全面审查制度。1990 年商标法改革白皮书讨论了放弃相对事由审查和建立异议制度的可行性。1994 年商标法采用了白皮书的许多建议。考虑到长期实行全面审查制度的历史和人们对取消依职权审查相对驳回事由的疑虑，商标法采取了一项妥协的办法，仍然规定了全面审查制度，但是授权国务大臣根据情况以命令的形式改变注册官的审查权限。国务大臣可以命令注册官不能主动以相对事由驳回注册，但该决定只能在首次提出共同体商标申请之日起十年以后做出。❶ 2007 年 7 月 10 日英国科技和创新国务大臣通过了 2007 年商标（相对事由）令，废除了依职权审查驳回注册的相对事由并做出决定的规定，规定相对事由只能通过异议程序处理。这样一来，英国根本上改变了国内商标注册申请的审查方式。这是从 1994 年商标法生效以来英国注册商标制度所发生的最大变革。

对于英国商标法做出这项重大改革的原因，研究报告认为，英国知识产权局发现，基于相对事由提出的反对意见正在损害其在申请人商标的可接受性方面及时做出裁决的能力。截至 2006 年，在英国知识产权局提出的全部申请中，大约有 30% 被审查员基于相对事由提出反对意见。该局预计，随着在其检索数据库中保存的在先权利数量的增加，可能受到相对事由反对的商标数量还会继续增加。许多这种反对意见的依据是，与申请人的市场距离非常遥远的市场中经营的标志存在混淆性的相似，在这种情况下，理论上的冲突不太可能会对任何一方当事人造成真正的商业损害。但是，审查员在为新标志出具意见时却不能考虑这些因素，而只能在法律意义上考虑是否在该申请和在先标志之间存在冲突。该局的结论是，尽管英国在地理上相对不大，也

---

❶ 参见：英国 1994 年商标法第 8 条，该条第（1）款规定，国务大臣可以命令形式规定无论如何某商标都不应以第 5 条（驳回的相对理由）中的理由被驳回注册，除非由在先商标或其他权利所有人在异议程序中基于上述理由提出反对。第（2）款规定，该命令可以使国务大臣认为下列具有重要影响的条款适当：（a）关于由注册局长进行在先商标查询，以及（b）关于根据第 47 条第（2）款（相对理由）中规定的理由，提出无效声明的申请人。第（3）款规定，做出第（2）款（a）项的命令可以令第 37 条（申请的审查）中许多要求查询的规定不再有效。第（4）款规定，做出第（2）款（b）项所述的命令可以使第 47 条第（3）款对任何人可以提出无效申请的规定产生效力。第（5）款规定，依本条所作的命令应以法律文件形式制定。除非事先制定草案并且下院以决议的形式通过，否则该命令不得做出。制定第（1）款中提及的命令草案只有在依据《欧共体商标条例》自首次提出欧共体商标注册申请之日起十年后，才可以提交给议会。

不能就此假定相同商品和服务上可能混淆的相似商标，不能在相同市场上在不对每家公司造成损害的条件下经营。有些商品和服务在其性质上是非常地方性的，合法权利上可能会有冲突，但不一定会在市场中产生任何混淆。国家越大，经济越发达，这种情况就越可能出现。在全面审查制度之下，当在先权利所有人对新注册可能并不关心的情况下，英国知识产权局正在驳回许多可以在市场上轻松经营而不会造成混淆的商标注册申请。异议统计数据证实了这种观点。英国知识产权局曾估计废除依职权审查会导致异议提高三倍，但事实上，异议率只提高了 5%（2007 年之前，英国商标异议比例大约为 3%，改革之后，2008 年异议率为 9%，2009 年降为 5%，之后降到低于改革之前的 3%），而且还有 1% 在审查后被申请人撤回。“冷却期”制度也非常成功，异议案件的 85% 在“冷却期”内和解或者被撤回，只有 10% 左右的案件需要知识产权局最终做出裁决。在改革前（2007 年以前），英国 28.5% 的新申请被审查员驳回。分析认为，如果让在先标志所有人自己决定，有 25% 的案件，在先标志所有人可能不会提出冲突意见。由于驳回了这些标志，在没有真正理由的情况下，英国知识产权局损害了申请企业的商业前景。

依职权审查相对事由的制度还有另外一个问题，许多商标注册了但没有使用，还有许多（可能是大多数）商标注册的商品和服务范围比它们实际使用的范围要大。如果商标从注册之日起五年内没有在其注册的商品或者服务上使用，而且这种不使用也没有适当的理由，该商标注册应当被撤销。如果在先商标由于不使用本应当撤销，则不允许在先商标的所有人依据其商标对在后商标提出异议或者无效请求。这一规则的宗旨是防止失效商标的所有人滥用权利，通过将其商标用于对在后标志提出异议和无效诉讼而延续其注册。但是，审查员不知晓一个特定的标志是否在使用，当他在检索中识别出一个在先的冲突标志的时候，即使它已经过了五年，官方的审查意见也必须承认在先注册的效力，所以，他们可能会提出在先标志所有人自己都不可能正当地提出的反对意见。

评估认为，废除依职权审查并没有降低审查的严格程度，而且审查员的时间明显节约，效率提高，并转化为申请公布过程的加快。总之，英国现在的商标制度更准确地反映了真实的市场情况，是一个非常高效的服务。

通过对欧盟及其成员国商标审查制度的介绍可知，欧盟及其成员国不依职权主动审查相对事由，主要基于以下理由：

（1）商标权是私权，应当由权利人自己来承担权利防御的责任，而不是由政府像权利人的监护人一样承担私权的防御职责。在商标注册程序中，申请注册的商标是否与在先注册或者在先申请的商标相冲突，是否会影响在先权利人的市场利益，在先权利人比审查人员更清楚。

（2）依职权主动审查不但会做大量无用功，而且会对申请人造成不应有的伤害。注册簿上的商标有相当一部分实际上已经死亡，而审查人员却不清楚，仍然要把它们纳入比对的范围。这不但工作量巨大，而且这些死亡商标很可能被用来作为驳回注册申请的理由，对申请人造成伤害。不仅如此，注册簿上记载的商标注册指定使用的商品或服务的范围可能和实际使用的范围不一致，对此审查员也不可能知道，他只能按照注册簿的记载进行审查，其结果是一些不该被驳回的申请被驳回了。

（3）简化程序，节约行政资源。审查机关只依职权审查绝对事由，将相对事由放到异议程序中审查，可以大大减轻审查机关的工作量，提高审查效率，节约行政资源，还可以提高商标注册的质量。

第六章　商标注册程序改革（二）

——我国的应然选择

诚如欧盟内部市场协调局局长乌博·德·鲍尔先生在为《欧盟商标审查体系》一书写的序言中所说，是依职权审查相对事由，还是通过异议程序根据申请审查相对事由，“这一问题是关于全世界注册制度的未来活力以及有效管理的核心议题。”本章中笔者将根据我国商标法实施中的经验和存在的问题，参考域外经验，对我国商标审查制度的改革进行探讨。

第一节　注册程序应遵循的原则

商标注册的法律效力是注册人取得商标权。商标权是绝对权，其效力可以对抗一切人。商标注册一方面为注册人设定了商标权，商标权人可以利用其注册商标开展经营活动，禁止他人在相同或者类似商品或者服务上使用与自己的注册商标相同或者近似的商标；另一方面则对他人的经营活动构成限制，关涉公共利益。因此，法律必须设计相应的程序，对商标注册申请进行必要的审查，以保障商标注册的质量。同时，商标注册是为市场交易服务的，因此，注册程序的设计还必须适应市场交易对安全和效率的追求。为了实现商标注册制度的上述目的，商标注册程序的设计应遵循以下原则。

一、兼顾效率和公平的原则

注册程序是为了保证审查结果的公平。人们总是希望通过设计科学、严密的程序来保障实体结果的公平，实现法律所追求的正义。但是，复杂的程序必然延长审查时间，过多耗费当事人和政府的人力、财力资源。而且，程序越复杂、环节越多，被利用来骚扰申请人的机会也就越多。适当地简化程序，不意味着注册质量的必然降低，但却可以确定地减少利用程序进行不正当竞争的机会。商标注册是为商业经营活动服务的，商业经营讲求时效性。一件商标注册申请拖上几年甚至十几年，尽管最后正确地核准注册了，但是，申请人的商业机会可能永远地失去了。“迟到的正义是非正义”，在商事活动中尤其如此。因此，适当地简化审查程序，缩短商标注册周期，符合商事活动时效性的特点，有利于实现商标注册的公平、正义，而不是相反。这就要求注册程序的设计必须处理好公平和效率的关系，使二者达到最佳平衡。

必要的程序是保证公平所必需的，例如设立异议程序，让在先权利人和利害关系人有机会阻止侵害自己在先权利的商标注册。但是，程序的复杂程度和公平并非是正相关关系，并不是程序越复杂、越周密越能够保证公平。程序越复杂，被利用来阻挠竞争对手获得商标注册的机会也就越多。须知，商事活动的主体都是经济人，利用一切可以利用的机会和条件，包括法律程序，为自己谋求利益最大化，是经济人的特质，无可指责。除非有证据证明其行为构成权利滥用，被骚扰的当事人不能获得法律救济。而要证明其行为构成权利滥用，谈何容易！例如，一个债务人在一审败诉，被判向债权人偿还欠款若干，如果诉讼程序是二审终审，那么，二审维持后，判决生效，即可以强制执行，债权人的利益可以得到较好保护。如果允许再审，那么终审判决实际上也不能生效，债务人很可能申请再审，而再审判决可能遥遥无期（这正是债务人所希望的）。即使终审判决支持了债权人的诉讼请求，债权人的利益也已经受到巨大损害，甚至破产倒闭了。胜诉判决对债权人来说，还有什么意义？在商标注册审查程序中，如果某企业认为他人的商标注册会对它的发展造成不利影响，或者会增强对手的竞争力，就会利用注册程序竭力阻止该商标注册——2013年《商标法》实施之前，可以申请异议，异议被驳回后，向商标评审委员会申请复审，复审被驳回后，可以向法院起诉，败诉后上诉，上诉败诉后还可以申请再审——注册申请人的商标注册变得遥遥无期，其经营战略无法正常实施，许多市场机会可能永远地消失了。即使最后法院正确地支持了申请人的注册请求，申请人的利益也已经受到无法弥补的损害，对方的目的却已经达到了。2013年《商标法》取消了异议人申请复审的权利，规定商标局经审查认为异议不成立的，即直接核准商标注册，取消了异议人向商标评审委员会申请复审的权利，相应地，也就取消了后续的行政诉讼程序。异议人不服的只能在商标注册后申请宣告该商标注册无效。既给予其寻求司法救济的可能，又大大减少了其利用审查程序骚扰申请人的机会。这项改革使异议率较之前明显下降，是一个重要的、正确的修改，殊值赞同。这个例子也可以佐证审查程序的复杂与结果的公平并非正相关关系，适当简化程序不但不会损害公平，而且可能更有利于实现公平。

鉴于商标法是为市场交易服务的法律，具有商事法的性质，而效率和安全是商事法追求的重要价值目标，商标注册程序的设计应更注重效率，质言之，应更关注如何让申请人更加方便、快捷地获得商标注册。

二、意思自治原则

商标权是私权，私权的保护首先是权利人自己的事情，公权力只应对权利人维权提供帮助而不能代替权利人维权，这是由私权的本质和特点决定的。申请商标注册是民事主体为自己设定商标权的民事法律行为，在此过程中发生的与他人在先权利的冲突性质上属于民事纠纷，在先权利人应自己承担起保护自己民事权利的责任，而不能把这个责任推给政府。如，在先权利人应当自己关注申请注册的商标是否损害自己的在先权利，并在发现问题后主动采取措施，阻止在后商标注册，而不应由政府主动审查申请注册的商标是否与他人的在先权利相冲突。我国的商标注册程序采全面审查原则，审查机关不仅要主动对申请注册的商标是否有驳回注册的绝对事由进行审查，而且要主动对申请注册的商标是否存在驳回注册的相对事由进行审查并做出决定。这不仅大大增加了审查机关的工作量，延长了审查期限，而且难以保证审查质量。这种政府大包大揽、自任权利人监护人的做法也养成了国民（民事主体、商事主体）的惰性，事事依赖政府，无形中削弱了他们在市场上打拼、竞争的能力。

所以，商标注册程序的设计，一定要从商标权的私权属性出发，充分尊重当事人的意思自治，把应当由私权主体行使的权利和承担的责任还给权利人。这不但是减轻审查机关的负担，加快审查速度，提高审查质量的需要，也是培养民事主体自我保护能力和提高市场竞争力的需要。

三、诚实信用原则

2013 年《商标法》第 7 条第 1 款明确规定：“申请注册和使用商标，应当遵循诚实信用原则。”这是针对我国商标注册和使用领域严重的非诚信行为，根据各界的强烈要求规定的。但是，该原则并没有在商标法的各项制度中，特别是注册程序中得到很好的贯彻落实，我们的制度对于注册程序中各种不诚信的恶意行为太过宽容。如，没有要求注册申请人声明使用意图，也没有要求申请人声明就其所知，申请注册的商标不侵犯他人的在先权利；在异议、无效程序中，也没有规定恶意当事人应赔偿其恶意行为给对方造成的损失。其结果是，恶意当事人即使在商标评审或行政诉讼中败诉，也仅仅是没有得到他本来不应该得到的东西，没有任何损失，甚至还在市场上获利颇丰。而被恶意当事人骚扰的一方，即使费尽九牛二虎之力打赢了官司，也不过是拿回了本来属于自己的东西，对因此所受的损失得不到任何补偿。这是我国商标领域抢注、恶意异议、恶意无效等行为屡禁不止、越来越猖獗的重要原因。

贯彻诚实信用原则，就是要让诚实的经营者得到充分保护，让不诚信的人为自己的恶意行为付出沉重的代价，包括金钱的代价甚至自由的代价。在这方面，美国、英国和日本商标法的规定可资借鉴。美国商标法规定，凡以口头或书面的虚假的或欺骗性的声明或陈述，或以任何虚假的手段，在专利商标局取得商标注册者，在受害人提起的民事诉讼中，负有对其因此所受损害的赔偿责任。英国商标法规定，在商标注册簿中制造或使他人制造虚假条目者，如果知道或有理由确信该条目是虚假的，其行为是违法行为，会受到监禁或者罚金或二者并处的处罚。日本商标法规定，以欺诈行为进行商标注册、防护商标注册、续展注册、提出注册异议而受到决定或者审决者，处三年以下徒刑或300万日元以下罚款。法人的代表人、代理人、经理人等及其他从业者有该违法行为时，除对行为者处罚以外，对该法人课以罚金刑。❶

诚实守信的习惯和良好的市场竞争秩序是这样打造出来的！诚实信用原则要通过具体的制度来贯彻，仅有一个宣示性的原则规定不能解决商标注册程序中纷繁复杂的问题。因此，注册程序的设计一定要在各个环节上贯彻诚实信用原则，让诚实的经营者得其应得，让恶意行为人不仅无利可图，而且要付出沉重的代价。

第二节　商标注册程序的架构

一、现有商标注册程序的模式

就笔者所知，目前各主要国家（地区）商标法所规定的注册审查程序可大概分为以下几种模式：全面审查、先异议后注册；全面审查、先注册后异议；只审查绝对事由、先异议后注册；只审查绝对事由、先注册后异议。这是对各主要国家审查模式从其主要特点方面进行的划分，实际上，选择同一种模式的国家，其审查制度的细节还是各有特点的，并不完全一致。但这里我们只从制度架构的角度研究其主要特点，不涉及细节问题。

（一）全面审查，先异议后注册

这种模式的主要特点有两个。一是审查机关要依职权对商标注册申请进行全面审查，即不但要依职权审查是否有驳回注册的绝对事由，而且要依职权审查是否有驳回注册的相对事由；二是先异议后注册，即对于审查机关经

❶ 参见：美国商标法第1051条、第1120条，英国商标法第94条，日本商标法第79条、第82条。

审查认为符合注册条件的商标予以公告，在规定的期限以内，他人可以提出异议，反对该商标注册。该模式在具体设计上又有所不同。如我国2001年《商标法》规定，审查机关接到注册申请后，首先要对申请进行形式审查，即对申请人的主体资格和申请书件是否符合商标法的要求进行审查。符合要求的，进入实质审查，即对注册申请是否符合商标法规定的注册条件，包括绝对条件和相对条件进行审查，都符合的，做出初步审定并公告。自公告之日起三个月内，任何人均可以向商标局提出异议。商标局对异议审查后做出裁定，双方当事人不服的，都可以向商标评审委员会申请复审。2013年《商标法》对异议的主体资格和理由进行了限定，规定依据相对事由提出异议的，只能是在先权利人和利害关系人。并且规定商标局不再对异议做出裁定，商标局经审查认为异议成立的，驳回商标注册，申请人不服可以向商标评审委员会申请复审；认为异议不成立的，即直接核准注册，异议人不服的，不能向商标评审委员会申请复审，只能在商标注册后向商标评审委员会申请宣告该商标注册无效。

这种模式的优点据说是可以保证商标注册的质量，有利于保护在先权利人的利益，保护消费者不被混淆。其最大的缺点是缺乏效率，审查机关依职权审查相对事由不但做了大量无用功，而且可能用死亡商标驳回了在后商标的注册，损害了在后申请人的商业机会。

（二）全面审查，先注册后异议

这种模式的主要特点是，审查机关对商标注册申请依职权进行全面审查，包括对绝对事由和相对事由的审查，审查机关经审查没有发现驳回注册的理由时，即做出核准注册的决定。商标核准注册公告后，任何人都可以在规定期限内提出异议。日本和我国台湾地区采这种模式。日本商标法规定，在政令规定的期间内，审查官就商标注册申请未发现驳回理由时，必须做出应予商标注册的决定。商标登载公报发行之日起两个月以内，商标注册符合下列各项之一者，任何人可向专利局负责人提出注册异议。对于维持商标注册的决定，不能提出不服申请。[1] 我国台湾地区“商标法”规定，注册申请经审查没有应予驳回的事由（包括绝对事由和相对事由），即应予以核准审定，通知申请人，申请人缴纳注册费，办理注册手续后公告。对于注册商标，任何人均可提出异议。经过异议确定的商标注册，任何人不得以同一事实，同一证据和理由，申请评定（相当于大陆2013年《商标法》规定的无效宣告）。[2] 这种模式被文学博士称为“改良性”措施。

---

[1] 见日本商标法第16条、第43条之二、第43条之三。

[2] 见我国台湾地区2011年“商标法”第32条、第48条。

这种模式保持了全面审查的优点，异议后置又在一定程度上克服了异议前置所带来的恶意异议、注册周期冗长的问题，对于简化审查程序，缩短注册周期有重要的意义。但是，由于审查机关仍然要依职权对注册申请进行全面审查，全面审查的弊端，例如做无用功的问题，可能用死亡商标驳回在后商标注册的问题，也都同样存在。

（三）不审查主义，先异议后注册

这种模式的主要特点是，审查机关只依职权审查驳回注册的绝对事由，相对事由留给异议程序根据异议人的申请进行审查。《欧共体商标条例》和欧盟多数成员国采此种模式。《欧共体商标条例》规定，满足《欧共体商标条例》规定的申请条件，根据《欧共体商标条例》第 37 条（申请人资格）、第 38 条（驳回注册的绝对事由）未被驳回的注册申请应予以公告。对于申请公告，任何自然人、法人、协会等可向协调局提出书面意见，特别是就驳回注册的绝对事由提出意见，但他们不能作为当事人参加协调局的审理程序。申请公告后三个月内，在先商标所有人和利害关系人可以依据驳回注册的相对事由提出异议。在规定的期限内无异议或者异议被最终驳回的，商标应核准注册。[1] 欧共体成员国如法国、意大利、英国、西班牙、卢森堡、比荷卢联盟等都采只审查驳回注册的绝对事由，先异议后注册的审查模式。

这种模式的最大优点是效率高，符合私法自治理念，而且可以有效避免审查机关做无用功，用已经死亡的商标或者在现实生活中不会发生冲突的商标驳回在后注册申请。而且，注册前异议为在先商标注册人和在先申请人提供了保护自己权利（权益）免受在后商标注册侵害的机会，是目前所能够达到的公平和效率的最佳平衡。

（四）不审查主义，先注册后异议

德国采此种模式。德国原来的异议程序设置在注册之前，1994 年修法时，为了加快注册速度，改为先注册后异议。按照德国商标法规定，注册申请符合商标法要求，并且没有被根据第 37 条（驳回注册的绝对事由）驳回的，即应注册并公告。自公告之日起三个月内，在先商标所有人得依据在先注册商标或在先申请商标提出异议，对于代理人、代表人未经许可的注册，商标所有人可提出异议。[2] 德国的只审查绝对事由、先注册后异议制度受到批评，主要是没有为在先权利人提供阻止在后商标注册的机会，可能被恶意利用。但是，异议后置主要是为了使异议制度符合快速注册的要求，而且，据说该制

---

[1] 参见：《欧共体商标条例》第 40－45 条。

[2] 参见：德国商标法第 41 条、第 42 条。

度在德国运行良好。❶

此种商标注册审查制度是我们所见的最激进的、效率优先于公平的模式。该制度虽然能够最大限度地实现商标注册审查制度的高效率，但能否在其他国家和地区推广，则需要慎重考虑自己的实际情况，毕竟任何一种制度的有效运行，都需要与之相适应的社会环境和与之配套的制度配合。

二、我国商标注册程序的应然选择

2013 年《商标法》对异议程序作了重要改革，大幅度减少了恶意异议，❷提高了注册审查效率，应予以充分肯定。遗憾的是，此次修法既没有废止全面审查原则，也没有将异议后置改为异议前置。因此，现行商标审查程序在提高审查效率，缩短注册周期方面仍有相当大的改进空间。笔者认为，从整体架构方面考虑，有两种方案可供选择：第一种是选择上文模式（三），采不审查主义，先异议后注册。即废止全面审查原则，审查机关只审查驳回注册的绝对事由，相对事由留给异议程序，通过当事人提出异议进行审理，异议不成立的即核准注册。第二种方案，如果第一种方案短期内难以被接受，则退而求其次，选择上文模式（二），即在全面审查原则之下，将先异议后注册改为先注册后异议。

下节分别对两种方案的理由进行论证并进行粗线条的制度设计。

第三节　首选方案：不审查主义，先异议后注册

一、选择此方案的理由

这是一种“革命性”的改革方案，可以最大限度地简化审查程序，缩短审查周期。而且，可以避免审查员主动审查相对事由所带来的无用功问题和用实际上并不存在冲突的商标驳回注册申请的问题，有利于企业方便、快捷地获得商标注册。选择此种方案主要基于以下几点考虑。

（一）符合商标注册民事法律行为性质的要求

我们已经论证了商标注册行为是民事法律行为。民法对于民事法律行为

---

❶ 参见：第五章第二节德国部分。

❷ 根据对 2008 年至 2012 年异议数量的统计，五年间提出异议的申请案占初步审定公告商标的比例平均为 4.67%。新《商标法》施行后，2014 年 5 月 1 日到 2015 年 4 月 30 日一年间，异议的比例是 2.76%，下降了 1.91 个百分点。异议率比异议程序改革前降低了 40.90%。

的规制原则是，充分尊重当事人的意思自治，除关涉公共利益和秩序的问题外，公权力对当事人的行为不主动加以干涉，只有在当事人请求公权力帮助时，公权力才可以介入民事主体之间的权益纠纷。如对于绝对无效的民事行为，法律对请求宣告无效的民事主体没有限制，而且不管当事人是否提出无效请求，法院都应当依职权主动审查并宣告其无效；而对于相对无效（可撤销）的民事行为，只有在受害方当事人提出请求时法院才可以宣告撤销该行为，而且，受害方的撤销请求权是有期限限制的。《民法通则》将因欺诈、胁迫、乘人之危所实施的民事行为规定为无效，本意是为了保护受欺诈、胁迫和被乘人之危当事人的利益。但是，实践中当市场条件发生变化，实施欺诈、胁迫行为的当事人认为合同的履行对自己不利时，反而利用这一条款，要求宣告合同无效。而由于法律规定此种行为属于无效民事行为，对请求宣告无效的主体没有限制，所以法院很难驳回恶意当事人的请求，但这样的处理结果明显有违诚信原则，失之不公。《合同法》回归传统民法理论，将欺诈、胁迫、乘人之危而签订的合同规定为可撤销的合同，并且规定法院只能根据受害一方当事人的请求宣告撤销该合同，撤销请求权的期限为一年。[1] 我国法律中欺诈、胁迫、乘人之危而为的民事行为的性质从绝对无效到相对无效（可撤销）的变化，是对私法意思自治原则的一个极好的佐证，它说明违背事物的本质，想当然地“加强保护”，效果可能会适得其反。这个经验对于我们思考商标注册审查程序的设计具有重要的启示意义。

商标注册是民事法律行为，审查机关对注册申请的审查应遵循意思自治原则。驳回注册的绝对事由事关公共利益，由审查机关依职权进行审查是必要的，审查的目的是防止有损国家尊严和民族团结，违反公认的社会道德和公共政策，侵占公共表达资源，欺骗、误导消费者的商标注册。驳回注册的相对事由是申请注册的商标与他人在先权益之间的冲突，涉及的是私人利益，私权的保护首先是权利人自己的事情，审查机关不应当越俎代庖。只有在私权受到侵害，权利人请求公权力帮助时，公权力才可介入。正如欧盟内部市场协调局局长乌博·德·鲍尔在为《欧盟商标审查体系》写的序言里所说的，商标注册后，基本上是由权利人自己负责防御的，“没有一个国家是由公共当局承担权利防御的职责，在注册以后，（商标权）就是一项私权。这不仅仅对于侵权，对于注册程序来说，也具有很大意义。”实际上，在后商标注册是否会损害在先权利人的利益，在先权利人自己最清楚，依照私法自治原则，应当由权利人自己决定是否采取措施阻止在后商标注册。全面审查原则要求审查机关依职权审查相对事由并做出决定，既耗费了大量的行政资源，延长了

---

[1] 参见：《民法通则》第 58 条，《合同法》第 54 条、第 55 条。

审查期限，其所做出的决定又不一定是符合市场实际的，被批评为“依职权介入甚至挑起前后商标权人之纠纷”，[1] 是一种费力不讨好的制度安排。从理论上分析，这种制度安排是违反商标注册行为的性质，违背意思自治原则的。而废止全面审查原则，只依职权审查绝对事由，既可以大大提高审查效率，缩短审查周期，节约行政资源，又符合商标注册行为之民事法律行为的性质，符合意思自治原则，同时，可以避免全面审查原则所产生的一系列问题。

（二）可以使审查结果更符合市场实际

对此可以从两个方面进行说明。

1. 避免用实际上并不存在冲突的在先商标驳回在后注册

按照全面审查原则，审查人员不但要依职权对注册申请是否存在驳回注册的绝对事由进行主动审查，而且要依职权对注册申请是否存在与他人的在先权利相冲突的问题主动进行审查并做出决定。申请注册的商标是否与在先权利相冲突是一个非常复杂的问题，仅凭审查员书面对比，很难得出符合实际的结论。正如欧盟内部市场协调局局长乌博·德·鲍尔所说：“在注册程序中是由权利所有人来决定在后的商标申请对他是否有意义。所有人很可能认为，商标与自己有点相像的事实在其业务的商业环境里几乎毫无意义。我也相信，更好的方法是由所有人而不是任何官员来考虑什么救济（包括那些商业性质的救济）对他是可行的，以及新商标的注册是否在商业上有负面影响。”在这个问题上，权利人最有发言权，市场是最好的裁判员。所以，在没有在先权利人提出异议的情况下，由审查员仅凭数据库中记载的信息对驳回注册的相对事由进行审查并做出是否准予注册的决定，其妥当性是值得怀疑的。

例如在德克斯公司诉商标评审委员会驳回 UGG 商标注册上诉案中，北京市第一中级人民法院认为，申请商标指定的服务项目“进出口代理、商业信息等服务与引证商标核定使用的进出口代理、商业组织和管理咨询等服务属于类似服务，申请商标的字母组合‘UGG’与引证商标的字母组合‘UCG’仅有一字母之差，且字母‘C’和‘G’外观近似，易引起中国相关消费者的混淆误认”，判决维持商标评审委员会驳回注册决定。德克斯公司不服上诉，并且提交了经公证认证的引证商标所有人的《同意书》。德克斯公司认为，原审法院仅孤立理解申请商标和引证商标核定使用的服务，而忽略了两商标在现实生活中的具体使用形态，认为两商标指定服务构成类似，属于事实认定不清。德克斯公司是一家以生产和销售服装、鞋帽著称的公司，引证商标所

---

[1] 汪泽. 相对理由审查取舍之辩［J］. 中华商标，2007（9）.

有人是一家从事金融和相关服务的公司，德克斯公司和引证商标所有人在实体业务上没有任何近似性和关联性，申请商标和引证商标也都是德克斯公司和引证商标所有人在核心商品或服务上使用的主要商标。在提供服务的方式上，申请商标所指定注册的“进出口代理、产品保健、商业信息、通过邮购订单进行的广告宣传等服务”必然以德克公司的核心业务“服装、鞋、帽”等商品的销售为中心，而服务的内容也势必与上述商品有关。引证商标核定使用的服务必定以金融服务、信贷服务为中心。因此在现实生活中申请商标和引证商标根本不会发生冲突和混淆。北京市高级人民法院支持了德克斯公司的上诉请求，认为从字形、读音及整体外观上看，两商标标志的近似程度较高。但引证商标所有人 UNICREDIT S. P. A. 出具《同意书》表示同意申请商标的注册和使用。因此，判断申请商标和引证商标是否构成《商标法》第28条规定的近似商标时，应当考虑《同意书》对混淆可能性判断的影响。申请商标指定使用的服务与引证商标核定使用的服务在服务内容、方式以及服务的对象上也有明显区别，未构成类似服务。判决撤销北京市一中院（2012）一中行知初字第450号判决书和商标评审委员会商评字（2011）第13172号《关于第6379162号“UGG”商标驳回复审决定书》，令商标评审委员会重新做出决定。[1]

这个例子清楚地说明了市场中商标使用的实际情况是非常复杂的，数据库中的信息难以全面反映商标使用的实际情况，在没有当事人参与的情况下，审查员即使极尽努力，也难以避免判断失误。这种失误对于申请人来说，则意味着一个商业机会的丧失。这进一步说明了全面审查原则的不合理性和改革的必要性。

2. 避免用死亡商标驳回在后注册

我国注册簿上登记的注册商标，有相当一部分在十年有效期届满前实际上已经死亡，这是一个不争的事实。有些商标在核准注册时即已经被申请人放弃，有些注册后从来没有使用过，有些停止使用已经超过法律规定的撤销期限（三年）。这类商标在注册商标中所占的比例超乎人们的想象——据统计，我国1989年到1998年注册的商标，平均续展比例为36.08%，即63.92%的注册商标没有生存到十年。对1999－2004年注册商标的续展率进行的统计表明，续展率较之前有所上升，平均为43.50%。即使按照这个统计，注册商标的生存率也只有56.50%（具体数据见表一和表二）。这个统计与《欧盟商标审查体系》中所说西班牙有68%的注册商标在十年期限届满前已经放弃或者停止使用的情况差不多。据1993年的一项调查，日本所有注册商标

[1] 见北京市高级人民法院（2012）高行终字第1043号。

的使用率也只有34.7%，大多数注册商标处于休眠状态，于未来复活之可能性亦不高。[1] 这些数据说明两个问题，一是，即使在市场经济发达的国家，注册商标在注册有效期内的死亡率也是很高的；二是，注册商标较高的死亡率是一种正常现象，并非我国在特定时期所独有。例如，企业歇业、转产或者商标在市场上不受欢迎被放弃，这些都是市场竞争中经常发生的情况，因这些情况引起的商标死亡也是正常的。这些实际上已经死亡的商标，在通过续展程序清除出注册簿以前，仍然作为有效注册商标登记于注册簿，审查员在进行注册审查时必须将其作为在先权利进行检索、比对，即这些已经死亡的商标仍然构成新商标注册的障碍。因此，依职权审查相对事由，一方面浪费了大量的行政资源，人为地延长了审查周期，延缓了申请人获得商标注册的时间，另一方面让实际上已经死亡的注册商标阻碍新商标的注册，审查员的这份辛苦不仅无用，而且有害。

表一 中国有效注册商标一览表及中国商标生存率（1989－2008年）

（中华商标协会专家委员会 2009年4月13日）

当年注册数（件）	当年续展数（件）	续展比例（%）
1989年注册36 435	1999年续展8 692	23.86
1990年注册31 271	2000年续展10 929	34.95
1991年注册40 330	2001年续展11 430	28.34
1992年注册48 088	2002年续展17 638	36.68
1993年注册48 726	2003年续展23 184	47.58
1994年注册58 301	2004年续展23 964	41.10
1995年注册91 866	2005年续展24 338	26.49
1996年注册128 428	2006年续展43 041	33.51
1997年注册223 038	2007年续展70 094	31.43
1998年注册107 710	2008年续展60 455	56.13

说明：

1. 每年注册数=国内注册数+外国来华注册数+马德里延伸数+当年续展数。

2. 1989－1998年十年注册商标数为814 193件，十年后续展数为293 765件，十年平均生存率为36.08%。

[1] 黄铭杰. 日本商标法解析——朝向更迅速、简便、合宜的商标制度之修正［J］. 月旦法学，36.

表二 中国1999－2004年注册商标续展率

（根据商标局公布的数字统计）

当年注册数（件）	当年续展数（件）	续展比例（%）
1999年注册131 093	2009年续展58 731	44.01
2000年注册168 504	2010年续展68 141	40.44
2001年注册214 269	2011年续展99 639	46.50
2002年注册230 171	2012年续展100 547	43.68
2003年注册265 695	2013年续展122 685	46.18
2004年注册290 583	2014年续展116 760	40.18

说明：

1. 每年注册数=国内注册数+外国来华注册数+马德里延伸数+当年续展数。

2. 1999－2004年六年注册商标1 300 315件，十年后续展566 503件，六年平均续展率为43.50%。

（三）先异议后注册向在先权利人提供了救济机会，符合程序公平的要求

只审查绝对事由，先异议后注册的制度架构，在废止全面审查原则的同时，采先异议后注册的制度安排。这就向在先权利人以及在先申请人提供了阻止在后商标注册，保护自己合法权益的机会，符合程序公平的要求。在这种制度设计之下，异议实质上是根据权利人的异议请求对相对事由进行审查的程序。在异议人的参与下进行审理，对于在后商标是否会与在先注册商标产生混淆，是否会影响在先商标的独特性、显著性，可以做出比依职权审查更为准确、更符合实际的判断。

（四）不审查主义可能产生的问题可以通过整体制度设计解决

废止全面审查，注册机关只依职权审查驳回注册的绝对事由，是否会发生大量抢注他人商标，导致商标注册质量严重下降，如并存注册增加，造成消费者混淆的问题，确实值得关注。笔者认为，这些问题应当通过商标法的整体制度设计解决，而不是固守全面审查原则。事实上，全面审查原则也解决不了这些问题。我国商标领域存在的严重的不正当竞争问题，与商标法本身存在的缺陷有关。我国商标法只关注对于侵权行为的打击，并不断强化打击力度，但是，对于在注册申请、异议、无效程序中发生的抢注、恶意异议、无效等行为却十分宽容，没有任何制裁措施。结果是，实施严重损害他人在先权利和利益行为的人即使在这些程序中输了官司，也没有任何损失，他所

失去的只是他本来不应该得到的东西，而且，他可能已经在市场上收获了他想收获的东西。而受其恶意行为骚扰的申请人或注册人即使耗费巨大的人力和财力成本打赢了官司，也只是拿到了本来属于自己的东西，对于因此所受的损失，得不到任何补偿，尽管他在市场上的损失可能是巨大的。这样的制度是不公平的。这说明，诚实信用原则和公平原则并没有在商标法中得到全面贯彻，这是商标领域恶意行为愈演愈烈的重要原因。因此，商标法应当在体系化思维的指导下，通过整体设计解决这些问题，同时，也就可以解决人们对废止全面审查原则可能发生的问题的担忧。如，可以在总则部分规定，取得和行使商标权利，应当遵循诚实信用原则，任何人以欺诈或者其他不正当手段取得商标注册或者行使商标权利，应承担相应的法律责任。并将此原则在各项具体制度中加以落实，使恶意行为人偷鸡不成蚀把米，不但无利可图，而且要为自己的恶意行为付出代价。如以欺骗手段取得商标注册的，其行为扰乱了商标注册秩序，应予以行政罚款；知道或者应当知道是他人在先使用的商标而以自己的名义抢先注册的，除应在先使用人的要求将商标申请权益移转与在先使用人外，应赔偿在先使用人因其行为所受的损失；申请异议、撤销和宣告他人商标注册无效，经认定其申请不成立并具有恶意的，应赔偿对方因其行为所受的损失。这样规定不但符合民法和侵权责任法的原理，而且有外国的先例可资借鉴，如前述美国、英国、日本商标法的相关规定。实际上在这些国家，这些恶意行为不仅要负赔偿责任，而且要承担刑事责任。

此外，强化对注册商标的使用要求，对异议人和无效申请人课以证明引证商标实际使用的义务，即异议人、无效请求人要提供其据以提出异议、无效申请的注册商标近三年内实际使用的证据。如果申请人不能提出实际使用的证据，也没有不使用的正当理由，其请求将被驳回，[1] 此种规定也可以起到抑制恶意异议和恶意无效的作用。

相信在这一系列制度的规范、引导之下，抢注行为不会大量增加，还可能逐步减少。相应地，因抢注带来的并存注册增加以及消费者混淆问题，也不会泛滥成灾。

反对废止全面审查原则的另一个理由是，这会增加权利人的维权成本。这个理由是经不起推敲的。私权的维护本来就是权利人自己的事，为此支付一定的成本是理所应当的。全面审查原则将本来应当由权利人自己承担的责任和费用放到政府的身上，久而久之，这种不合理的制度安排被视为正常，现在要拨乱反正，反而受到质疑。看来，从理论上厘清私权保护与政府责任的界限很有必要。政府支配的钱是全体纳税人的钱，应当用于公共福利，发

---

[1] 详细论述请参见：张玉敏. 论使用在商标制度构建中的作用［J］. 知识产权，2011（9）. 张玉敏. 注册商标三年不使用撤销制度体系化解读［J］. 中国法学，2015（1）.

展教育、医疗卫生、维护社会治安和国防建设等。私权纠纷的解决应当由权利人自己承担费用。实际上，在民商事领域，遵循的都是这个原则。如果由政府来承担这个责任和费用，就等于政府拿全国人民的钱来为个别私权主体服务，这是不公平的。而且，在网络化、信息化的时代，在先权利人和利害关系人不需要支付多少成本，就可以及时了解商标注册信息，实施商标风险监控。而且，我国的商标中介服务机构已经有了充分的发展，企业可以把商标风险监控业务委托给商标中介服务机构，以提高监控水平，降低监控费用。因此，无论在理论上还是实际上，这个反对的理由都是站不住脚的。

（五）不审查主义符合商标法的国际发展趋势

随着市场经济的发展和经济全球化程度的加深，商标在贸易中的作用越来越突出，注册商标成为经营者进行市场竞争的锐利武器。因此，各国都大力加强对注册商标的保护，千方百计为企业创建知名品牌创造条件。改革注册程序，方便企业尽快获得商标注册，是措施之一。欧盟商标注册审查体系的变革是证明之一。德国 1994 年商标法将异议后注册改为注册后异议，为的也是实现商标的快速注册。日本和我国台湾地区虽然采全面审查原则，但是，都规定先注册后异议，也是为了让符合条件的申请尽快得到核准注册，防止因恶意异议拖延商标注册的时间，损害企业的竞争能力。目前，许多国家都在协商建立知识产权审查的“高速公路”，通过相互协作快速处理专利、商标的审查、核准问题。总之，简化注册程序，缩短审查周期是商标法的国际发展趋势，也是我国第三次《商标法》修改提出的目标之一。2013 年《商标法》对异议程序作了改革，限制了依据相对理由提出异议的人的范围，取消了商标局认为异议不成立、核准注册时异议人向商标评审委员会申请复审的权利，使异议率比改革之前下降了四成多，很大程度上遏制了恶意异议，缩短了审查周期，值得称许。但是，整体而言，我国的商标注册审查程序仍然过于复杂、冗长，不能适应市场经济条件下企业快速获得商标注册的需要。按照 2013 年《商标法》的规定，一件商标注册，如果走完全部行政程序，至少需要三年零 15 天的时间，这还不包括诉讼程序。这个期限仍然过长。而简化注册程序，缩短审查周期的关键环节是废止全面审查制度，改采不审查主义。这个环节不动，其他环节的改革效果都有限。换言之，不废止全面审查制度，简化注册程序，提高审查效率，缩短审查周期的目标很难实现。所以，废止全面审查制度，既是贯彻效率原则的需要，也是使商标法与时俱进，适应贸易全球化和全民创业新形势要求的需要。

其实，2007 年 8 月 30 日的商标法修改稿的方案更为激进。该修改稿不但实行不审查主义，废止全面审查原则，而且规定异议直接由商标评审委员会审理，减少了异议的一个审级。[1]

在不审查主义制度之下，异议程序的具体设计，可以与2013年《商标法》的规定相同，即异议由商标局审理，商标局经审理认为异议成立的，做出不予注册的决定，申请人不服的，可以向商标评审委员会申请复审；商标局认为异议不成立的，做出准予注册的决定，异议人不服的，不能请求商标评审委员会复审，但可以在商标注册后申请宣告该商标注册无效。不服商标评审委员会审查决定的，可以向法院起诉。这样，对于据以提出异议的相对事由，商标局和商标评审委员会都只进行一次审查，可以简化程序，提高效率，而且不违反TRIPS协定关于行政终局决定都要接受司法审查的要求。

综上所述，我国《商标法》实施已有三十多年，经过市场经济的洗礼，企业的商标意识已经有了相当程度的提高，对商标注册的重要性也有了较为充分的认识，商标代理等服务机构有了很大的发展，特别是随着信息化建设的发展，企业获取商标信息已经比较方便，放弃全面审查原则，改采不审查主义的条件已经具备。废除全面审查原则，审查机关只依职权审查绝对事由，先异议后注册的制度设计，是商标注册的民事法律行为性质的要求，符合私法意思自治原则，能够最大限度地实现公平和效率的统一，是商标注册程序理想的制度架构。

二、制度设计

不审查主义原则之下，商标注册程序可做如下粗线条设计：

（一）将诚实信用原则具体化

在总则部分规定，申请商标注册和行使商标权利，应遵守诚实信用原则。违反诚实信用原则，给他人造成损害的，应赔偿受害人因其行为所受的损失。同时，在异议、无效程序中，作出相应的具体规定。

（二）要求申请人在注册申请中作出诚信声明

申请商标注册，申请人应在申请文件中声明使用意图，并声明其已尽法律规定的注意义务，就其所知，其申请注册的商标不侵犯他人的在先权利；申请书中所陈述的事实是真实的，如有虚假、欺骗，愿承担相应的法律责任。此要求不违反《商标法新加坡条约》的要求，[2] 也不会不合理地增加申请人

---

[1] 2007年8月30日商标法修改稿第45条规定："违反本法第7条第2款、第29条、第30条、第32条、第34条第1、2款、第114条第2款规定的（驳回注册的相对事由），自该商标公告之日起四个月内，在先商标所有人或者地理标志所有人可以向商标评审委员会提出异议"。

[2] 虽然我国尚未加入该条约，但国内立法也应尽量与条约一致。

的负担，但却可以给申请人一个警示，提醒他要遵守诚信原则。

（三）初步审定阶段只审查绝对事由

商标局对申请人是否具备申请商标注册的主体资格、申请书件的填写是否符合要求，是否缴纳申请费等进行形式审查，不符合者不予受理。对符合条件的申请，进一步审查有无不得作为商标注册的绝对事由，如有，则驳回申请，不予公告；未发现有应当驳回注册的绝对事由的，予以初步审定公告。对于商标局驳回申请的决定，申请人可以在15日内向商标评审委员会申请复审。

对于初步审定公告的商标，商标局认为有不得作为商标注册的绝对事由的，应自行撤销对该商标的初步审定公告。任何组织和个人也可以向商标局提出意见并说明理由，但不参与该商标是否应当撤销的审理程序。

（四）异议程序只审理相对事由争议

对于初步审定公告的商标，在先注册人、利害关系人（在先注册商标的被许可使用人、质押权人等）和在先申请人认为初步审定公告的商标可能损害自己的在先权利的，可以在初步审定公告之日起三个月内向商标局提出异议，由商标局对异议审理后做出不予注册的决定或者准予被异议商标注册的决定。决定不予注册的，申请人不服，可以向商标评审委员会申请复审。决定准予被异议商标注册的，异议人不能向商标评审委员会申请复审。

同时，学习英国等欧盟国家的经验，为异议人和被异议人设置“冷静期”，鼓励双方当事人通过协商解决异议纠纷。“冷静期”可考虑为三个月，当事人可以申请延长。“冷静期”制度也适用于“次优方案”。

经审查异议成立，被异议人（注册申请人）系恶意申请的，应赔偿因其商标注册申请行为给异议人造成的损失。经审查异议不成立，异议人系恶意异议的，应赔偿被异议人因异议所受的损失，包括申请商标迟延注册的损失。

异议期满无人提出异议或者异议不成立的，核准申请商标注册。

按照这个设计，初步审定公告违反绝对条件的，由商标局自己纠正，撤销审定，不纳入异议程序；任何人可以向商标局提出意见，但不作为当事人，不需要支付费用，也不需要参加审理，可以提高公众提出意见的积极性，有利于商标局发现初步审定公告中的失误。异议程序是专为处理私权争议而设的程序，而且提出异议的当事人限于在先商标权人、利害关系人和在先申请人，其他在先权利人只能提出无效申请，不能提出异议。这是因为，对于商标注册是否侵犯他人的其他在先权利，商标局并不内行，也无权就此作出决定，需要以法院的判决或者其他主管机关的决定为依据才能作出决定，而这需要时间。规定其他在先权利人只能通过无效程序维护自己的权利，是为了加快异议纠纷的审理速度，使申请注册商标的法律状态尽快确定下来，以利商业活动的进行。规定商标局决定准予被异议商标注册的，异议人不能向商标评审委员会申请复审，与2013年《商标法》的规定一致，是为了简化异议程序。

（五）以缴纳注册费作为注册条件

商标核准注册后，商标局向申请人发出办理注册手续的通知，申请人要在两个月内缴纳注册费，办理注册手续，领取注册证。确有正当理由延误办理期限的，可以在期满后六个月内，缴纳双倍注册费，办理注册手续。申请人办理注册手续之后，商标局对注册商标进行公告。逾期仍未办理的，视为放弃商标注册。

这样规定是为了避免将被申请人放弃的商标登记于注册簿，减少注册簿中的死亡商标，以利于提高审查效率和质量，同时，可以避免注册机关做无用功。

第四节　次优方案：全面审查，先注册后异议

第一种方案是一种理想的方案，但是，这种革命性的方案要被立法者接受难度很大。而在全面审查原则之下，改先异议后注册为先注册后异议的改良方案，被立法者和社会各方面接受的可能性相对较大。因此，作为一种退而求其次的方案，很有研究的必要。

坚持全面审查原则虽然不符合商标注册的民事法律行为性质，有违私法意思自治原则，但是，如果设计得当，也可以提高商标注册审查的效率，对于全面审查原则产生的问题，可以通过相应的制度设计尽量克服。因此，在全面审查原则之下改先异议后注册为先注册后异议的方案，不失为一种现实主义的改革方案。证立此种方案的关键是证明将先异议后注册改为先注册后异议的合理性和必要性。

一、异议后置的合理性和必要性

（一）异议后置的合理性

商标局工作人员凯蓉、笑蕾早在1996年即撰文力主我国应当将注册前异议改为注册后异议，即异议后置。理由是，从多年的审查实践看，提出异议

的案件占初步审定商标的比例不到2‰，而其中被裁定异议不成立的约占一半，即需要驳回注册的仅占初步审定商标的1‰左右。让999‰的初步审定商标一起陪候三个月明显有失公平。[1] 根据对2008－2012年异议数量的统计，异议率（即提出异议的数量占初步审定公告商标数量的比例）比20世纪90年代有所提高，平均为4.67%，但是，裁定异议成立和部分成立的比例更低，平均为18.18%，异议成立和部分成立的数量占初步审定公告商标的比例为0.0085%，不到1‰。[2] 这说明，从20世纪90年代到21世纪的第一个十年，商标异议经裁定成立和部分成立的数量占初步审定公告商标的比例基本上在1‰左右。先异议后注册制度让999‰的初步审定公告的商标陪着1‰的被异议商标等候三个月再注册，明显有违效率原则，从行政资源的节约和社会资源有效利用的角度来看，也难谓公平。先异议后注册是为了追求公平，但是，缺乏效率的公平不是真正的公平。时间对于经营者来说十分重要，无端让他等待三个月，可能给其带来巨大损失。异议后置让初步审定的商标立即注册，在先注册人和利害关系人认为注册损害自己的在先权利的，可以在注册后提出异议，可以解决让999‰的初步审定公告的商标无端陪候三个月的问题，符合效率原则，其合理性毋庸置疑。

（二）异议后置的必要性

先异议后注册不但没有效率，而且为一些人提供了利用异议程序骚扰申请人，谋取不义之财的机会。凯蓉、笑蕾早在二十年前就一针见血地指出，“异议程序容易被不法之徒利用。有些人为了延长对他人商标的不法使用，故意对应获准注册的商标提出异议，无形中增加了商标局和商标评审委员会不必要的工作量，扰乱了正常的注册秩序，权利人也往往无端受害。”[3] 先异议后注册的这个弊端在21世纪的第一个十年被充分利用和放大。“有人利用商标异议制度，无正当理由对竞争对手的商标申请提出异议，拖延对方获得商标注册的时间；有人甚至以提出商标异议为手段对他人进行勒索，一些申请人为了避免陷于冗长的异议程序不得不向异议人付钱来换取对方放弃异议。”[4] 为维护公平而设的异议程序实践中的效果却是损害公平。2013年《商标法》对异议程序进行了重要改革，虽然仍维持先异议后注册，但是商标局经审理

---

[1] 凯蓉，笑蕾．守法而弗变则悖——修改商标法迫在眉睫［J］．中华商标，1996（2）．

[2] 根据统计，2008－2012年每年的异议率分别为5.13%、4.43%、5.23%、5.04%、3.54%，平均为4.67%；裁定异议成立和部分成立的比例分别为28.82%、15.76%、17.93%、17.10%、11.31%，平均为18.18%。

[3] 凯蓉，笑蕾．守法而弗变则悖——修改商标法迫在眉睫［J］．中华商标，1996（2）．

[4] 金武卫．《商标法》第三次修改回顾与总结［J］．知识产权，2013（10）．

认为异议不成立的即核准申请商标注册，取消了异议人不服商标局裁定向商标评审委员会申请复审的权利，相应地也就取消了后续的行政诉讼程序。这项改革断了一些人利用异议制度敲申请人竹杠、发不义之财的路，恶意异议随之减少，既提高了效率，又促进了公平。该制度实施以来效果显著，为前边提到的，2014 年 5 月 1 日至 2015 年 4 月 30 日提出异议的比例占初步审定数量的 2.76%，比 2008－2012 年五年间提出异议的平均比例降低了四成多，足以证明简化程序对提高审查效率和实现公平的重要作用。这个事实证明了公平和效率是互相依存、相辅相成、对立统一的关系，不顾及效率的公平不是真正的公平，甚至可以说，没有效率就没有公平。如果改为先注册后异议，相信对恶意利用异议程序骚扰申请人、阻滞他人商标注册的行为会起到更有效的抑制作用。从贯彻诚实信用原则，保护申请人免受恶意异议骚扰，保证商标注册制度顺利实施的角度看，异议后置不但是合理的，而且是必要的。

二、制度设计

全面审查、先注册后异议的一个重要缺陷是效率不高。实际上，工作量最大，耗费行政资源最多的工作是初步审定阶段对相对事由的审查。全面审查、先注册后异议的改革方案仍然坚持全面审查，这就决定了该方案对审查效率的提高是有限的，因此，具体的制度设计必须在提高效率方面多做文章。根据商标法修改中提出的各种建议和我国商标法实施的经验，并参考外国的立法经验，本书认为，可以从以下方面优化审查程序，提高审查效率和注册质量：

（一）异议直接由商标评审委员会审理

现行法规定异议应当向商标局提出，由商标局审理，申请人对商标局不予注册的决定不服的，可以向商标评审委员会申请复审，异议人不服的，可以在商标注册后向商标评审委员会申请宣告该商标注册无效。在全面审查制度之下，这意味着商标局要对驳回注册的相对事由进行二次审查，既有违程序公正（自己监督自己），又缺乏效率。改由商标评审委员会接受和审理异议，即将商标评审委员会对异议的复审改为直接审理。按照这样的设计，商标评审委员会经审理认为异议成立的，做出撤销注册的决定，申请人不服可以向法院起诉；商标评审委员会认为异议不成立的，做出驳回异议，维持商标注册的决定，异议人不服，不能就驳回异议决定向法院起诉，只能向法院提起商标注册无效诉讼。这样不但可以解决商标局自己监督自己的问题，符合程序公正的要求，而且可以减少异议审理的一个行政审级，符合提高审查效率，缩短注册周期的要求。

无效申请则仍应由商标评审委员会审理，不服商标评审委员会审理决定的，可以向法院起诉。

反对这种修改的理由是“异议是商标申请、审查的正常环节，不是对商标局审查工作的监督程序，也不宜由商标评审委员会接受异议。”❶ 但是，在先注册后异议的制度之下，异议不再是注册审查工作的一个环节，而是对商标局核准注册进行监督的一个程序，上述反对由商标评审委员会受理异议申请的理由也就不复存在。因此，异议由商标评审委员会接受和审理，已经没有制度障碍，应当可以实行。

（二）对恶意当事人课以赔偿责任

我们在前边已经分析过，虽然2013年《商标法》在第7条第1款明确规定：“申请注册和使用商标，应当遵循诚实信用原则。”但是，诚实信用原则和公平原则在2013年《商标法》中并没有得到全面贯彻。2013年《商标法》对于在注册申请、异议、无效程序中发生的抢注、恶意异议、无效等行为过于宽容，没有任何制裁措施。即使最后法院做出了公正的判决，也无法弥补诚实申请人所受到的商业机会丧失等巨大损失，恶意异议人却没有任何损失，他只不过没有得到本来不应该得到的东西，甚至他已经在市场上得到了他希望得到的东西。这是商标领域恶意行为愈演愈烈的重要原因。这再次证明了一个道理——对恶意行为的宽容，就是对诚实守信者的打击和摧残！就是对良好社会秩序的践踏！这样的法律必须改变。必须对申请、异议、无效程序中的各种恶意行为采取有效的治理措施。第三次《商标法》修改过程中，为了抑制随意异议，特别是恶意异议，2006年4月18日修改稿规定，商标异议、撤销和无效宣告程序中败诉的一方当事人应当承担评审费用和对方因商标评审支付的合理费用。❷ 2007年8月30日修改稿在2006年4月18日修改稿的基础上进一步提高了对当事人的诚信要求，规定经裁定异议成立，被异议人出于恶意的，应当承担因商标申请给异议人造成的损失；经裁定异议不成立，异议人出于恶意的，应当赔偿被异议人因被异议商标延误注册所受到的损失。❸ 赔偿责任明显高于2006年4月18日修改稿规定的“评审费用和对方因商标评审支付的合理费用”。这样的规定符合民法的基本原则和侵权责任构成要件的规定，在民法体系中有法律依据和理论根据，值得肯定。可惜的是，在后来的修改稿和送审稿以及立法机关通过的《关于修改〈中华人民共和国商标法〉的决定》中，这些极有价值的条文都不见了。

---

❶ 金武卫.《商标法》第三次修改回顾与总结［J］. 知识产权，2013（10）.

❷ 参见：2006年4月18日《中华人民共和国商标法修改草稿》第53－58条和第41条。

❸ 参见：2007年8月30日《中华人民共和国商标法修改草稿》第47条。

我国《商标法》实施三十多年的历史证明，对商标注册程序中的恶意当事人课以法律责任，让其为自己的恶意行为承担不利的法律后果，是维护商标注册和使用秩序，保护诚实当事人的正当利益，建设诚信社会所必需的，亦有其他国家的立法先例可供借鉴。因此，2007 年 8 月 30 日修改稿的相关规定是应当肯定的，以后修改商标法时应当采纳。而且，该项制度可以成为商标制度设计中公平和效率相辅相成、对立统一的最佳例证之一。

（三）限定异议的理由

按我国现行《商标法》的规定，提出异议的法律依据和请求宣告无效的法律依据是一样的，都是 2013 年《商标法》第 10－12 条和第 13 条第 2－3 款，第 15 条，第 16 条第 1 款，第 30 条，第 31 条，第 32 条。既包括绝对事由，又包括相对事由；既包括在先注册商标和在先申请商标，又包括其他在先权利。这样一来，异议和无效的区分似乎只有时间的区别，异议应当在注册后较短的时间内（如三个月）提出，无效请求的期限是五年。这种时间上的区别不足以证明区分二者的合理性。从缩短异议的审查时间，尽快使注册商标的效力确定下来，以利于经营出发考虑，可以将异议的理由限定于以下几种情况：与在先注册商标或者在先申请商标相同或者近似，可能产生混淆的；代理人、代表人抢注被代理人、被代表人商标的；有驳回注册的绝对事由的；不符合主体资格要求的。这类问题的审查为注册机关所熟悉，也是异议最主要的理由，将异议理由限定于以上事由，有利于商标评审委员会尽快做出审理决定、解决争议。其他问题留给无效程序解决。德国商标法规定的提出异议的理由即仅限于在先标识权利，包括在先申请商标和在先注册商标，在先未注册驰名商标，以及代理人、代表人抢注被代理人、被代表人的商标。❶ 当然，考虑到法律规定的提出异议的时间较短，有些权利人和利害关系人可能没能够在异议期内提出异议，所以，异议的理由应当也可以作为无效的理由。但并非所有无效的理由都可以作为异议的理由。

（四）对异议人课以提交引证商标使用证据的义务

我国商标法和世界上大多数国家的商标法都规定，注册商标持续不使用满法定期间，任何人均可请求主管机关撤销该商标注册。撤销的理由，欧盟各国认为该商标注册已经失效，美国商标法明确规定视为放弃，俄罗斯则规定视为提前终止，总之，该注册商标不再受法律保护。❷ 既然连续不使用满法

---

❶ 参见：德国商标法第 42 条。

❷ 关于三年不使用撤销的理由及该制度与异议制度的协调，请参见：张玉敏. 注册商标三年不使用撤销制度体系化解读［J］. 中国法学，2015（1）.

定期间的注册商标实际上已经死亡，法律也明确规定任何人可以向商标局申请撤销该商标注册，那么，根据法律制度内部应协调自洽、逻辑一致的要求，不应允许以这样的死亡商标来阻止他人的商标注册。为了防止异议人利用死亡商标阻碍在后商标注册的问题，一些国家和地区的商标法对异议人规定了证明据以提出异议的注册商标实际使用的义务，或者赋予被异议人未使用抗辩权。如《欧共体商标条例》和德国商标法的规定是赋予被异议人未使用抗辩权，当在先商标注册人提出异议时，被异议人可以要求异议人提供据以提出异议的在先在注册商标此前五年内的使用证据，如果异议人不能提供使用证据，且无不使用的正当理由，异议将被驳回。[1] 而英国商标法和我国台湾地区"商标法"则直接对异议人课以提供注册商标使用证据的义务。英国商标法第6A条（2）规定："在异议程序中，若在先商标未满足使用条件，注册局长不得以其为理由驳回在后申请。"我国台湾地区"商标法"第57条则规定："以商标之注册违反第30条第一项第10款规定，向商标专责机关申请评定，其据以评定商标之注册已满三年者，应检附于申请前三年有使用于据以主张商品或服务之证据，或其未使用有正当事由之事证。依前项规定提出之使用证据，应足以证明商标之真实使用，并符合一般商业交易习惯。"这样规定既可防止用实际上已经死亡的注册商标阻碍在后商标注册，又可抑制恶意异议，减少审查机关做无用功，而且可以提高审查质量，可谓一举多得。

第三次《商标法》修改过程中，2006年4月18日修改稿赋予被异议人不使用抗辩权，其第56条规定："异议人的在先注册商标在被异议商标初步审定公告之前注册已满三年的，被异议人可以请求在先注册商标所有人提供其在被异议商标初步审定公告之前三年内在核定的或者异议据以提出的商品上使用注册商标的证据，或者证明存在未使用的正当理由。在先注册商标所有人未使用注册商标且无正当理由的，该注册商标视为没有注册；在核定的部分商品上使用注册商标的，该商标仅视为在该部分商品上的注册有效。"但是，后来的《送审稿》中这样的规定不见了，2013年通过的《商标法》以及《商标法实施条例》和相应司法解释也没有相应的规定和解释。这明显违背法律应当保持各项制度之间逻辑一致性和内部自洽的要求。我国2013年《商标法》第49条已经明确规定了注册商标连续三年不使用，任何单位或者个人可以向商标局申请撤销该注册商标。该规定所体现的原理是，长期不使用的注册商标不再受法律保护，应当在相关制度，如异议、无效、侵权责任中得到贯彻。而且如上所述，已有他国经验可资借鉴。笔者认为，英国和我国台湾地区的规定更符合我国企业运用法律保护自己利益的能力普遍较低的状况，

---

[1] 参见：《欧共体商标条例》第43条，德国商标法第43条。

更符合我国国情。因此，我国商标法应在异议制度中要求异议人提供据以提出异议的注册商标近三年内的使用证据，或者不使用的正当理由。如果异议人不能提供使用证据，又没有不使用的正当理由，即应当驳回异议。❶ 不管采全面审查、先注册后异议的改良式改革，还是采只审查绝对事由的革命性改革，在异议制度中对异议人课以提供引证商标使用义务都是必需的。

如此，不仅可以进一步减少恶意异议，而且可以从制度上消除异议程序、无效程序和撤销制度的冲突，避免发生商标注册申请被驳回后，或者注册商标被宣告无效后，据以提出异议或无效申请的注册商标却被撤销了这样的尴尬。❷ 而让注册申请人通过申请撤销引证商标来解决问题，程序复杂，不仅增加当事人的时间和人力、财力成本，也浪费了行政机关的审查资源。而且在目前的审查实践中，即使注册申请人提出了撤销申请，商标评审委员会和法院也可以不顾及当事人的申请继续审查程序，做出裁决、判决。如果在驳回商标注册申请的所有救济程序都走完以后，据以提出异议的引证商标才被撤销注册，注册申请人要想获得注册，只有重新申请，而能否通过审查，获得注册，又有许多变数，这对申请人是极不公平的。如果对异议人课以提供引证注册商标使用证据的义务，不但可以防止上述荒唐事情的发生，而且方便快捷。这无论对注册申请人还是审查机关和司法机关，都有利无害。由于我国注册商标不使用的比例相当高，对异议人课以提供引证商标使用证据的义务就显得更有必要。

（五）将申请人缴纳注册费作为注册条件

由于各种原因，许多商标在核准注册时就已经死亡。据“老商标”杨叶璇提供的资料，我国许多商标在核准注册时已经死亡，许多代理公司手里有数百甚至上千件被企业放弃、不来领取的商标注册证，商标局业务大厅里有很大数量的无人领取的商标注册证，这种情况已经成为公知的事实。❸ 按现行商标法规定，初步审定公告的商标，公告期满无异议的或者异议不成立的，商标局即核准注册，发给注册证并公告。如果注册申请人此时已经死亡（歇业）或者放弃该商标，对这一部分商标制作、发给注册证并公告的工作就是无用功，而且这样的商标作为有效注册商标公告后，就成为阻止他人注册的一个障碍，这个障碍很可能要持续存在十年，这对其他商标注册申请人是多么的不公平！为解决这个问题，日本商标法规定，商标权经设定注册而生效，

---

❶ 详细论证请参见：张玉敏. 注册商标三年不使用撤销制度体系化解读［J］. 中国法学，2015（1）.

❷ 见北京市高院（2009）高行终字第 592 号判决书；北京市高院（2008）高行终字第 329 号判决书。

❸ 杨叶璇. 关于修改《商标法修订送审稿》的思考与建议［J］. 中华商标，2010（7）.

而申请人缴纳注册费，商标权随之设定。[1] 也就是说，如果申请人不缴纳注册费，核准注册的商标并不当然注册。我国台湾地区“商标法”规定，核准注册的商标先给申请人发注册通知，申请人要在两个月内缴纳注册费，办理注册手续，才能进行公告，发给注册证。申请人逾期没有缴纳注册费，不予注册公告。申请人非因故意没有在规定的时间内缴纳注册费，可以在期满后六个月内缴纳双倍注册费，由注册机关给予公告并发给注册证。但是，影响第三人在此期间申请商标注册或取得商标权者不得为之。[2] 日本和我国台湾地区的规定对我们具有借鉴意义，这项制度设计可以避免将已经被申请人放弃的商标登记于注册簿。我国台湾地区“商标法”的规定更具有可操作性，可以效法。如此，可大大减少注册簿中的死亡商标，既可减轻审查机关的工作量，提高审查效率，又有利于后来者申请商标注册。而且，由申请人自己办理注册手续，领取注册证，也符合商标注册是民事法律行为，是申请人为自己设定商标权的行为的性质。如果申请人不缴纳注册费，说明申请人不想取得这个权利，行政主管机关即不应当主动为他办理相关手续。

（六）建立分期缴纳注册费制度

如果一件商标在注册后三年内投入实际使用，一般来说以后不使用的概率较小。多数注而不用的商标是注册后从来没有使用。因此，除了将申请人缴纳注册费作为注册条件，在注册时将被申请人放弃的商标排除于注册簿之外，建立注册费分期缴纳制度，在注册有效期内，及时清除注册人放弃的注册商标，也是清理注册簿，减少注册簿中的死亡商标的一项有效措施。日本在这方面为我们提供了经验。日本商标法规定，商标权人得选择分割缴纳注册费，选择分割缴纳的，应于注册时缴纳一半注册费，于商标权存续期间届满前五年，缴纳另一半。届期未缴纳者，可于期满后六个月内缴纳。超过六个月仍未缴纳者，商标权溯及存续期间届满前五年之日消灭。[3] 该规定与美国商标法第 1058 条有异曲同工之妙。按美国商标法第 1058 条规定，注册人应当在注册满五年后一年内，向专利商标局提交宣誓书一份，列明注册商标在商业活动中实际使用的商品或服务，并附上能够证明商标当前使用情况的图样或复制品，或者能够解释未使用的特殊情况。如果逾期没有提交，注册应当被撤销。我们可以采二者之长，设计符合我国实际情况的清理注册簿的制度。例如，我们可以规定，申请人应当在注册时缴纳一半注册费，另一半在注册满五年后的三个月内缴纳。逾期未缴纳者，可以在六个月内缴纳双倍注

---

[1] 日本商标法第 18 条。

[2] 见我国台湾地区“商标法”第 32 条。

[3] 参见：日本商标法第 41 条之二。

册费，注册继续有效。如果六个月期满仍未缴纳，商标局应注销该商标注册，并公告，商标权溯及五年期满时消灭。该制度设计与日本的区别是，将分期缴纳注册费作为一种法定制度，不由当事人选择，目的是充分发挥其清理注册簿的作用。与美国的区别是，不要求注册人提交使用情况说明及证据，期限为满五年后三个月而不是一年。这样规定一是为了简单易行，二是该制度的目的主要是为了清除注册人放弃的商标。

按照这个制度设计，商标局和商标评审委员会对商标注册申请都只进行一次审查：商标局对注册申请进行全面审查，做出是否核准注册的决定；商标评审委员会对不服商标局驳回注册申请的决定进行复审，并审理注册异议以及商标注册无效申请；法院则审理不服商标评审委员会复审决定、异议裁定以及无效裁定提起的诉讼。与现行法的规定相比，减少了商标局对异议进行审理的一道程序，可以提高审查效率，而且符合一事不再理原则和程序公正的要求。同时，设计一系列抑制恶意异议的制度，如异议人证明引证商标使用义务的规定，恶意当事人赔偿责任的规定，限定异议理由的规定，等等，可引导经营者理性地申请商标注册和行使商标权利，大大减少抢注和恶意异议的比例。以申请人缴纳注册费作为注册条件和分期缴纳注册费制度，则可以减少注册簿中的死亡商标，有利于提高审查效率和质量。如此，虽然仍坚持全面审查原则，亦可在相当程度上提高审查效率，缩短注册周期，缓解经济发展需要与商标注册周期过长的紧张关系。

本方案中，恶意当事人应赔偿对方因其恶意行为所受损失，异议人应提交引证商标近三年内实际使用证据，以申请人缴纳注册费作为办理注册手续的条件，以改建立分期缴纳注册费的制度，都适用于首选方案。

第七章　商标注册无效制度的完善

无效程序是为了纠正商标注册的失误，保证注册质量而设置的商标注册制度中最后一道程序，其重要性自不待言。无效制度设计得是否合理，直接关乎商标注册的质量，相关当事人利益的维护和商标使用秩序，关乎商标法“促进社会主义市场经济发展”立法目的的实现。

我国商标法规定的商标注册无效制度有以下几个特点：一是违反商标法关于商标注册绝对条件规定的，由商标局依职权宣告注册无效，其他任何单位或者个人可以请求商标评审委员会宣告该注册无效，申请和宣告无效没有期限的限制和除外规定。二是以注册违反相对条件申请宣告无效的，要在自商标注册之日起五年内提出请求，但恶意注册的，驰名商标所有人不受五年期限的限制。三是只规定了注册无效的法律后果，没有规定因五年期满注册效力确定的法律效力。因此，商标注册无效制度的完善应从程序和实体两个方面讨论。程序问题主要有两个：一个是无效问题是首先由商标评审委员会审理，不服商标评审委员会裁定、决定的再向法院起诉，还是直接由法院审理；或者区分不同情况处理。另一个问题是法院审理无效纠纷案件的性质究竟是行政诉讼还是民事诉讼，法院是否可以就当事人争议的民事权益直接做出判决？实体问题主要有：绝对无效申请是否一概不受时间限制，无效申请人资格和申请时限，无效宣告的效力，等等。具体而言，无效事由与不得注册的事由（包括绝对事由和相对事由）相同，但是，从核准注册到宣告无效，随着时间的推移，有关情况可能发生变化，这些变化对无效判定会产生什么影响？应当以什么时间的事实状态作为判断依据才是合理的？规定撤销权五年不行使即消灭的理由是什么？[1] 如果一个在先注册商标并未投入商业使用，其注册人能否以此注册商标为依据提出无效申请？商标注册无效产生什么样的法律效果？我国商标法对这些问题并未做出明确的规定，或者规定尚不完善，需要根据民法理论，并参考外国的有关规定进行研究，加以完善。

---

[1] 根据民法原理，请求撤销相对无效民事行为的权利是撤销权。侵犯在先权利的商标注册属于相对无效的民事行为，因此，请求宣告注册商标无效的权利应当属于撤销权。

一、无效程序问题

（一）民事诉讼还是行政诉讼

我国商标法规定，商标注册无效请求需向商标评审委员会提出，由商标评审委员会做出裁定。不服商标评审委员会裁定的，得向北京市第一中级人民法院提起诉讼，法院按行政诉讼审理。法院审理后做出撤销或者维持商标评审委员会裁定的判决。撤销裁定的，商标评审委员会重新做出裁定，当事人不服，仍然可以向法院起诉，于是产生所谓“循环诉讼”。对此，主管部门、知识产权学界和司法界进行过广泛的讨论，主流的意见都认为不服商标评审委员会裁定提出的诉讼在性质上应属于民事诉讼，理由主要有以下几点：（1）无效诉讼中，当事人所争议的实质是民事权益，而不是商标评审委员会的裁定；（2）商标评审委员会审理无效请求采取的是类似民事诉讼的程序，商标评审委员会的角色是居中裁判；（3）行政诉讼模式中商标评审委员会是被告，实际上把商标评审委员会变成了一方当事人的代理人，角色错位，而且对另一方当事人很不公平。对于这个问题，专利法第三次修改过程中即进行过深入的研讨，但最终因为没有取得共识而无果。在商标法第三次修改过程中，一种意见主张赋予法院直接改判权。但是，经讨论认为赋予法院直接改判权从根本上冲击了我国的行政诉讼制度，应当在行政诉讼法的修改中统筹考虑，不宜单独在商标法中做出突破。[1] 其实，该主张的实质是承认商标注册无效诉讼属于民事诉讼。

商标注册无效诉讼是民事诉讼还是行政诉讼，涉及行政法和行政诉讼法上的一个重要问题，即行政机关所实施的行为是否都属于具体的行政行为，都具有可诉性。本书在前边已经讨论过，商标注册是要式的单方民事法律行为，主管机关的审查核准是该行为的生效条件。在这个过程中，主管机关并没有运用其行政权力，因此，不管主管机关在这个过程中是否有失误，如不该注册的核准注册，应该注册的被驳回注册，也不管是否给相关当事人造成损害，主管机关都不承担国家赔偿的责任。相关当事人之间的民事权益纠纷，就因为行政主管机关履行其法定职责办理了核准注册手续，就成为行政诉讼的标的，这合理吗？如果把商标注册行为认定为行政机关行使行政权力的授权或者确权行为，那么授权或者确权错误，该行政机关是否要承担赔偿责任呢？所以，笔者认为，将商标注册作为行政行为，由此引发的诉讼定性为行政诉讼，在理论上是有问题的，在实践中则造成循环诉讼，拖延商标注册时

---

[1] 参见：金武卫.《商标法》第三次修改回顾与总结［J］. 知识产权，2013（10）.

间。但笔者才疏学浅，只能提出问题，不能解决问题。希望诉讼法学界对此进行深入研究，从理论上厘清民事诉讼和行政诉讼的界限，为实践提供指导。因为这个问题不仅在商标诉讼中存在，在专利诉讼、其他与行政机关登记注册有关的民事纠纷诉讼中同样存在。

尽管2014年11月1日修改的《行政诉讼法》第61条规定，在涉及行政许可、登记、征收、征用和行政机关对民事争议所作裁决的行政诉讼中，当事人申请一并解决相关民事争议的，人民法院可以一并审理，该规定可以使上述问题得到缓解，但是，从理论上讨论清楚这个问题，在立法上做出更为合理的规定，还是很有必要。

（二）直接由法院审理还是先由行政机关审理

各国商标法对商标注册无效程序的规定各有不同，有的通过行政程序裁决，不服行政裁决再到法院诉讼，有的无效问题直接由法院审理。如法国知识产权法典和意大利商标法规定，商标注册无效由法院依法判决。德国商标法规定，商标行政主管机关可应请求或依职权对有驳回注册的绝对事由的商标注册宣告无效并注销其注册，因相对事由的无效，则需由受注册损害一方当事人向法院提起无效诉讼。日本商标法规定，商标注册的撤销（相当于我国的无效）决定或者裁定由专利局做出，不服专利局的决定或者裁定，可向东京地方高等法院起诉。英国商标法规定，任何人得向专利商标局长申请宣告商标注册无效，但是，如果争议商标仍在法院诉讼，则无效申请必须向法院提起，而且，任何情况下，如果申请向专利商标局长提出，局长可以在诉讼的任何阶段把申请提交给法院，恶意注册的，专利商标局长可自行向法院提出无效申请。美国商标法规定，任何认为注册商标对其造成损害的人可向专利商标局申请撤销（相当于我国的无效）该商标注册，联邦贸易委员会可依据绝对事由申请撤销该商标注册，不服专利商标局的撤销决定或裁定的，可向商标审判及上诉委员会上诉，对商标审判及上诉委员会的决定不服，可以向联邦巡回上诉法院上诉。[1] 我国现行法的规定是无效请求先由商标评审委员会审理，对商标评审委员会裁定不服的，再向法院起诉。

对于这个问题，应当结合商标注册审查程序的安排进行讨论。如果采“革命性”的改革方案，按照“一事不再理”原则，异议由商标局审理，无效由商标评审委员会审理，不服商标评审委员会裁定的，才能向法院起诉。如果采“改良性”改革方案，同样按照“一事不再理”原则，异议由商标评审委员会审理，对商标评审委员会裁定异议不成立，准予被异议商标注册不

---

[1] 参见：法国知识产权法典L. 714-3条，意大利商标法第34条，德国商标法第50－51条、第55条，日本商标法第63条，英国商标法第47条，美国商标法第1064条、第1070－1071条。

服的，应直接向法院提起无效诉讼。其他无效请求应向商标评审委员会提出，对商标评审委员会裁定不服的，可以向法院起诉。这样规定是为了贯彻诉讼法上“一事不再理”原则，体现程序公正，也是为了简化程序，提高效率。(关于“革命性”改革方案和“改良性”改革方案，详见第六章的“首选方案”和“次优方案”)

二、实体问题

(一) 撤销权经五年不行使而消灭——时间的效力还是默许的效力

按我国商标法规定，基于驳回商标注册的相对事由申请宣告商标注册无效，须在自商标注册之日起五年内提出，法律另有特别规定者除外。[1] 如果在先商标权人或其他在先权利人没有在五年期限内提出无效申请，除法律特别规定的情况外，其撤销权消灭，在后商标注册确定有效，他人不能再以在先权利为由申请宣告在后商标注册无效。按此规定，撤销权五年不行使而消灭，是时间的效力。这个期限属于除斥期间，是一定时间的经过所产生的法律效力。除斥期间适用于形成权（包括撤销权、变更权、解除权、追认权等权利），是不变期间，没有中止、中断和延长。期间届满，形成权消灭，现有的不稳定的法律关系其效力得以确定（如撤销权消灭，商标注册的效力确定）。诉讼时效适用于请求权，可以中止、中断和延长，因而是可变期间。诉讼时效期间届满，请求权消灭，现有的确定的法律关系发生变更（如诉讼时效期间届满，债权人的债权变为自然债权，债务人的债务变为自然债务）。因此，二者无论在适用对象和效力方面均不相同。除斥期间的立法目的是使不稳定的法律关系经过一定的期间稳定下来，以利于经济活动的正常进行和社会生活的安定。

在先商标权人和其他在先权利人的撤销权因五年不行使而消灭，在后注册商标的效力确定，究其立法理由，窃以为是为了稳定商标注册和使用秩序，进而稳定经济秩序。一件商标即使注册时存在瑕疵，经过五年的使用，也已经在市场上产生了一定的影响，形成了相对稳定的商标使用秩序。这种秩序，是整体市场交易秩序的一部分，为了公共利益，该秩序应当得到承认和尊重。从另一个角度考虑，如果对于注册时存在瑕疵的商标，在先权利人任何时候都可以申请宣告其无效，则会助长另一种不诚信行为——“放水养鱼”“下山摘桃子”。如果这样的话，注册人永远都没有安全感，这对经营者是莫大的伤害。

---

[1] 我国《商标法》第 45 条中规定：“对恶意注册的，驰名商标所有人不受五年的时间限制。”

《欧共体商标条例》和英国、德国、法国、意大利等国商标法对申请宣告商标注册无效的规定与我国的规定不同。这些法律均规定，基于相对事由提出无效申请的，如果在先权利人连续默许（容忍、默认）在后注册商标使用五年，则不可以以在先权利为由要求宣告在后商标注册无效。[1] 如《欧共体商标条例》第 53 条第 1 款规定，如果共同体商标所有人在明知的情况下，已默许在后的共同体商标在共同体内连续使用五年，他不再有权以在先商标为由申请宣布在后的商标无效，或者反对在后的商标在已使用的商品或服务上继续使用，除非在后商标是以欺骗行为申请注册的。按照这些立法，在先权利人请求宣告在后商标注册无效，除五年期间的要求外，还要有在先权利人默许在后注册商标使用的行为。仅有五年时间的经过，在先权利人的撤销权并不消灭。其理论依据则是默示许可和禁反言原则，是诚实信用原则在无效程序中的具体运用。

一般而言，《欧共体商标条例》和上述欧盟成员国的规定更具有合理性。但是，如果考虑到商标法是规范商事活动的法，商事活动具有很强的时效性，商标法必须考虑商事活动的这一特点。具体到商标注册无效而言，立法政策必须有利于使商标注册的效力尽快确定下来，长时间的悬而不决不利于市场经济的健康发展。而且，默许（容忍、默认）作为一种主观心理状态，证明困难。如果将证明在先权利人构成默许（默认、容忍）的责任分配给在后注册人，五年期限对在后注册的保护即难以发挥作用。如果将证明不存在默许或者默许不满五年的责任分配给在先商标注册人，似乎又不符合证明规则。因此，从尽快确定商标注册的效力，有利于注册人在注册商标的保护下开展经营活动，实现公平和效率的统一出发考虑，我们认为，我国的规定更易于操作，更符合效率原则的要求。日本商标法和我国台湾地区“商标法”的规定与我国《商标法》的规定相一致。而且，在当今信息传播手段如此发达、迅速的条件下，相同或者类似商品、服务的经营者可以比较方便、容易地了解同行业经营者所使用的注册商标的情况。在这样的条件之下，即使在先权利人真的在五年时间里不知道自己的权利受到侵害，错过了撤销期限，也只能是咎由自取。

（二）判定无效事由的时间标准

各国商标法都对商标注册无效宣告分两种情况进行规定。第一种是违反法律关于不得注册的绝对事由的规定的，第二种是违反法律关于不得注册的相对事由的规定的，即与他人在先权利相冲突的。

---

[1] 参见：《欧共体商标条例》第 53 条，德国商标法第 51 条，法国知识产权法 L. 714-3 条，意大利商标法第 48 条，英国商标法第 48 条。

对于驳回注册的绝对事由，我国《商标法》是由第 10 条、第 11 条和第 12 条规定的。第 10 条规定的是不得作为商标标识使用的标志，第 12 条规定的是具有功能性的三维标志不能作为商标注册。不得作为商标使用的标志事关公共政策和公序良俗；具有功能性的三维标志不能作为商标注册，则是为了防止借商标注册达到保护产品的目的，妨碍自由竞争。所以，我国《商标法》规定，这些标志任何时候都不能作为商标注册，如果用作商标注册，任何时候都可以申请宣告无效。而第 11 条规定的是缺乏显著性的标志不能作为商标注册。经济活动是变动不居的，人们的观念和语言也是与时俱进、不断发展变化的，使用于商品或服务上的商标是否具有显著性，不但与使用和宣传有关，也与社会生活的发展变化有关。因此，第 11 条第 2 款规定："前款所列标志经过使用取得显著特征，并便于识别的，可以作为商标注册。" 这第 2 款的规定非常重要，也就是说，与第 10 条和第 12 条规定的情况不同，这些标志不能作为商标注册不是绝对的，如果由于长期使用，标志已经取得识别商品、服务来源的显著性，符合商标的本质特征，就应当允许其注册。许多国家的商标法都有这样的规定。

如果商标在注册时尚未取得法律要求的显著性，但是，经过使用，在提出无效申请时或者对无效申请进行裁决时已经取得显著性，能够识别商品或服务的来源，是否还要宣告该商标注册无效？我国商标法对此未作明确规定。《欧共体商标条例》第 51 条第 2 款规定："已经注册的共同体商标虽然违反第 7 条第 1 款 b 项、c 项或 d 项，但由于商标的使用，商标注册后在注册的商品或服务上取得显著性的，商标不可被宣布无效。" 该第 7 条第 1 款的规定大体上相当于我国 2013 年《商标法》第 11 条的规定。德国商标法明确规定，只有在做出裁决时仍然存在驳回注册的事由的，才可以宣布商标注册无效。英国商标法也明确规定，不具备显著性的商标注册后通过使用取得显著性的，即不得宣布该商标注册无效。意大利商标法规定，在提起商标无效诉请之前，商标因使用获得显著性，商标不应被宣布无效。我国台湾地区"商标法"则规定，不得注册之情形已不存在者，经斟酌公益及当事人利益之衡平，得为不成立之评定。[1] 所谓得为不成立之评定，即可以不撤销商标注册。换言之，以不具备显著性为由申请宣告商标注册无效，不是以注册时的事实状态作为判断的依据，而是以做出无效裁决时的事实状态为判断依据。

我们认为，《欧共体商标条例》和德国、英国、意大利以及我国台湾地区的规定是合理的，符合商标的本质和功能。只要商标已经具备显著性，能够起到指示商品或服务来源的作用，又不涉及公共利益，没有理由不承认其合

---

[1] 参见：德国商标法第 50 条，英国商标法第 47 条，意大利商标法第 47 条和第 47 条之二，我国台湾地区"商标法"第 60 条。

法性，在注册审查阶段，应当核准其注册，在无效阶段，则不应宣告其无效。如果将一个通过使用取得显著性的商标强行宣布无效，就是对既有的商标使用秩序的践踏，是对注册人辛苦经营建立起来的商业信用的无理剥夺，而社会并不会因此获得任何利益。明智的立法者绝不会做如此选择。实际上，最高人民法院在一个司法解释中已经明确，人民法院审查判断诉争商标是否属于通用名称，一般以提出商标注册申请时的事实状态为准。如果申请时不属于通用名称，但在核准注册时诉争商标已经成为通用名称的，仍应认定其属于本商品的通用名称；虽在申请时属于本商品的通用名称，但在核准注册时已经不是通用名称的，则不妨碍其取得注册。[1] 该解释虽然是针对通用名称规定的，但其精神可以适用于其他显著性发生变化的情况。以后修法时，可借鉴《欧共体商标条例》和英、德、意等国商标法的规定，在无效部分明确规定商标注册时缺乏显著性，但是，注册后经过使用已经取得显著性的，不得宣告该商标注册无效。修法之前，可通过司法解释，将我国《商标法》第 11 条第 2 款的规定类推适用于无效程序中。

值得注意的是，德国商标法对基于绝对事由请求宣布注册无效，是分几种情况加以规定的：第一，对于不符合商标构成要素的，无主体资格的，请求宣告无效没有时间的限制。第二，商标注册违反商标法第 8 条第（2）款第 1 项、第 2 项、第 3 项时，只有在无效请求在自注册之日起十年内提出时，才可以注销（基于无效的注销）其注册。第三，当商标注册违反商标法第 8 条第（2）款第 4－9 项时，可以依职权注销注册，但是，注销程序须于注册之日起两年内开始，而且需该注册的登记明显违反了明示的规定。在以上三种情况下，只有在对无效请求做出裁决时仍然存在驳回的理由，才可以注销其注册。[2] 按此规定，只有不符合商标构成要素和注册人缺乏主体资格两种情况，宣告注册无效才不受时间的限制。其他情况，包括涉及公共利益、公共政策的商标注册的无效，都有时间的限制。德国的规定提出了一个值得思考的问题：公共利益、公共政策以及社会公认的道德，难道就是一成不变的？

---

[1] 见《最高人民法院关于审理商标授权确权行政案件若干问题的意见》第 8 条。

[2] 参见：德国商标法第 50 条。该法第 8 条第（2）款第 1－3 项规定，缺乏与商品和服务相关的任何显著性的商标；仅由可以在贸易中表示商品的种类、质量、数量、用途、价值、地理来源、商品的生产日期或服务的提供日期，或者表示商品或服务的其他特征的标志或标记组成的商标；仅由在当前语言中或在真诚并已确立的商业习惯中成为指示商品或服务的惯用语的商标不应获准注册。第 4-9 项规定，具有欺骗公众性，尤其是关于商品或服务的性质、质量或地理来源的商标；违背公共政策和普遍接受的道德原则的商标；含有政府的徽章、旗帜或其他徽记，或含有地区、社团或国内其他公共团体的徽章的商标；根据联邦司法部在联邦公报上发布的包含国际政府间组织的徽章、旗帜或其他标志、印章或标记的商标，以及官方检验印记在内的表明控制和保证的商标；根据有关公共利益的其他规定，明显禁止使用的商标，不能获准注册。

例如，“黑五类”在“文革”中及其以后的一段时间内，是指作为专政对象的地富反坏右及其子女，属于政治性的贬义词，肯定不能作为商标注册，但是，现在成为一类健康食品的代名词，如果取得显著性，作为商标注册应无问题。裸体画像在20世纪80年代的我国还是禁忌，现在作为一种艺术已经被普遍接受，如果有人以裸体画像申请商标注册，一般来说应被接受。因此，对于这样的注册商标提出无效申请时，也应当以做出裁决时的事实状态为准进行判定。这就叫此一时彼一时也。因此，本书认为，以做出裁决时的事实状态为判定标准，应当是使商标法与时俱进，适应社会发展变化的一个原则，而不是例外。

（三）对无效申请人课以证明注册商标实际使用的义务

我国商标法没有要求提起无效申请的人提供据以提出无效申请的在先注册商标的使用证据。因此，从制度设计上说，就为那些注册大量商标而不投入商业使用，专门用于打无效官司，对后注册人敲竹杠的行为留下了可钻的空子。如前所述，商标的价值来自于使用，长期不使用的注册商标实际上已经死亡，法律不应再予以保护。因此，各国商标法都有注册商标连续不使用超过法定期间，任何人都可以申请注销其注册的规定。我国《商标法》第49条也规定，连续三年不使用，又无不使用的正当理由的注册商标，任何人都可以向商标局申请撤销该商标注册。按照体系化的要求，法律制度内部应当保持逻辑一致性和自洽，三年不使用撤销的规定应当在相关制度，如异议制度、撤销制度和侵权责任制度中得到贯彻。但是，我国2013年《商标法》没有在异议制度、无效制度和侵权责任制度的设计中，考虑与三年不使用撤销制度的协调，实为遗憾。[1]

《欧共体商标条例》和德国商标法明确赋予被申请无效的在后商标注册人可以要求申请人提供此前五年内实际使用注册商标的证据的权利。《欧共体商标条例》第56条规定，如果在先注册的共同体商标注册已过五年，应在后注册的商标所有人要求，在先注册的共同体商标所有人应提供证据证明，在提出无效申请之日前五年内，其据以提出无效申请的注册商标已经在共同体范围内真正投入使用，或者有不使用的正当理由。如果在后的共同体商标公告日在先共同体商标注册已过五年的，在先共同体商标所有人还应当提供证据证明，在该日在先共同体商标已经具备第43条第2款规定的条件（该款规定的条件是：在申请注册的共同体商标公告之前五年期间，在先的共同体商标已在共同体范围内真正使用于注册的及异议据以提出的商品或服务上，或证

---

[1] 详细的讨论请参阅张玉敏. 注册商标三年不使用撤销制度体系化解读［J］. 中国法学，2015（1）.

明有不使用的正当理由)。无上述证据的，无效申请应予驳回。按照该规定，只有在后共同体商标注册人提出要求时，在先共同体商标注册人才有义务提供在先注册商标真实使用的义务，即法律赋予在后共同体商标注册人抗辩权，而不是直接对在先共同体商标注册人课以证明责任。德国商标法第 55 条与《欧共体商标条例》第 56 条的规定完全一致。

英国商标法和我国台湾地区“商标法”则直接要求无效申请人应当提交注册商标的使用证据。英国商标法第 47 条规定，申请宣布注册商标无效，需满足商标使用要求，即如果在先商标注册已满五年，应当提交申请之日前五年内的使用证据，或有不使用的正当理由。按字面理解，英国商标法直接对申请宣告商标注册无效的人课以证明责任，即在先商标注册人提出无效申请时，必须提交据以提出无效申请的在先注册商标的使用证据，或者有不使用的正当理由的证明，如果不能提交，无效申请将被驳回。我国台湾地区“商标法”第 57 条规定：“以商标之注册违反第 30 条第 1 项第 10 款规定（相同或近似于他人同一或类似商品或服务之注册商标或申请在先之商标，有致相关消费者混淆误认之虞者不予核准注册。但经该注册商标或申请在先之商标所有人同意申请，且非显属不当者，不在此限)，向‘商标专责机关’申请评定，其据以评定商标之注册已满三年者，应检附于申请评定前三年有使用于据以主张商品或服务之证据，或其未使用有正当事由之事证。依前项规定提出之使用证据，应足以证明商标之真实使用，并符合一般商业交易习惯。”

英国和我国台湾地区的规定直接对无效申请人课以证明责任，而不是赋予在后商标注册人抗辩权。考虑到我国经营者运用法律保护自己合法权益的能力不强，我们认为，直接对提出无效申请的在先商标注册人课以证明责任，更符合我国目前的国情。

（四）商标注册无效的效力

对商标注册无效申请的裁定、判决有两种：一是裁定无效申请成立，在后注册无效；二是裁定无效申请不成立，驳回申请，维持在后注册。第二种情况又可分为，据以提出无效申请的在先权利不成立；据以提出无效申请的在先权利本身成立，但因为超过了法律规定的提出无效申请的期限而被驳回。第一种情况的法律后果商标法有明确的规定，当然学者有不同意见，可以讨论。第二种情况中据以提出无效申请的在先权利不成立，驳回无效申请即可，没有复杂的法律问题需要讨论。而据以提出无效申请的在先权利本身没有问题，只是因为其撤销权因五年期限届满而消灭被驳回的，问题就比较复杂。这里面又可分为两种情况，一种在先权利是注册商标专用权，另一种在先权利是其他合法权利如姓名权、著作权、外观设计专利权等。所以，无效裁决的效力需要分别不同情况加以讨论。

1. 无效申请成立，在后商标注册无效

根据我国2013年《商标法》第47条规定，商标注册被宣告无效后，该注册商标专用权视为自始即不存在。宣告注册商标无效的决定或者裁定，对宣告无效前法院做出并已执行的商标侵权案件的判决、裁定、调解书和工商行政管理部门做出并已执行的商标侵权案件的处理决定以及已经履行的商标转让或者使用许可合同不具有追溯力。因商标注册人的恶意给他人造成的损失，应当予以赔偿。依照前款规定不返还商标侵权赔偿金、商标转让费、商标使用费，明显违反公平原则的，应当全部或者部分返还。有学者对此提出批评，认为这样的规定虽然考虑了市场交易秩序、公平原则等因素，但是却忽略了民法中最基本的三种制度，即不当得利制度、侵权行为制度、合同制度的基本原理。如果以民法作为基础，处理专利无效的后果就简单得多。即在有合同约定的情况下，应当尊重合同自由原则，按照合同约定处理即可。原专利权人在没有合同约定情况下或者因为侵权诉讼或行政机关的处理决定而获取的利益，则应当作为不当得利返还给被许可人或者受让人、行为人。此外，如果因为原专利权人行使停止侵权行为的请求权而给相对人造成损失的，则专利无效后，原专利权人应当负担损害赔偿责任。[1] 该批评虽然是针对专利无效的规定的，但是，同样可以适用于商标法关于商标注册无效的规定。

查外国立法，德国的规定与我国的规定类似。德国商标法第52条是专门规定“由于撤销或无效的注销的效力”的。该条第（2）款规定：“当商标的注册由于任何程度的无效而被注销时，该注册的效力应被认为在此程度上自始无效。”该条第（3）款规定：“根据与部分由于商标所有人的故意或过失导致的损害赔偿有关的规定，或根据与不当得利有关的规定，对商标注册的注销不应当影响：1. 侵权诉讼中的一项裁决，已获得了终局裁决的效力，并且已先于注销请求裁决执行；2. 任何合同在关于注销的裁决做出之前达成，并在该裁决之前已经履行，然而，某种程度上由具体情况决定的并依据相关合同支付的价款，可以依据公平原则要求偿还。”但是多数国家的商标法仅明确商标注册被宣告无效后，商标权视为自始即不存在，而不对应当如何处理相关问题作具体规定。如日本商标法第46条之二规定：“商标注册的无效复审裁决确定时，商标权视为自始即不存在。”此外，对商标注册无效的法律后果再无其他规定。在这些国家，商标注册被宣告无效后，相关问题依照民法原理，特别是不当得利制度、合同制度和侵权责任制度的相关规定来处理。

我们认为，两种立法各有所长。我国的规定充分考虑了交易安全和效率

---

[1] 李杨. 重塑整体性知识产权法——以民法为核心［J］. 科技与法律，2006（3）.

的需要，且能兼顾公平，最主要的是便于执法人员操作，也不违反民法原理。在执法人员综合运用法律的能力较低的情况下，这是一种符合我国实际的立法选择。随着我国法官整体水平的大幅度提高，以后修法时，可借鉴其他国家的立法模式，商标法只规定商标注册被宣告无效后，该商标注册视为自始即不存在即可，不再具体规定商标注册无效的各种法律后果，而由法官根据民法原理和相关制度，处理注册无效后的各种法律问题。这样可使法律更具有灵活性，更能够适应各种复杂情况的需要。

2. 无效申请不成立，在后商标注册效力确定

这里分为两种情况。

第一种情况是，在先商标注册人没有在五年期限内提出无效申请，致其撤销权消灭，在后商标注册的效力得以确定。那么，在后注册商标的权利人是否可以禁止在先注册商标的使用和商标权的行使？进一步说，这时相同或者近似的在先注册商标和在后注册商标是什么关系？应当如何协调二者之间的关系，以防止消费者混淆，并维持良好的商标使用秩序？这是一个值得认真研究的问题。

首先，依照民法原理并参照他国立法例，在先商标权人的撤销权消灭后，在后注册商标的效力得以确定，可以在注册核定的商品和服务上继续使用自己的注册商标，行使自己的商标权，在先权利人不得干涉。但是，在后注册商标也不能反对在先注册商标的使用和其商标权的行使。[1] 因为在先注册商标的商标权并没有消灭，仍然有效存在，只是不能对抗该在后注册商标而已。

其次，五年期限届满后，在先商标权人也不能再对在后注册商标提起侵权诉讼。不能禁止在后注册人在注册指定的商标或服务上使用注册核准的商标。如果允许在先商标注册人在撤销权消灭后可以对在后注册商标提起侵权诉讼，那么，商标法关于撤销权五年期限的规定就毫无意义。从理论上说，在先商标权人的撤销权消灭后，在后商标注册的效力得以确定，此时，在后商标注册人在注册核准的范围内使用自己的注册商标，是合法行使商标权的行为，合法行使权利的行为不构成侵权行为。法国知识产权法就明确规定，在后注册商标的使用已被容忍五年的，除非该商标申请注册时具有恶意，对其不得提起侵权诉讼。[2]

最后，在两个注册商标都有效的情况下，应当如何协调两个相同或者近似的注册商标之间的关系呢？我们认为，在确定两个注册商标都有效的前提下，可以首先要求注册人协商解决如何防止混淆的问题。如果当事人协商不

---

[1] 参见：《欧共体商标条例》第 53 条，英国商标法第 48 条，德国商标法第 21 条。

[2] 参见：法国知识产权法典 L. 716-5 条。

成，则可参照我国2013年《商标法》第59条第3款，要求在后商标注册人附加适当的区别标识，防止消费者混淆。

第二种情况是，除商标注册人之外的其他在先权利人，[1] 因为没有在法律规定的五年期限内提出无效申请，其撤销权消灭。此时，商标注册效力确定，商标权人可以继续使用其注册商标，行使其商标权。但是，应当如何处理该商标权与在先权利的关系呢？或者说，在先权利人在撤销权消灭后，是否能够以注册商标侵犯自己的在先权利为由提起侵权诉讼呢？1996年刘继卣的继承人裴某、刘某诉山东景阳岗酒厂侵犯著作权一案就涉及这个问题。[2] 如前所述，当在先权利人的撤销权消灭后，商标注册的效力得以确定，商标权人在注册核准的范围内使用自己的商标，是合法行使商标权的行为，合法行使权利的行为不构成侵权行为。如果允许在先权利人在撤销权消灭后追究商标注册人的侵权责任，商标法撤销权五年期限的规定就毫无意义。所以，我们认为，在先权利人在撤销权消灭后再对商标权人提起侵权诉讼，法院不应支持。否则，就与法律规定在先权利人行使撤销权的五年期限的立法目的相抵触。

至于在先权利人撤销权消灭后，注册商标的使用是否需要向在先权利人支付使用费，值得讨论。我国现在没有承认取得时效制度，虽然侵犯他人在先权利的商标注册经过五年期限其效力得以确定，在先权利人不能禁止注册人行使自己的权利，但是，商标注册人商业性使用他人的知识产权却是没有合法根据的，依照民法公平原则，仍然应当支付对价。这和根据添附制度取得所有权的一方应当向对方支付相应对价是一个道理。撤销权五年期限的规定是为了使不稳定的法律关系（商标注册）稳定下来，以利于经营活动。但是，任何无合法根据给他人造成损害而取得之利益，均属不当得利，依法应当返还。因此，虽然权利人因撤销权消灭而不能禁止注册人使用其注册商标，但是，仍然可以要求注册人返还不当得利，签订许可使用合同。按照这一思路，刘继卣的继承人与景阳岗酒厂的侵权纠纷可做如下分析：景阳岗酒厂未经许可对刘继卣“武松打虎”组画第11幅进行修改并申请商标注册，已经远

---

[1] 我国《商标法》第45条规定的应受五年期限限制的在先权利包括第32条规定的“他人现有的在先权利”。

[2] 该案简要案情如下：1954年刘继卣创作了“武松打虎”组画。1980年景阳岗酒厂将组画中的第11幅修改后作为瓶贴和外包装装潢在其生产的景阳岗陈酿系列白酒酒瓶上使用。1989年11月景阳岗酒厂将其已经修改使用的刘继卣“武松打虎”组画中的第11幅申请商标注册获得批准。1983年刘继卣去世。1996年刘继卣的妻子裴某和女儿刘某起诉景阳岗酒厂侵犯其继承的刘继卣作品的使用权和获得报酬权，并主张保护刘继卣的署名权、修改权和作品完整权。景阳岗酒厂主张其使用行为获得刘继卣的同意，但不能提供直接证据。一审法院认定景阳岗酒厂的行为构成侵权，判决其停止侵权，赔礼道歉、消除影响，赔偿原告经济损失20万元，合理费用1万元。景阳岗酒厂不服上诉，并以诉讼时效期间届满抗辩。二审不认可时效抗辩，维持原判。详情见北京一中院（1997）一中知终字第14号判决书。

远超过了1993年《商标法》规定的一年的争议期，该商标注册的效力已经确定，景阳岗酒厂使用效力确定的注册商标属于合法行使权利，不构成侵权行为。法院可以责令景阳岗酒厂向刘继卣的继承人返还不当得利（但应受诉讼时效的限制），并引导双方协商，签订著作权许可使用合同。在明确商标注册效力确定，注册人的使用行为是合法行为，不构成对在先权利的侵权的前提下，双方当事人无论在法律上还是事实上，都处于平等的地位，在先权利人不能以侵权相威胁，这就为达成公平合理的使用费协议创造了条件。如果当事人协商不成，可以由法院裁决应当支付的使用费，当事人按法院确定的使用费使用即可。

我国已经有学者提出，应当承认知识产权财产使用权时效取得。[1] 如果该文的主张能够被立法接受，侵犯他人在先权利的注册商标通过长期使用，符合时效取得的所有要件，即可依时效取得所使用之知识产权使用权。如此，其继续使用他人的在先权利，就有了合法的根据，既不构成侵权，也不用再支付使用费。但是，无论按照时效取得的一般理论，还是作者的主张，时效取得的条件都比撤销权消灭的条件严格得多，因此实际适用的可能性比撤销权适用的可能性小得多。就我们所知，目前世界上还没有一个国家明确规定了知识产权的时效取得。但是，我们认为该问题仍有研究的必要，我们也主张我国应当承认取得时效制度。取得时效制度和撤销权制度各有自己的作用领域，不能互相替代。从解决实际问题出发考虑，目前应着力于撤销权制度的完善，例如商标法应当明确规定在先权利人的撤销权消灭后，在后商标注册人不能反对在先商标注册人使用其商标，行使其商标权；在先商标权人不能以在先权利为依据指控在后注册商标侵权。至于商标法是否要规定撤销权消灭后，商标注册人应向在先权利人返还不当得利，继续使用需支付使用费，则是一个可选择的问题。商标法可以明确规定，也可以不规定，由法官按照民法原理和相关制度处理。我们倾向于后者。

---

[1] 李雨峰．知识产权财产使用权的时效取得［J］．法学评论，2011（5）．

附件一：作者发表的相关论文

商标法基本原则论纲*

【摘要】商标法是私法，其调整的社会关系属于民事关系，民法的平等原则、意思自治原则、公平原则、诚实信用原则、公序良俗原则适用于商标法。文章运用民法原理和商标法基本理论，并借鉴欧、美、日本的立法例，对商标法修改中的争议问题进行了分析，给出了自己的解决方案。

【关键词】商标法修改　商标法基本原则

引言

在全国上下积极贯彻《国家知识产权战略纲要》的大背景下，《商标法》第三次修改已经列入国家的修法计划。商标法是规范市场竞争秩序，促进产业发展的重要法律。在这次修改中，总结我国《商标法》实施近三十年的经验教训，借鉴他国的经验，提升我国商标法的水平，使之适应市场经济发展和国际竞争的需要，是全国上下，特别是企业界和知识产权法学界的热切期望。《商标法》第三次修改自2003年启动以来，国家商标局开展了一系列调查研究，广泛征求社会各界意见，先后拟出了10多个征求意见稿，并多次召开专题研讨会。2009年年底提交的《商标法（修订稿）》（送审稿）（以下简称《修订送审稿》）主要围绕以下8个方面的思路展开：简化和完善商标确权程序；加大对商标专用权的保护力度和行政监管力度；加大对地理标志的保护力度；加强对商标代理行为的监管；为中外申请人提供更好的服务并达到国际先进水平；完善制止恶意注册；规范驰名、著名商标的认定和保护工作；完善商标与企业字号冲突问题的解决机

---

* 本文发表于《西南知识产权评论》（第一辑），知识产权出版社2010年出版，收入本书时做了一点修改。本文是国家社科基金重大招标项目“科学发展观统领下的知识产权战略实施研究”（批准号：07&ZD006）的中期成果。

制。❶ 这些问题都很重要，应当解决。但是，这些都是具体的问题，而修法过程中的许多争议问题所反映的，不是人们对这些具体问题缺乏应有的知识和理解，而是在商标法的属性和立法宗旨、基本原则这样一些带有根本性的问题上缺乏共识。法律是利益关系的调节器，在不同的立法政策和基本原则的指导之下，相同的问题会有不同的解决方案。如果立法政策和基本原则问题不能很好解决，具体问题便不可能获得合理的解决。因此，立法（修法）的首要任务，是确定立法所要达到的政策目标即立法宗旨，以及为了实现该政策目标所应贯彻的基本原则。

我们强调对基本原则的研究，是因为基本原则是法律的灵魂，立法宗旨要通过基本原则来贯彻，法律的执行需要基本原则的指导。商标法基本原则的作用主要体现在以下几个方面：（1）基本原则是立法的指导思想，对各项具体制度和法律规范起统帅作用，各项商标法律制度的设计在价值取向上必须与基本原则保持一致。（2）基本原则是执行法律、解释法律的准则。任何法律只有通过解释才能适用，法官和行政执法人员适用法律的过程也就是结合具体案件对法律进行解释的过程。公众主要不是通过法律文本，而是通过法律的执行来认识和了解法律的。基本原则是使法律适用的结果符合立法宗旨和公平正义要求的重要保证，法律的解释必须以基本原则为指导，解释的结果不能违反基本原则。（3）基本原则是弥补法律漏洞，发展学说和判例的基础。与商标有关的社会关系涉及面广，利益关系复杂，而且随着科技发展和经营方式的变化，新问题层出不穷，因此，法律存在漏洞是不足为奇的，甚至是不可避免的，绝对完备的法律是没有的。但是，法官不能以没有法律规定为理由拒绝处理纠纷。在遇到法律漏洞时，法官不能等待修改法律以后再处理纠纷，只能依据立法宗旨和基本原则，进行创造性的司法，公平合理地解决纠纷。这个事实决定了基本原则（或者说一般条款）的重要性。正是在立法宗旨和基本原则的指导之下，法官在能动的、创造性的司法过程中，法律的漏洞才能得到及时弥补。学界在对法律进行研究时，也应当以立法宗旨和基本原则为指导，只有这样，才能掌握法律的精神实质，正确地理解和运用法律。只有这样，才能使法律所追求的公平正义，在法律的执行过程中被真正地实践出来，而法律也在创造性司法和法学研究的推动之下，不断发展、完善。

我国自 1982 年颁布《商标法》以来，商标法的立法和理论研究取得了很大的成就，司法也积累了丰富的经验。但是，毋庸讳言，我国商标法的立法、执法和理论研究水平都还处在初级阶段，反映到商标保护实践中，一些案件的处理结果与公认的商业道德大相径庭，诚实经营者不能得到有效的保护，鸡鸣狗盗之辈的欺诈行径却屡屡得逞。出现这样的问题，商标法规定不完善固然是重要的原因，但是，对商标法的基本原则未进行深入研究和广泛宣传，执法人员对法律所追求的价值目标和基本原则缺乏深入的理解，导致机械执法，不能不说也是一个

---

❶ 李建昌. 贯彻落实《国家知识产权战略纲要》 大力推进商标战略实施 加快《商标法》第三次修改进程［J］. 知识产权，2010（1）.

重要的原因。例如，1993 年修订的《商标法》第 27 条就已经明确规定，以欺骗手段或者其他不正当手段取得注册的商标，商标局应撤销其注册，任何单位或者个人也可以请求商标评审委员会撤销该注册，但是，现实中抢注行为却愈演愈烈，而且一些明显的抢注行为还得到执法机关的支持，他们的理由就是“先申请原则”。在这些人看来，注册保护原则和先申请原则是我国商标法的基本原则，抢注商标是高水平的竞争术，什么商业道德，什么诚实信用，统统不在执法的考虑之列。❶ 这段历史再清楚不过地说明了研究、宣传商标法基本原则的重要意义。如果执法者对法律的立法宗旨和基本原则缺乏应有的认知和理解，再完善的法律也难以在执行中实践出其所追求的价值目标；反之，只要执法者具有较高的法律素养，对立法宗旨和基本原则有高度的认同和深入理解，即使法律不完善，也会在实践中给予弥补和完善，使法律的执行最大限度地维护社会公平和正义。鉴于我国目前的实际情况，笔者认为，强调对商标法立法宗旨和基本原则的研究、宣传，不但具有必要性，而且具有紧迫性。

基本原则是由法律所调整的社会关系的本质属性和立法者所追求的政策目标决定的。关于商标立法的政策目标即立法宗旨，修法过程中有过许多讨论。根据商标的功能作用和商标法的性质，商标法的立法宗旨可概括为保护商标权和消费者利益，维护市场竞争秩序，促进社会主义市场经济健康发展。商标法所调整的社会关系是平等主体之间关于商标的归属、利用、收益分配的利益关系，这种社会关系的性质属于民事关系。无论是商标法所调整的社会关系的性质，还是商标立法所追求的政策目标，都指引我们得出一个结论——民法的基本原则，包括平等原则、意思自治原则、公平原则、诚实信用原则和公序良俗原则，适用于商标法，应当作为商标法立法、执法和法学研究的指导思想和当事人从事与商标有关的民事活动的行为准则。

本文将结合此次修法中的一些争议问题，以商标法的立法宗旨为指导，就商标法的基本原则进行讨论。限于篇幅，这里的讨论是概括式的或者说是提纲式的，这是本文所以叫“论纲”的原因。

一、平等原则

《民法通则》第 3 条规定：“当事人在民事活动中的地位平等。”这是民事基本法对平等原则的确认和宣示。平等原则的基本含义是，任何民事主体在民事活动中都居于平等的法律地位，任何人都不能凭借其经济上或者其他方面的优势把自己的意志强加于人。任何民事主体都平等地享受权利，平等地负担义务，其合

---

❶ 如，在 2001 年 9 月西南政法大学知识产权研究中心举办的“全国商标法理论与实务研讨会”上，就抢注商标行为是否应受法律保护发生过激烈的争论。有知名学者认为先申请原则是我国商标法的基本原则，抢注之商标应当受到法律保护；他们甚至认为，商标法是技术性规范，没有诚实信用原则适用的余地。

法的民事权益受同等的法律保护。平等原则是民法调整的社会关系的本质和规律的最集中的反映。商标权的取得、行使、保护过程中所产生的社会关系属于民事法律关系，应当遵循平等原则的要求。

我国驰名商标保护所发生的问题，追根溯源，与在商标保护问题上没有很好地贯彻平等原则有关。商标的基本功能是识别，所谓保护商标，就是保护商标的识别功能，防止混淆，进而实现保护商标所有人的商业信誉，维护公平竞争和保护消费者利益的目的。所以，一个商标的显著性达到多大范围，换言之，在多大的范围内建立了信誉，就应当在多大范围内受到保护，与它是否取得驰名商标的身份没有关系，甚至与商标是否注册也没有关系。[1] 认定驰名商标是在发生纠纷时针对个案划定涉案商标保护范围的一种手段，其目的是确定涉案商标在争议范围内是否已经取得显著性，他人的使用是否可能造成混淆，是否侵占了涉案商标的信誉，而不是给驰名商标一种特权。而现在的驰名商标，俨然成为高于普通商标的特权阶层，什么"特殊保护""扩大保护"，就是对这种特权的公开确认和宣扬。再加上政府对获得驰名商标称号企业的奖励政策，使驰名商标认定问题上的不正之风愈演愈烈。在多种因素的综合作用之下，认定驰名商标被企业作为不正当竞争的一种手段，破坏公平竞争秩序，损害消费者利益。"三鹿"牛奶不是被合法认定而且知名度很高的驰名商标吗？这真是莫大的讽刺。

如果我们回到"混淆"标准来思考问题，那么，一件商标是否应当注册，注册以后是否应当撤销，或者一件商标的使用是否构成侵权，都应当以是否可能造成混淆为标准，而不因商标驰名与否而有所区别。实际上，驰名商标与驰名商标在显著性方面的差别也是巨大的，一个驰名商标的头衔并不能准确标示出其应受保护的范围。鉴于驰名商标在我国已经成为一种荣誉称号，带来一系列难以解决的问题，笔者赞成孔祥俊先生的意见，商标法应当取消关于驰名商标的规定，而代之以"为公众所熟知的商标"。取消驰名商标的规定，釜底抽薪，彻底消弭关于驰名商标的无谓争议，注册机关和司法机关即可将注意力集中于混淆标准的研讨，在统一的标准之下，对商标提供平等的保护。

二、意思自治原则

《民法通则》第 4 条规定："民事活动应当遵循自愿、公平、等价有偿、诚实信用的原则。"其中，自愿原则通常被表述为意思自治原则。意思自治原则是指民事主体依照自己的理性判断，自主参与民事活动，管理自己的事务，不受他人

---

[1] 国家工商行政管理总局商标局 2007 年 8 月《商标法修改征求意见稿》第 30 条规定，申请商标与他人在同一种或者类似商品上在先使用的商标相同或者近似，而申请人明知或者应当知道该他人商标存在的，不得注册。第 45 条、第 52 条、第 54 条规定，对违反第 30 条规定给予初步审定公告和注册的，在先商标所有人可以请求异议、撤销。2009 年 6 月送审稿坚持了同样的精神。我们很赞同这一规定。

特别是政府的非法干预。意思自治包括意志自由和自己责任两方面的内容。意志自由的内容如上所述。所谓自己责任是指任何有责任能力的人都要履行自己自愿承担和依法承担的义务，同时对因自己的过失给他人造成的损害承担责任。意思自治原则的预设前提是承认民事主体是自己利益的最佳判断者，因而排除他人特别是政府对私人事务的非法干预。

商标权是私权，有关商标的事务同样应当贯彻意思自治原则，是否使用商标；是否申请注册、续展；是否许可他人使用或者转让注册商标，以什么条件许可或者转让；是否对他人的注册申请提出异议；对侵权行为提起诉讼；等等；都应当由当事人自己决定，主管机关不能越俎代庖，政府的干预只能限于维护公共利益的需要。

我国的商标注册审查制度集中体现了主管部门越俎代庖的积极性：审查机关不但要对拒绝注册的绝对事项进行审查，而且要主动对拒绝注册的相对事由进行审查。该制度不但极大地增加了审查机关的工作量，而且被批评为“依职权介入或甚至挑起前后商标权人之纠纷”❶，违背了私法必须遵循的意思自治原则。此次修法过程中，虽有专家建议取消对相对事由的审查，❷ 但终未得到采纳。其理由当然是冠冕堂皇——维护商标注册的质量和保护商标权人的利益，因为中国的商标权人能力有限，让他们自己维护自己的权利不现实，而且可能造成商标秩序的混乱。其实，保留对相对事由的主动审查，审查员也只能对在先注册商标和在先商标注册申请进行对比审查，其他在先权利和在先使用的未注册商标等仍然无法纳入审查范围，而且，商标是否近似，商品是否类似，只有在市场中才能做出比较准确的判断。何况，在先权利人还可以通过异议、撤销程序维护自己的权利，即使由于疏忽，撤销权消灭，我们还可以通过赋予在先使用人先用权来平衡当事人的利益。另一方面，我们也可以通过强化对申请人的诚信要求和对恶意抢注行为的处罚，最大限度地减少抢注行为。所以，大可不必杞人忧天。实际上，欧盟已经进行了这方面的改革。《欧共体商标条例》第 8 条第 1 款、第 3 款、第 4 款、第 5 款都明确规定，相同或者近似商标的注册申请，经在先商标所有人的异议，才能“不予注册”。欧盟 27 个成员国中，英国、法国、德国等 14 个国家的商标法规定审查员不能主动对相对事由进行审查。我国商标年注册申请量已近百万件，申请案大量积压，审查机关面临巨大的压力，取消对相对事由的主动审查，将有关争议留给异议程序和撤销程序解决，可以大大提高审查效率，长远来看，也不会影响商标注册的质量。取消对相对事由的主动审查，将保护商标不被他人进行混淆性注册和抢注的事情交由商标所有人自己负责，符合商标权的私权属性和意思自治原则，避免“依职权介入或甚至挑起前后商标权人之纠纷”的尴尬，而且可以省去大量的无用功（1999 年核准注册的商标续展注册的不足 29%），节约行

---

❶❷　参见：汪泽. 相对理由审查取舍之辩［J］. 中华商标，2007（9）.

政资源。一举数得，何乐而不为？把私人的事情交给私人去做，不要担心他们做不好，他们会在游泳中学会游泳。不让他们下水，那就永远学不会。

2001年《商标法》第44条关于自行转让注册商标的，商标局有权撤销其注册商标的规定，是违反意思自治原则的又一典型条款。商标权作为私权，其转让合同的效力，取决于当事人意思表示是否真实合法，登记仅是商标权转移的条件，未登记在私法上的后果只能限于受让人不能取得商标权，而商标法却规定商标局得据以撤销注册商标。这不仅是对意思自治原则的违反，实际上已经构成对私权的侵犯。如果出于维护市场秩序和消费者利益的需要，可对自行转让注册商标引起混淆的当事人处以罚款，宣告该转让行为无效，而不能剥夺当事人依法取得的商标权。

由此可见，在商标法领域贯彻尊重私权，尊重意思自治的法治原则还任重道远。

自己责任主要体现为过错责任原则，即只有在行为人对损害的发生有过失的情况下，才对损害承担赔偿责任，美国、德国等国家的商标法对此都有明确的规定。❶ 而我国2001年《商标法》第52条第1款第（1）项的规定，从逻辑上解释，即使使用者无过失，商品在市场上互不见面，根本不可能发生混淆，使用者也要承担赔偿责任甚至行政责任。商标保护实践中确实存在这样的问题，如涉外定牌加工中的商标侵权问题。即使委托方的商标权是真实有效的，加工商品全部交付给委托方，完全不在国内市场销售，国内商标注册人却可以根据第52条第1款指控加工方侵权，这样的规定对我国加工贸易的发展十分不利。我国的司法实践中，对第52条第1款的解释是："凡'未经商标注册人许可，在同一种商品或者类似商品上使用与其注册商标相同或者近似的商标'的行为，皆构成侵权……这种侵权行为是以这种拟制性的推定为法律基础的。所谓拟制性推定，乃是不允许以反证推翻的推定，其实际效果与无过错责任并无二致。"❷ 请注意，这里所说的"构成侵权"，在没有区分构成侵权和承担损害赔偿责任的语境下，等同于侵犯商标权损害赔偿责任适用拟制性过错推定。孔祥俊先生在接下来的分析中，清楚地表明了这一观点。从法理上讲，过错责任原则是侵权法上基本的归责原则，无过错即无责任，是各国侵权责任法理论一致认可的。除非基于公共利益和政策考量，由法律明确规定对某些损害适用无过错责任。在无法律明确规定的情况下令无过错的当事人承担赔偿责任是违法的。在这个问题上，我国商标法和专利法的相关规定都大大高于TRIPS协定的要求，这与我国的国情是极不相称的。此次商标法修改应当按照TRIPS协定第45条的规定，将故意和重大过失侵犯商标权作

❶ 德国商标法第14条、第15条；美国商标法第32条。

❷ 孔祥俊. 商标与不正当竞争法——原理与判例 [M]. 北京：法律出版社，2009：172.

为承担赔偿责任的必要条件❶。

三、公平原则

公平、正义自古以来就是人们所追求的理想，我们社会主义法制也以公平、正义作为自己的价值目标。公平原则的核心是在社会成员之间公平地分配利益和损害，以实现社会的正义与和谐。公平原则是道德法律化的产物，具有授权法官进行能动司法，克服法律局限性的功能。商标法贯彻公平原则的首要任务是在相关当事人之间公平合理地分配与商标有关的权益，包括合理规定商标注册条件，划定商标权的保护范围，禁止商标权人滥用权利妨害竞争者的竞争自由等。确立科学的侵权判定标准和赔偿额的计算方法，则是对消极利益的分配，是商标法从责任的角度贯彻公平原则的主要手段。

（一）商标权益分配与公平原则

商标最基本的功能是识别，而商标只有在商业活动中使用才能发挥其识别功能，进而聚积经营者的商业信誉，法律才有必要给予保护。从这一点讲，使用取得商标权是最公平的。但是，由于商品交易的高度发达，交易规模和范围的日益扩大，交易日趋全球化，使用取得制度难以适应现代商品经济的要求，于是注册制度应运而生。注册制度是为了克服使用取得制度的缺陷，协调公平与效率的一种折中选择，较使用取得制度更能够适应现代商品经济对交易安全和效率的要求，也有利于注册人实施商标战略。但是，注册取得制度存在固有的缺陷，如易于诱发抢注和商标囤积行为，已使用的未注册商标不能得到合理保护，致使一些侵占他人商业利益的行为堂而皇之地合法化。如果我们把注册取得制度绝对化，这些缺陷在现实经济生活中就会恶性发展，一些人在商业利益的驱动下，就会利用注册取得制度的缺陷，践踏商业道德，侵占他人的商业信誉，破坏公平竞争。因此，抑制注册取得制度的消极作用，平衡注册和使用在商标保护中的关系，成为各国商标法立法、司法和理论研究的不懈追求。纵观商标保护制度的发展史，从某种意义上来说，就是注册保护与使用保护不断协调和平衡的历史。这种平衡以公平为价值目标，同时兼顾效率。从商标权取得的角度而言，主要是两个问题：一是不允许通过注册圈占公共资源，二是不允许通过注册侵占他人的市场利益。按照这个思路检视我国现行商标法，我们发现商标法在利益分配方面存在以下几个主要问题：

第一是注册条件的规定不尽合理。如商标法规定，县级以上行政区划的名称不得作为商标使用，按此规定，县级以下的地名就可以作为商标使用。但是，县

---

❶ TRIPS 协定第 45 条 1 项规定：对已知或有充分的理由应知自己从事之活动系侵权的行为人，司法当局应有权责令其向权利人支付足以弥补其因侵权所受损失的赔偿金。

级以下的地名也是一种公共资源，由个人独占使用是不公平的，除非该地名的知名度是由注册商标创造出来的。法律应当关注的是该地名做商标是否会产生个人垄断公共资源的问题，而不是地名的行政级别。

第二是忽视使用在商标注册和保护中的意义，为抢注、盲目注册和恶意异议、恶意撤销、恶意诉讼等大开方便之门。忽视使用在商标保护中的意义导致一系列消极后果，如诱发圈占商标资源的行为和盲目注册，有些人通过大量圈占公共资源，设立“商标银行”，待价而沽；导致注册申请量虚增，审查周期大大延长，严重影响企业经营活动的正常开展；大量不使用的商标充斥于注册簿，对后来的申请者造成极大的困难；注册人以根本未使用的商标为依据对在后注册商标滥施异议、撤销；以根本未使用的注册商标为武器，打击“侵权者”，获取不正当利益，扰乱市场秩序，等等。因此，主管机关将提高审查效率确定为此次商标法修改应着力解决的问题之一，并大量增加审查力量，突击清理积压申请案。我们认为，增加审查力量只是治标不治本的权宜之计，唯有釜底抽薪才是治本之道。釜底抽薪的办法，一是要求申请人在申请注册时声明对申请注册商标的真实使用意图，以此抑制抢注和盲目申请；二是强化对注册商标的使用要求，如果在法定期限（例如自注册之日起五年）内注册人没有提供商标使用的证据，也没有提供未使用的正当理由，商标局应依法注销该商标注册；三是对未使用的注册商标的权利加以限制，如不使用满法定期限的商标不能作为异议、撤销的依据，在侵权诉讼中不给予损害赔偿救济等。该规定可及时清除死亡商标，减少注册审查程序中对比商标的数量，提高审查效率，同时有效抑制恶意抢注和盲目注册，防止对商标资源的不当占有，方便诚实经营者对商标的使用和注册。❶

第三是没有规定先用权。商标法赋予在先使用的驰名商标和有一定影响的商标所有人以撤销权，明确宣示不允许通过抢先注册侵占他人的市场信誉，体现了公平原则的要求。但是，却没有赋予在先使用人先用权。如果由于种种原因在先使用人没有在五年内提出撤销在后注册商标的申请，撤销权消灭，在后注册确定有效。在后注册商标经过五年无争议的使用，已经在市场上产生了信誉，不允许在先使用人再撤销，符合公平原则的要求，在先使用人丧失撤销权也是咎由自取。但是，在先使用人是否可以继续使用自己的商标，其使用行为是否构成侵权，商标法对此没有做出明确的规定，理论研究对此也很少涉及。我们认为，对于在先使用人疏于行使撤销权的过失，令其承担“撤销权消灭”的不利后果足以起到教育和引导（积极申请注册）的作用，并恰当地平衡在先使用人和在后注册人之间的利益。如果进一步禁止在先使用人继续使用其商标，对在先使用人显得过于严苛，对注册人而言则有侵占他人市场信誉之嫌，有违公平原则。因此，承认在先使用人在撤销权消灭后仍然可以继续使用自己的商标，是一种符合公平原

❶ 详细论证请参阅张玉敏. 优化程序是提高商标确权效率的根本出路［J］. 政治与法律，2001（1）.

则和商业道德的选择。实际上许多国家的商标法都明确规定，在后注册商标不可争议之后，不能禁止在先使用商标继续使用。先用权本质上是一种抗辩权，即对抗在后注册商标权人的侵权指控的权利，应当赋予包括普通商标在内的所有商标在先使用人，而且不以注册人的恶意为条件。当然，在先使用人须以明显的标志与注册商标相区别，以防止混淆，维护消费者的利益。

第四是对驰名商标和其他在先权利的保护失衡。2001 年《商标法》第 41 条规定，对于侵害他人在先权利和利益的已注册商标，自商标注册之日起五年内，商标所有人或者利害关系人可以请求商标评审委员会撤销该注册商标，其中，对恶意注册的，驰名商标所有人的撤销权不受五年时间的限制。未注册的驰名商标是一种受法律保护的利益而非法定权利，法律给予不受时间限制的撤销权，而对于在先权利，如著作权、商标权、专利权、肖像权、名称权等，却未给予同等待遇，对于欺骗公众的地理标志商标注册，性质更为恶劣的代理人和代表人抢注，也未给予这样的待遇，这是不公平的。此次修改应当协调驰名商标和其他权利的保护水平，以示公平。同时，为了防止权利人放水养鱼，谋取不正当利益，应当引入权利失效原则。❶

第五是由于历史的原因，我国有些知名度很高的商标如张小泉剪刀、冠生园糕点、杜康酒等，曾经长期由不同地方的多个企业使用，按现行商标法，只能由一家注册，由此导致多家企业甚至多个地方争夺一个商标权的“战争”。在这种情况下，主管机关不管核准哪家注册，都是不公平的。建议此次修法借鉴美国的共同注册制度，❷ 完善我国商标法共同注册的规定，在各商家对标志的使用采取适当方式加以区别，使不会造成混淆、欺骗、误导的情况下，允许各家共同注册。

（二）责任分配与公平原则

在责任分配（或者说权利保护）方面，商标法最主要的问题是侵权判断标准问题。现行商标法采取的是商标标识近似+商品类似的标准。虽然在一般情况下该标准不会影响纠纷处理的公平，但是，由于其缺乏科学性，在有些情况下，就会导致纠纷处理结果的不公平。涉外定牌加工商标纠纷案件的困境就是一个已经引起广泛关注的明显例证。恶意抢注他人商标，进而通过恶意诉讼或以诉讼相威胁，获取所谓“赔偿”的问题也日益突出。按照现行标准，不管注册商标是否已经在商业活动中使用，是否在市场上发生了混淆，也不管原告是否有损失，被告都应当承担赔偿责任，而且，可以将被告所得利益计算为原告的损失，这是非常不公平的。TRIPS 协定规定的是混淆标准，许多国家的商标法也采用混淆标准。混淆标准与商标的功能相契合，能够保证各种情况下纠纷处理的公平性，因而是

---

❶ 关于商标法上权利失效原则的讨论，请参阅：张玉敏. 论商标法上的权利丧失原则［J］. 科技与法律，2003（4）. 该文收入：张玉敏. 走过法律［M］. 北京：法律出版社，2006.

❷ 参见：美国商标法第 2 条（d）。

科学的，建议此次修法采用混淆标准。

四、诚实信用原则

诚实信用原则被奉为民法的帝王规则，其内涵非常丰富。概而言之，诚实信用原则要求行为人在实施民事行为时要秉持诚实和善意的心态，善意地行使权利，善意地履行义务，尽其所能避免损害他人的权利和利益，非善意的行为不受法律保护。禁止权利滥用是诚实信用原则的反面规则。英美法上的“不洁之手”规则，法谚“欺诈毁灭一切”表达的都是这个意思。诚实信用原则和公平原则一样，是道德的法律化，其目的在于反对一切非善意的、不正当的行为，维护商品经济和市民社会的正常秩序和安全。如果说公平原则着眼于客观上和行为结果上的公平，那么，诚实信用原则则是通过对行为人主观心态的要求来谋求公平正义。《巴黎公约》第10条之二规定，凡在工商业活动中违反诚实经营的竞争行为即构成不正当竞争行为，成员国必须保证对各成员国国民提供取缔不正当竞争的有效保护。商标是市场竞争的工具，诚实信用原则在商标法上具有特别重要的意义，我国商标领域严重的抢注、恶意异议、恶意撤销、恶意诉讼等不正当竞争行为的猖獗也从反面说明了这个问题。《商标法》经过1993年和2001年的修改，在贯彻诚实信用原则方面有了很大的进步，此次修改稿更明确规定“申请注册和使用商标要遵循诚实信用原则”。在法律文本中将诚实信用原则确立为商标注册和使用的基本原则，意义重大。但是，基本原则需要在具体条文中加以贯彻。修改稿在这方面已经有所体现，但还不够具体，对违反诚信义务的行为处罚力度不足甚至没有处罚，难以有效贯彻诚实信用原则。我们认为需在以下方面进一步完善。

（一）注册申请程序与诚实信用原则

商标是企业信誉的载体，经营者视商标为企业的生命。抢注、傍名牌等不正当竞争行为不但侵占诚实经营者的市场利益，损害其信誉，而且欺骗消费者，严重破坏公平竞争的市场秩序，是市场经济肌体上的一颗毒瘤，其危害甚于侵权。一些国家的商标法明确规定商标注册申请人的诚信义务，对于违反者课以民事责任甚至刑事责任。如美国商标法要求商标注册申请必须经过申请人的认证并声明：①确信他或者他所代表的公司是该申请注册的商标的所有人；②据他所知并相信申请中陈述的事实是准确的；③该商标用于商业使用，或者意图使用；④据他所知并相信，没有其他人有权在商业中使用相同或者近似的商标。凡以口头的或书面的虚假的或者欺骗性的声明或陈述，或以任何虚假的手段，在专利商标局取得商标注册者，在受害人提出的民事诉讼中，负有对其因此蒙受的损害的赔偿责任。[1] 英国商标法规定，在商标注册簿中制造或使他人制造虚假条目者，如果

---

[1] 美国商标法第1051条、第1120条。

知道或有理由确信该条目是虚假的，其行为是违法行为，会受到监禁或者罚金或者二者并处的处罚。❶ 日本商标法规定，以欺诈行为进行商标注册、防御商标注册、续展注册、提出注册异议而受到决定或者审决者，处三年以下徒刑或 300 万日元以下罚款。法人的代表人、代理人、经理人等及其他从业者有该违法行为时，除对行为者处罚以外，对该法人课以罚金刑。❷ 从这些规定可以看出，这些国家的商标法对注册程序中申请人诚信义务的重视，对违反诚信义务者处罚之严厉。

治乱世用重典。我国商标抢注之风猖獗，商业道德被肆意践踏，必须采取严厉的措施打击抢注等恶意行为，维护商业道德和市场秩序。在这方面，发达国家的经验可资借鉴。建议修改稿明确规定，申请商标注册时，申请人应当在申请书件中声明其对申请注册商标的商业使用意图，并声明就其所知，该注册申请不侵犯他人的在先权利，如有虚假，愿赔偿因此给他人造成的损失。要求申请人在申请时做出上述声明，并规定违反者的法律责任，将诚实信用原则对申请人的要求具体化，是对申请人的警示，一些恶意申请行为可能就此打住。这样的规定并不额外增加申请人的负担。对于诚实的申请人而言，这是理所当然、顺理成章的事情，只不过需要履行一下手续而已。对于恶意申请人则是当头棒喝，恶意抢注的数量可能大幅度降低，既维护了诚信原则和竞争秩序，又可减轻审查机关的负担，促使商标制度良性运转。而这正是我们所追求的。其实，对申请注册商标的使用意图要求，在现行商标法上有明确的依据，1982 年《商标法》和以后的历次修订，都在第 4 条规定经营者对其生产、制造、加工、拣选或者经销的商品，需要取得商标专用权的，应当申请商标注册。遗憾的是，该规定从来没有被认真对待。

（二）异议、撤销程序与诚实信用原则

目前我国商标领域恶意异议、恶意请求撤销情况严重，且花样翻新、愈演愈烈。这些不正当竞争行为对诚实经营者的损害是巨大的，例如，注册申请被恶意异议后，核准注册的时间可能被迟延二至三年甚至更长的时间，注册申请人被拖入评审程序甚至诉讼程序需要花费大量的精力、时间和财力，更重要的是影响商标的宣传培育，无法实施商标战略，有些商业机会可能永远地消失了，其市场利益的损失无法估量。此类行为对诚实经营者的损害甚于侵权行为，须从多方面进行治理。

（1）关于异议人的资格。现行商标法对异议人的资格没有限制，这就为那些与初步审定公告的商标无任何利害关系的人恶意异议，利用申请人希望早日获得注册的心理敲诈勒索提供了可乘之机。从商标权的私权属性出发，根据相对条件

---

❶ 英国商标法第 94 条。

❷ 日本商标法第 79 条、第 82 条。

对注册提出异议的，必须是与该商标的注册有利害关系的人，即该商标注册可能会损害其合法利益的人。提出异议的根据既包括权利，也包括法律保护的利益。权利如著作权、商标权、专利权、姓名权、肖像权、名称权等，法律保护的利益如未注册驰名商标、商号、知名商品的特有名称、包装装潢、在先使用并有一定影响的未注册商标等。

值得讨论的是在先使用的普通商标是否能够作为异议的根据？按现行法的规定，普通未注册商标不能作为异议的根据。即使是在先使用并有一定影响的未注册商标，也只能在注册申请人系以不正当手段抢先申请注册的情况下才能作为异议的理由。这是值得商榷的。根据诚实信用原则，非善意的行为不受法律保护。申请商标注册是民事行为，申请人应秉持善意，避免损害他人的权利和正当利益。未注册商标是一种正当的利益，明知他人未注册商标的存在而故意抢先申请注册，既违反诚实信用原则，也不符合商业道德，应予禁止。因此，不论是有一定影响的商标，还是普通商标，只要申请人符合恶意抢注的条件，商标所有人都应当有权提出异议。可喜的是，“修订送审稿”对此已经做出了明确规定。但是，对原第 31 条关于在先使用并有一定影响的商标的规定却未作相应修改，这样就使普通未注册商标和有一定影响的商标的区分失去意义。普通未注册商标得据以异议的理由是注册人的恶意，如果注册人不是出于恶意，而是巧合，普通未注册商标不能因为申请注册的商标与自己使用的商标相同或者近似而阻止他人注册。有一定影响的在先使用商标得据以异议的理由是自己的知名度，由于其知名度，注册申请人知道或者应当知道该商标的存在，因此，异议人不需要证明申请人的恶意。2001 年《商标法》第 31 条关于“不正当手段”的规定实属多余，而且为有一定影响的商标维护自己的正当利益造成困难，应当删除。

（2）关于恶意抢注、恶意异议、恶意撤销的责任。2001 年《商标法》对恶意抢注者、恶意异议者、恶意撤销者没有规定相应的法律责任，其恶意行为即使不能得逞，也没有任何损失，违法成本几乎为零。而它给商标所有人和善意的申请人、注册人所造成的损失却是无法估量的，给商标制度和商标管理秩序所造成的损害丝毫不亚于侵权假冒。对于这种从根本上违反诚实信用原则、损害后果严重的恶意行为，我们的法律居然没有规定惩罚措施，令人不可思议。如上所述，欧、美、日本等国对此类行为不但要追究民事责任，而且还课以刑事责任，以维护诚信的商业道德和公平竞争秩序，他们的经验值得我们认真思考和借鉴。建议此次修法增加对恶意抢注、恶意异议、恶意撤销行为追究民事责任的规定，不但要追究法人等单位的责任，而且要追究单位负责人的个人责任。“罚单位 10 万，不如罚个人 1 万”，实行对组织和责任人个人双罚制，可以最有效地遏制恶意行为，维护竞争秩序，最有效地提升全社会的诚信水平。

（三）禁止混淆性使用与诚实信用原则

商号、知名商品特有名称、包装装潢等都是具有识别作用的商业标志，都应当受到法律的保护，禁止相互之间的抢注、假冒和混淆性使用。我国的商标司法保护和商标管理实践在这方面已经积累了较为丰富的经验，此次修法应当在注册申请的审查、异议和注册商标的撤销部分，做出相应的规定。虽然这个问题在性质上属于不正当竞争行为，理论上由反不正当竞争法规定更为顺理成章，但是，从法律适用的方便考虑，在商标法中规定更好。商标法在性质上本来就属于反不正当竞争法的组成部分，与商标有关的反不正当竞争问题在商标法中规定，也符合商标法的性质。实际上，商标法中许多规定，如未注册商标的保护，就其法律性质而言，都属于反不正当竞争的规则。不过在制度设计时应注意，不正当竞争行为以恶意为构成要件，如明知是他人知名商品的特有名称而抢注为商标，故意改变自己注册商标标识使与他人的注册商标发生混淆等行为，即属于应当禁止的不正当竞争行为。

（四）侵权责任与诚实信用原则

我国商标法采取填平原则，对故意侵权没有规定惩罚性赔偿，刑法以“情节严重”或者“数额较大”为构成犯罪的必要条件，这是导致对侵权行为打击不力的主要原因。对商标领域侵权行为危害性认识不足，是导致打击不力的又一重要原因。商标领域各种形式的侵权行为严重损害商标权人和消费者的利益，扰乱市场竞争秩序，是市场经济肌体上的一颗毒瘤，是导致我国优质品牌难以做大做强的重要原因，有百害而无一利。商标权的保护不仅涉及商标权人的利益，而且事关消费者利益和市场竞争秩序的维护，侵犯商标权不仅是对私权的侵犯，也是对社会公共利益的侵犯，必须坚决取缔，严厉打击。

它山之石，可以攻玉。让我们来看看发达国家如何保护商标权。由于商标权在维护公平竞争秩序和保护消费者利益方面的特殊功能，所以美、日等发达国家对故意侵犯商标权的行为莫不严厉禁止和打击，不仅将其作为侵权行为通过民事手段对商标权人给予充分救济，而且作为重罪通过刑罚给予严厉制裁。

如美国1984年商标假冒法（*Trademark Counterfeiting Act of* 1984）规定，对故意假冒注册商标者，注册商标所有人得请求3倍之损害赔偿和合理的律师费。商标所有人也可以选择法定赔偿，法定赔偿的标准是，销售的每一类商品上的每一种假冒商标不少于500美元，不超过10万美元，如果是故意的，则销售的每一类商品上的每一种假冒商标不超过100万美元。[1] 刑事方面，1984年商标假冒法规定：任何人故意交易或意图交易假冒之商品或服务，以及明知为假冒标章而使用于此等商品或服务，或与此等商品或服务相关联者，自然人处五年以下有期徒刑，课或并课25万美元以下之罚金；非自然人课100万美元以下之罚金。再犯者，自然人处十五年以下有期徒刑，课或并课100万美元以下之罚金，非自然人

---

[1] 曾陈明汝．商标法原理［M］．北京：中国政法大学出版社，2003：342.

课500万美元以下之罚金。就刑罚之严厉而言，该法堪称世界上对付假冒最严酷之刑罚。❶ 英国商标法对侵犯商标权的行为也在民事责任之外规定严厉的刑罚：故意侵犯他人注册商标权者，接受简易程序审判者，判处六个月以下监禁，或不超过法定最高额的罚金，或二者并处；如果根据指控被定罪时，要判处罚金或者不超过十年的监禁，或者二者并处。德国商标法规定，侵犯他人商标权和其他受保护之商业标志者，处三年以下监禁或罚金；行为人以营业方式做出侵权行为的，处五年以下监禁或处罚金；而且还特别规定试图进行这种犯罪行为的，应予处罚。法国知识产权法典规定，侵犯他人注册商标权或者违法使用注册商标，如无正当理由持有明知带有侵权商标的商品、故意销售或者进出口带有侵权商标的商品或者服务、故意提供与其注册商标指定的商品或者服务不符的商品或者服务的，处两年监禁和100万法郎的罚金。法院可以裁定参与实施犯罪的企业，全部或者部分、最终或者临时停业，但期限不得超过五年。累犯或者违法行为人与受害人有或有过协议的，加倍处罚。此外，法院还可以在不超过五年的期限内，剥夺罪犯对商事法庭、工商会、职业公会以及劳资调解委员会的选举权和被选举权。日本商标法规定，侵害商标权或专有使用权者，构成侵害罪，处五年以下徒刑和500万日元以下的罚金。法人的代表者，或法人与自然人的代理人、经理人及其他从业者，在与该法人或与该自然人业务有关的事务上侵犯商标权或专有使用权的，除处罚行为人外，对该法人课以500万日元以下的罚金刑，对该自然人课以一亿五千万日元以下的罚金刑。❷

这些发达国家对商标权的保护可谓严格、周全。特别是以下制度，颇值得我们认真研究、借鉴：一是对假冒他人注册商标的行为可判决给予权利人3倍赔偿，以克服权利人赢了官司输了钱的弊端，鼓励权利人积极与侵权行为做斗争；二是刑罚的适用不以“情节严重”“数额较大”“数额巨大”等为条件，而注重行为人主观恶性的考察，使刑罚的适用迅速有效，充分发挥刑法在保护商标权、维护商业道德中的强大威慑作用；三是重视罚金刑的适用，特别是日本对行为人和雇主实行双罚制度，用经济制裁的方式，促使雇主和雇员从切身利益考虑拒绝侵权行为；四是资格刑，法国知识产权法典规定，对于侵犯商标权构成犯罪的，法院可以在不超过五年的期限内，剥夺罪犯对商事法庭、工商会、职业公会以及劳资调解委员会的选举权和被选举权。这等于宣布犯罪行为人人格上的不名誉和商誉的丧失，使其难以再从事经营活动，因而具有强大的教育和威慑作用。

---

❶ 曾陈明汝. 商标法原理［M］. 北京：中国政法大学出版社，2003：340.

❷ 参见：美国商标法第35条，英国商标法第92条，德国商标法第143条，法国知识产权法典第716-9、716-10、716-11、716-11-1、716-12条，日本商标法第78条、第82条，澳大利亚商标法第145－150条。以上法律中文译文载《中华人民共和国商标法律法规最新汇编（1994－1998）》，工商出版社1999年版。

五、公序良俗原则

公序良俗原则的基本含义是，民事活动不得违反公共秩序和善良风俗。公序良俗是指国家和社会存在与发展所必需的一般秩序，包括法律秩序和法律秩序背后的原则与理念。善良风俗指的是国家和社会存在与发展所必需的一般伦理道德。《民法通则》第 7 条中规定："民事活动应当尊重社会公德，不得损害社会公共利益。"该规定是我国民事基本法对公序良俗原则的中国式表达。公序良俗原则的作用在于弥补法律禁止性规定的疏漏。"法不禁止即自由"是私法的原则，但是，任何立法都不可能预见所有损害国家利益、公共利益和道德秩序的行为而逐一做出禁止性规定。如果放任这些法无明文禁止的行为并肯定其效力，则会损害社会公共利益，扰乱公共秩序，败坏伦常道德，与建设法治国家的目标背道而驰。公序良俗原则为社会成员提供行为指引，为法官提供裁判依据。在遇有实质上损害国家利益、社会公共利益和伦常道德的行为而法律又没有相应的禁止性规定时，法官可直接适用公序良俗原则处理纠纷，以维护公共秩序和善良风俗。

公序良俗原则和公平原则、诚实信用原则一起，构成对意思自治原则的限制。

2001 年《商标法》第 10 条第 1 款关于不能作为商标使用的标志的 8 项规定，就是公序良俗原则的直接体现。此外，在商标的选择、使用、宣传、保护以及处理与商号、其他商业标志的关系等问题上，都应当遵循公序良俗原则，破坏公共秩序和善良风俗的行为不受法律保护，给他人造成损失的，还应当承担赔偿损失的责任。

以上我们主要针对商标法的修改，就商标法的基本原则和法律文本应当如何贯彻基本原则进行了概括式的讨论，以期新的商标法能够最大限度地贯彻和体现立法宗旨和基本原则，成为一部理念先进、立法技术先进、逻辑严密而又简明适用的法律。但是，徒法不足以自行，再好的法律，如果没有好的执法队伍加以贯彻执行，也不过是一纸具文，更何况任何法律也不可能穷尽现实生活中所有的情况，不可能真正完备。因此，现实中层出不穷、花样翻新的不正当竞争行为，有赖于司法机关和行政执法机关本着商标法的立法宗旨和基本原则，创造性地适用法律去解决；商标法所追求的公平正义的价值理念，有赖于执法者在商标确权和纠纷解决过程中实践出来，发扬光大；商标法的不断完善，有赖于同仁诸君从理论研究和实务等各方面的不懈努力。

路漫漫其修远兮，让我们共同求索。

注册商标三年不使用撤销制度体系化解读*

【摘要】 注册商标三年不使用撤销制度是商标法上的一项重要制度，其理论依据是，由商标的识别功能所决定，只有在商业活动中真实使用的商标才是法律所要保护的商标，长期不使用的注册商标已经失效，法律不应再提供保护。该制度休现了商标保护的理念，符合商标沃的立法目的。按照体系化的要求，商标法的相关制度应当与该制度保持理论和逻辑上的一致性，而新商标法并没有做到这一点。建议通过司法解释和指导判例，确认异议程序中的被异议人、无效程序中的被申请人、侵权诉讼程序中的被控侵权人的不使用抗辩权，如果抗辩成功，应驳回异议申请和无效申请，以及侵权诉讼原告的诉讼请求。

【关键词】 三年不使用撤销　商标注册异议　商标注册无效　商标侵权责任

2013年8月30日通过的《商标法》的一个重要亮点，就是提高了使用在商标保护中的地位和作用。如第一次在商标法中专条规定了什么是商标法上的商标使用；重申无正当理由连续三年不使用注册商标的，任何单位或者个人可以申请撤销该注册商标；赋予商标在先使用人先用权；赋予普通在先使用人对于恶意抢注的异议权和撤销权等。这是我国商标法此次修改取得的重要成就，值得肯定。但是，新《商标法》对使用在商标保护中的地位和作用仍然认识不足，重视不够，仅就注册商标连续三年不使用撤销制度而言，则表现为该制度本身的不完善以及该制度与异议制度、商标注册无效制度和侵权救济制度之间缺乏协调和逻辑一致性。究其原因，笔者以为主要在于商标法的制度设计未能从体系化的高度进行整体性思考，并运用体系化思维对各项具体制度与商标法的基础理论和基本原则是否相符，以及各项制度之间是否协调一致进行检验。理论研究的不足，也是一个重要原因。

体系化是任何一个部门法制度设计的基本要求，也是构建法学理论体系包括部门法学理论体系的基本要求。艾斯勒（Eisler）在《哲学词典》中把体系定义为："把既存之各色各样的知识或概念，依据一个统一的原则安放在一个经由枝

---

* 本文发表于《中国法学》2015年第01期。

分并且在逻辑上互相关联在一起的理论框架中。”❶ 而“取向于目的、设定所期功能，将知识或事务根据其存在上之关系、作用组织起来的方法，便是体系化。”❷“被当作法学研究方法的‘体系化’是完整的科学意义上的体系化，强调整体性，也强调科学性。”❸ 正是由于体系化方法的整体性、科学性，所以，“人类力求将公平正义以可靠而且可以理解的方法实现在人间的努力，已促使法律学采用体系思维向体系化的方向运动。”❹ 体系化作为法学研究的一种方法，不仅反映了人们探索法律正当性，追求法律至善的愿望，也是保障法律合理性的手段。人们可以通过考察概念、原则之间是否和谐，立法和司法活动与法的概念、原则是否和谐，对现实的法律秩序进行评价，推动其不断改进和完善。

本文以注册商标三年不使用撤销制度为研究对象，采用体系化的研究方法，对该制度的立法目的、理论基础、功能、效力等进行讨论，探讨该制度与异议、注册无效、侵权责任制度之间是否应当以及如何保持逻辑上的一致性，实现商标法各项制度之间的协调与自洽，并在此基础上提出完善相关制度的建议，希冀对商标法的理论研究有所贡献，对新商标法的实施有所裨益。

一、注册商标三年不使用撤销制度的理论基础

注册商标连续三年未在注册指定的商品或服务上使用，又没有不使用的正当理由的，任何人都可以申请撤销该商标注册，但提出撤销申请前注册人已经开始或恢复使用的除外。这项制度被称为注册商标连续三年不使用撤销制度，简称三年不使用撤销制度。三年不使用撤销制度是商标法的一项重要制度，体现了商标法保护商标真实的商业使用的理念和维护市场竞争秩序，促进社会主义市场经济健康发展的立法目的，对于构建逻辑一致、和谐自洽的商标法律制度具有重要意义。但是，我国商标法理论研究对这一问题很少关注。笔者检索到与三年不使用撤销制度有关的研究论文 24 篇，硕士论文 7 篇。这些论文都是对该制度本身的研究，如商标使用的认定、三年期限的计算等，尚未见专门研究该制度的理论基础以及该制度与商标法其他制度协调的文章。这些研究成果中，较有代表性的是李扬教授的《注册商标不使用撤销制度中的“商标使用”界定——中国日本相关立法、司法之比较》（载《法学》2009 年第 10 期）。此外，孔祥俊先生的专著《商标与不正当竞争法——原理与判例》（法律出版社 2009 年版），周云川法官的专著《商标授权、确权诉讼——规则与判例》（法律出版社 2014 年版）都对三年不使用撤销制度有较深入的讨论，但都未涉及该制度与相关制度的协调问题。而要讨论该制度与相关制度的协调问题，必须先证立三年不使用撤销制度本身的科学

❶ 转引自：黄茂荣. 法学方法论与现代民法［M］. 北京：中国政法大学出版社，2011：427.
❷ 黄茂荣. 法学方法论与现代民法［M］. 北京：中国政法大学出版社，2011：458.
❸ 李琛. 知识产权法的体系化［M］. 北京：北京大学出版社，2005：6.
❹ 李琛. 知识产权法的体系化［M］. 北京：北京大学出版社，2005：406.

性、合理性。

注册商标连续不使用满法定期间，任何人得申请撤销，是各国商标法都采用的一项制度，❶ TRIPS 协定也予以承认。❷ 这说明，该项制度必有其被普遍认可的理论基础。笔者认为，以下几点是支撑该制度的主要理论依据：一是由商标的基本功能决定的使用在商标保护中的基础作用；二是权利失效理论；三是维护市场竞争秩序的需要。

（一）使用是商标功能发挥和价值取得的基础

商标的基本功能是识别，即将经营者提供的商品或服务与其他经营者的商品或服务相区别。商标的其他功能，如广告宣传功能、质量担保功能以及符号表彰功能，都是在识别功能的基础上派生出来的，而且只有在商标的识别功能能够正常发挥的市场条件下，商标的派生功能才可能发挥作用。因此，商标注册的基本条件是必须具备识别性或显著性。保护商标权的实质就是保护注册商标的识别功能不受损害，并通过保护商标的识别功能间接保护消费者的利益，即保护消费者免受混淆、误认之害。而商标的识别功能是通过实际使用产生，并通过实际使用逐步强化的，即使具有固有显著性的注册商标，在未投入商业使用之前，商标与商品（服务）的联系也无由产生，商标的识别功能也无从发挥，因此也不是法律所要保护的真正意义上的商标。只有通过商业使用，才可能使消费者将一个标志与使用该标志的商品（服务）的提供者联系起来，也只有在这时，该标志才成为真正意义上的商标。即使是具有固有显著性的臆造商标，“在作为商标注册或者使用之初，也不可能立即被消费者认同为商标。商标的显著性，也就是标示商品出处的作用，只有通过附着有商标的商品行销于市或广告宣传等手段才能真正实现。从这个意义上讲，商标的显著性只可能是获得显著性，而无所谓固有显著性。”❸ 所谓固有显著性，“并非真正意义上的显著性，毋宁说，固有显著性是商标获得显著性的有利条件。”❹ 刘春田教授更是直言不讳：“那种只是作为商标注册，事实上未使用过的，不应算作是商标，更谈不上商标权。……实体商标权是由实际使用产生，而非注册产生。”❺ 简言之，商标最基本的功能是识别，而商标的识别功能只能通过商业性使用产生，并通过商业性使用不断强化。

商标的显著性是一个动态过程，可以从无到有，由弱变强，也可以从有到无，由强变弱。如果一个商标在注册之后长期不使用，其显著性无由产生，识别功能也无从发挥，法律没有必要给予保护。注册商标虽然曾经使用过，甚至取得

---

❶ 各国立法的区别仅在于对法定期间的规定有差异，即一部分国家规定为三年，一部分国家规定为五年。以下在泛指各国的该项制度时，用“注册商标长期不使用撤销制度”。

❷ 见 TRIPS 协定第 19 条。

❸❹ 彭学龙. 商标显著性新探［J］. 法律科学，2006（2）.

❺ 刘春田. 商标与商标权辨析［J］. 知识产权，1998（1）.

较高的知名度，但如果长时间停止使用，已经产生的显著性也会随着时间的推移逐渐淡化，失去商业价值，对这样的注册商标，法律也没有继续给予保护的必要。《兰哈姆法》第45条规定长期（三年）不使用的商标视为放弃。美国第二巡回上诉法院在“银人”一案的判决中对该规定做出如下解释：“国会的意图是，当一件商标持续不使用，并且在合理的可预见的未来没有恢复使用的意图，该商标就被视为放弃。这一标准足以保护商标所有人，使他们不至于因为暂时不能连续使用而丧失商标。同时它也防止了对商标的囤积，因为这妨碍商业和竞争。”❶

总之，商业性使用是商标功能赖以发挥和强化的基本条件，因而是商标受法律保护最重要、最基本的实质条件。商标通过商业性使用，在市场上建立信誉和顾客吸引力，不断累积和提高其市场价值，使保护商标的正当性在“识别功能”之外，又增加了“财产性”这一强有力的理由。反之，未在市场上投入使用的注册商标，既无从产生识别性，更不可能产生市场价值，缺乏法律保护的正当性基础。对这样的商标提供法律保护不但没有必要，而且妨碍商业和竞争。从实质意义上讲，未在商业活动中使用的商标并不是商标法所要保护的商标，充其量不过是一个符号或符号的组合，如果其设计具备独创性，可以作为作品受著作权法保护，但不能成为商标法保护的商标。

基于商业使用在商标保护中的重要意义，使用取得商标权的制度才是最合理、最公平的。但是，在贸易全球化的背景之下，注册取得制度比使用取得制度在效率、交易安全和可操作性等方面具有比较优势，因而成为一种被普遍采用的制度。但是，由于注册取得制度将商标权的取得系于注册，与商标在市场上发挥识别作用和产生市场价值的实际过程不相符合，因而存在固有缺陷，如容易诱发抢注、囤积商标、利用未实际使用的注册商标打击诚实的商标使用人等问题。因此，各国商标立法都通过制度设计努力克服注册取得制度的消极作用，其路径无非是基于使用在商标保护中的基础性地位，强化对注册商标的使用要求，同时加强对实际使用的未注册商标的保护。三年（有的国家规定为五年）不使用撤销制度就是克服注册取得制度消极作用的制度之一。

（二）权利失效理论的借鉴

权利失效是限制权利人滥用权利的一项理论创造，其依据是诚实信用原则。由于诚实信用是整个法律体系的基本原则，故对整个法律领域，无论私法、公法、诉讼法，以及所有权利，无论请求权、形成权、抗辩权，均有适用余地。就笔者的知识范围可知，德国、日本以及我国台湾地区，均承认权利失效理论并有相应判例。在德国，权利失效称为“失权”。英美法上依禁反言之权利放弃，亦具有相通之法理。德国不但权利失效理论研究成果丰富，最高法院适用权利失效

---

❶ Silverman v. CBS Inc., 870 F. 2d 40 (2d Cir. 1989)，转引自：李明德. 美国知识产权法［M］. 2版. 北京：法律出版社，2014：514.

理论的案例也很多，民法、劳工法、诉讼法上都有适用。德国很早就在商标法上确立了权利失效原则，“依德国最高法院之见解，商标权利人未行使权利，而其他未登记之商标已长期流通，因信赖关系成立一种具有价值之占有状态时，商标权人即不得对之提出异议。”❶ 王泽鉴先生认为，构成权利失效应具备以下条件：必须有权利在相当期间内不行使之事实，并有特殊情况，足使义务人正当信任权利人已不欲其履行义务，致权利再行使有违诚信原则。❷ 依德国民法理论，权利失效须具备以下要件：（1）权利人的不作为必须给他人造成了将来也不会再行使该权利的印象；（2）对方应受到特别保护，即对方感受到了权利人制造的表象，并基于信赖把这种表象作为自身行为的出发点（进行了信赖投资），权利人后来行使权利，会给相对人造成比及时行使权利更严重的损害。❸ “权利失效的后果不仅仅是某个特定的行使不被允许，因为它滥用了，而是原则上从这时起，这个权利的任何行使都是不被允许的。这也就是说，权利失效，权利就不存在了。”❹

总而言之，权利失效是根据诚实信用原则，通过司法判例创造的一种理论，为在诉讼时效和除斥期间制度之外，从时间方面限制权利人滥用权利提供了一种理论支持。但是，注册商标三年不使用撤销的条件与权利失效的条件并不完全一致，二者的主要差异在于，首先，权利失效的期限是长短不同的，需要根据具体情况判断确定，有其灵活性；而注册商标三年不使用撤销制度的期间是法定的，是立法者根据商标领域的一般情况，在平衡注册人和使用人双方利益的基础上确定的。其次，权利失效的适用完全由法官自由裁量，在法律没有具体规定的情况下宣布一项权利失效，因此其构成要件是严格的；而注册商标三年不使用撤销是一项法律明文规定的制度，其条件明确。尽管有这些差别，权利失效理论所表达的核心理念——长期不行使的权利法律没有必要给予保护——仍然可以帮助我们证立注册商标长期不使用撤销制度的合理性，帮助我们理解该制度的立法目的和法律效果。注册人长期不使用注册商标，是一种权利不行使的行为，这种行为会被其他经营者认为商标权人可能已经放弃了该注册商标，❺ 并因而进行使用，甚至扩大生产规模，投入广告宣传，逐步在市场上形成自己的商誉。而商标注册人在长期不使用之后又出来主张商标权，向使用人索取赔偿的行为则有“放水养鱼”“下山摘桃”之嫌，有违诚信原则，难谓正当。如果给予保护，对商标使用人造成的损害将远远大于其及时行使权利时的损害。因此，商标法特设注册商标

---

❶ 参见：王泽鉴. 权利失效［G］//王泽鉴. 民法学说与判例研究（一），台北：三民书局，1996：341.

❷ 王泽鉴. 权利失效［G］//王泽鉴. 民法学说与判例研究（一），台北：三民书局，1996：339.

❸ 参见：迪特尔·梅迪库斯. 德国民法总论［M］. 邵建东，译. 北京：法律出版社，2000：115-117.

❹ 卡尔·拉伦茨. 德国民法通论（上册）［M］. 王晓晔，等，译. 北京：法律出版社，2003：311.

❺ 美国商标法明确规定，三年不使用推定为放弃。见美国商标法第 45 条。

三年不使用撤销制度，向商标使用人提供一种救济手段，使其可以通过申请撤销注册商标，来对抗权利滥用行为，保护自己免于承担侵权责任，使自己的商标使用行为合法化。而这有利于市场竞争和商业发展。

（三）维护竞争秩序的需要

商标与技术发明和作品不同，技术发明和作品作为创造性成果，其本身即具有价值，因此，当其获得专利权、著作权之后，即使不使用，也不影响权利的有效性。而商标的价值来源于商业性使用，离开商业性使用，商标无从产生识别作用，更无从产生商业价值。注册商标长期不使用，实际上已经死亡，理应清除出注册簿。允许这样的商标继续存在于注册簿并给予保护，不但是对宝贵的商标资源的浪费，妨害诚实经营者选择和使用商标，而且会诱发抢注等不正当竞争行为，对市场竞争秩序有害无益。实践中，有些商标注册后由于种种原因长期不使用，既浪费了商标资源，又妨害其他经营者申请商标注册。更有甚者，有些人注册大量商标而根本不打算使用，他们注册商标的目的只是为了打侵权官司，或者利用异议、无效宣告程序对注册申请人和在后注册人进行敲诈，从而获取不义之财。这些行为败坏了诚实的商业道德，妨害他人的经营自由，破坏竞争秩序。注册商标三年不使用撤销制度可以在一定程度上抑制注而不用，遏制滥用注册商标专用权谋取不正当利益的行为，维护竞争秩序。从这个意义上说，注册商标三年不使用撤销制度不但是合理的，而且是维护公平竞争的市场秩序所必需的。而维护市场竞争秩序是商标法重要的立法目的之一。这可能是各国商标法均采纳注册商标长期不使用撤销制度的原因。

综上所述，注册商标三年不使用撤销制度有充分的理论依据，符合商标法的立法目的，不但是合理的，而且是必要的。按照体系化的要求，该制度的机理应当在相关制度中得到体现，以实现相关制度之间的和谐和逻辑一致性，共同为实现商标法的立法目的和价值目标服务。

注册商标连续不使用多长时间才可以撤销，各国规定不一。TRIPS 协定要求不能少于三年。我国、美国、俄罗斯、日本等国家和我国台湾地区规定为三年，英国、法国、德国、意大利等国家和《欧共体商标条例》规定为五年。[1] 随着传播技术日新月异的迅猛发展和商业模式推陈出新速度的加快，一个商标在市场上可以很快为相关公众所熟知，也可能很快被消费者遗忘，因此，我认为三年期限比五年期限更为合理。

二、三年不使用注册商标的法律性质

连续三年不使用的注册商标，在商标法上处于何种法律状态？对这个问题的

---

[1] 见 TRIPS 协定第 19 条，美国商标法第 45 条，日本商标法第 50 条，俄罗斯商标、服务标记和原产地名称法第 22 条，我国台湾地区“商标法”第 63 条，法国商标法第 714-5 条，英国商标法第 46 条，德国商标法第 49 条，意大利商标法第 42 条，《欧共体商标条例》第 50 条。

认识，直接影响该制度本身以及相关制度的设计。我国商标法从程序的角度规定连续三年不使用的注册商标可以撤销，并没有指出撤销的理由或者说该种注册商标的法律性质。美国商标法规定连续三年不使用视为放弃商标权；法国商标法规定注册商标连续五年不使用即丧失商标权（失权），而且特别明确指出权利从不使用期限届满时丧失，具有绝对效力；俄罗斯则规定为权利“提前终止”；德国商标法规定连续五年未使用的注册商标所有人无权对第三方提出任何侵权救济请求。❶ 尽管用词不同，但这些国家的立法所表达的该种注册商标的法律状态在实质上是一样的，即连续不使用满法定期间的注册商标，法律不再保护。正因为连续不使用满法定期间的商标注册在法律上被认为已经“失效”或“视为放弃”，所以，任何人都可以向主管机关申请撤销该商标注册。换言之，连续不使用满法定期间的商标注册，不是因为经过撤销程序才效力终止，而是法律认为这样的注册商标已经失效或者视为已经被权利人放弃，撤销程序不过是对这种法律状态的确认。

从理论上说明三年不使用注册商标的法律性质，这一点对我国三年不使用撤销制度以及与之相关制度的设计有重要意义。如果我们认可三年不使用的注册商标权利已经失效，那么，异议程序中的注册申请人，无效程序中的在后商标注册人，可以要求异议人、无效申请人提供据以提出异议和无效申请的注册商标在异议、无效申请前三年的使用证据，换言之，可以注册商标三年不使用进行抗辩，而主管机关和人民法院如果确认该事实，则应驳回异议申请和无效申请。在侵权诉讼中，被控侵权人可以作为侵权对象的注册商标三年不使用进行抗辩（以下简称“不使用抗辩”），法院如果确认该事实，则应驳回诉讼请求，拒绝给予救济。因为这样的商标虽然仍然记载于注册簿，没有被通过法定程序撤销，但是，其商标权已经失效，不再受法律保护。当事人提起不使用抗辩，虽然不能等同于撤销申请，但是，在涉案纠纷的审理中可以发挥对抗原告请求权的效力。

但是，事实上已经失效与经过撤销程序对这种事实状态依法予以确认毕竟有所不同。首先，经过撤销程序依法撤销的商标注册其效力确定消灭，不可能再复活。而事实上已经失效但尚未依法撤销的注册商标，其失效不是终局的、确定的，如果商标注册人诚实地恢复使用，其效力则可以因商业使用而复活。如德国商标法第 49 条规定，如果在五年期限届满后撤销请求提出前，商标已经开始使用或者恢复使用，任何人都不得主张撤销该商标。英国、法国、日本、意大利、加

---

❶ 法国商标法第 714-5 条规定，无正当理由连续五年没有在注册指定的商品或服务上实际使用商标时，其所有人丧失商标权利。失效自五年期满之日起算。失效具有绝对效力。美国商标法第 45 条规定，商标停止使用而无继续使用之意思者视为放弃，继续停止使用满三年即为表面上证据确凿之放弃。俄罗斯商标、服务标记和原产地名称法第 22 条规定，商标的法律保护可以因其注册后任何连续三年未使用在全部或部分商品上提前终止，德国商标法第 25 条规定，如果提出请求之前五年内注册商标没有根据第 26 条用于商品或者服务上，注册商标所有人无权对第三方提出任何第 14 条、第 18 条和第 19 条所述的请求。

拿大等国商标法，《欧共体商标条例》和我国台湾地区“商标法”，都有基本相同的规定。[1] 这里，再一次表明了各国商标法高度认同商业使用在商标保护中的基础性地位。其次，依法撤销的商标注册，其效力确定地消灭，这种消灭是绝对的，即对任何人来说，该商标注册的效力都确定地消灭，不管相对人是否提出抗辩，都不能再向任何人主张权利。而事实上已经失效的商标注册，相对人的抗辩仅在该纠纷处理中有对抗原告请求权的效力，在其他纠纷中，如果相对人未主张抗辩，该事实上已经失效的注册商标将仍然被当作有效的注册商标对待。这有点像民法上相对无效的民事行为，如果受损害的一方当事人不在法定期限内申请撤销、变更，该行为就会因时间的经过和相对人的容忍而成为有效的民事法律行为；也有点像民法上的诉讼时效制度，诉讼时效期间届满，债务人取得拒绝履行的抗辩权，如果债务人不行使抗辩权而仍然履行其债务，债权人接受履行就是合法的，债务人不能反悔，要求债权人返还。总而言之，连续五年不使用的注册商标，其商标权事实上已经失效，这种失效不是确定的、终局的，它可以因真实使用而复活，也可以因相对人不抗辩而仍然发挥注册商标的效力。但是，只要相对人提出抗辩，在涉案纠纷中，该注册商标就确定失效。这是基于商标权是私权，实际上已经失效的注册商标在相关程序中影响的主要是作为私权主体的相对人的利益，应由相对人自己主张而做出的制度设计。

三、三年不使用撤销制度的完善

新《商标法》对三年不使用撤销制度的规定只有半句话，既没有揭示撤销的理由，也没有对维持商标注册效力的商标使用类型、不使用的正当理由、撤销的效力以及三年不使用注册商标的效力复活做出规定。新《商标法》的这些疏漏基本上为《商标法实施条例》所弥补，但仍有不够完善之处，如《商标法实施条例》对维持商标权效力的使用的规定尚不全面，对复活注册商标效力的使用缺乏限制性规定。

（一）三年不使用期限的计算

《商标法实施条例》第66条规定，商标局受理撤销注册商标申请后应通知商标注册人，限其自收到通知之日起两个月内提交该商标在撤销申请提出前使用的证据材料或者说明不使用的正当理由；期满未提供使用的证据材料或者证据材料无效并没有正当理由的，由商标局撤销其注册商标。该条规定明确了以下问题：

第一，三年不使用期限的截止日期是提出撤销申请之日，计算方法是从提出撤销申请之日起向前推算，撤销申请提出之后的使用不予考虑。

---

[1] 见《欧共体商标条例》第50条，德国商标法第49条，英国商标法第46条，意大利商标法第42条，法国商标法第714-5条，日本商标法第50条，加拿大商标法第45条，我国台湾地区“商标法”第63条。

第二，只要商标注册人在提出撤销申请前三年内使用了注册商标，不管这种使用是在自注册之日起三年之内，还是在自注册之日起三年以后，只要是真实的商业使用，该注册商标就不能被撤销。如果使用行为发生在自注册之日起三年之内，该商标未满足撤销条件，不能撤销；如果使用行为发生在自注册之日起三年以后，提出撤销申请前三年以内，那么，该注册商标虽然曾经一度满足过撤销条件，但是，由于真实的商业使用，该注册商标的效力已经复活，依法也不应当被撤销。

《商标法实施条例》关于三年期限的计算方法与其他国家的相关规定是一致的，即能够复活注册商标效力的使用只能是提出撤销申请之前的使用，提出撤销申请之后的使用不予考虑。这是因为，其一，撤销权是形成权，只要相对人提出撤销申请，商标权便确定地消灭，❶ 而已经确定消灭的权利是不可能复活的；其二，他人提出撤销申请之后的使用难谓善意的、真实的使用，对这样的使用提供保护，有违诚实信用原则。因此，“提出撤销申请之前”这个时间界限是不能突破的。

但我国理论和实务中对此有不同认识。孔祥俊先生认为：“虽然曾有连续三年不使用的事实，但在撤销程序（包括涉及撤销的行政程序和诉讼程序）中，连续三年不使用的撤销事由已经消失，商标已经发生了实际效应，适用《商标法》第 44 条第（4）项的规定已经丧失了事实基础（情势变更）。”“商标注册人已经实际使用商标的，相当于已经‘改过自新’，应当既往不咎和宽大为怀，否则就陷于为撤销而撤销或者有意惩罚商标注册人的境地，是一种机械和僵化的做法，对权利人不公平，也不符合常理。”❷

对孔祥俊先生的观点，笔者不敢苟同。从程序的角度而言，以行政程序结束后新产生的证据推翻商标评审委员会的裁定，明显违法，且有违程序正义。从实体的角度而言，三年不使用撤销制度所涉及的不仅是被申请撤销的注册商标所有人的利益，而且涉及申请人的利益，因此，必须考虑二者之间的利益平衡。以“情势变更”来为不依法裁判辩解，则更是对“情势变更”原则的曲解。李扬教授指出：提出撤销注册商标请求的人往往是长期使用该注册商标的竞争者，如果允许商标权人在得知他人提出撤销请求后突击使用而保住商标注册，请求人的使用行为很可能构成侵权而被判令赔偿损失、停止侵害，如果这样，请求人通过使用商标积聚的信用和财产都将付之东流，而商标权人则可轻而易举地将请求人在商标上积聚起来的信用和无形财产据为己有。❸ 笔者赞同李扬教授的上述分析。

---

❶ 史尚宽先生说：“形成权者，依权利者一方之意思表示，得使权利发生、变更、消灭或生其他法律上效果之权利也。”见：史尚宽. 民法总论［M］. 台北：正大印书馆，1980：20.

❷ 孔祥俊. 商标与不正当竞争法——原理与判例［M］. 北京：法律出版社，2009：89.

❸ 李扬. 注册商标不使用撤销制度中的“商标使用”界定——中国日本相关立法、司法之比较［J］. 法学，2009（10）.

同时认为，三年不使用撤销制度的立法目的主要不是督促注册人使用注册商标，而是为了清除注册簿中的死亡商标，方便他人注册，防止注册人利用实际上已经死亡的注册商标打击竞争对手。商标使用是经营行为，由经营需要决定，外界的督促不起主要作用，基于外界压力的使用不太可能是有效益的使用，也不应该是商标法所追求的使用。如前所述，权利失效的依据是诚实信用原则，连续三年不使用的商标注册已经失效，只要相对人提出撤销申请，其效力便确定地消灭，只有在撤销申请提出之前诚实的商业使用才能复活其效力。在他人已经提出撤销申请，进入撤销程序之后，甚至在行政程序结束之后才开始的使用，显然不能满足诚实使用的要求。如果这样的使用也可以复活已经死亡的注册商标，将严重破坏人们对自己行为法律后果的预期，破坏人们的法律信仰，法律规范的行为导向作用也会大打折扣。如果在司法中贯彻这一标准，三年不使用撤销制度等于被废除。因此，能够复活注册商标效力的使用必须是在提出撤销申请之前的使用，这个规定不能“灵活”“变通”。

（二）注册商标效力复活的限制

注册人在他人提出撤销申请之前对注册商标的使用是否都能够复活已经失效的注册商标的效力？为了防止注册人为保住商标注册而象征性地使用注册商标的欺诈行为，贯彻诚实信用原则，也为了保护商标使用人的正当利益，德、日、英、法、意等国和我国台湾地区“商标法”在承认使用复活注册商标效力的同时，都规定，如果这种使用是在得知他人将提起撤销之诉之后，在提出撤销之诉之前三个月之内开始的，则不予考虑，即不能复活商标注册的效力。[1] 我国 2013 年《商标法》及其实施条例只要求复活注册商标效力的使用须在申请人提出撤销申请之前，此外并无其他限制。我国的规定是否合理？笔者认为，上述国家和地区的该项规定，无非是为了防止商标注册人以象征性的使用对抗撤销申请，损害商标使用人的正当利益。三个月的时间标准不过是为了给执法者提供一个裁判依据。但是，三个月期限并非是一个科学的、不可改变的规则。如，提出撤销申请前三个月零一天开始使用就可以复活注册商标的效力，提出撤销申请前三个月开始的使用就不能复活注册商标的效力，其科学性在哪里？而且“知道他人将要提出撤销申请”之后，“提出撤销申请前三个月之内”的要求，在操作层面上比较复杂，举证不易。因此，我国没有必要照搬他国的上述规定。只要我们准确把握使用复活注册商标效力的立法目的，抓住只有真实的商业使用才能复活注册商标效力这个核心，严守提出撤销申请之前的使用这个界限，完全可以通过对真实的商业使用的解释，妥善处理撤销纠纷。这个任务可以通过司法解释完成，而没有必要修改法律。

---

[1] 见德国商标法第 49 条，法国商标法第 714-5 条，意大利商标法第 42 条，英国商标法第 46 条，日本商标法第 50 条，我国台湾地区“商标法”第 63 条。

（三）维持注册商标效力的使用

《商标法实施条例》第66条第2款规定，使用商标的证据材料，包括商标注册人使用注册商标的证据材料和商标注册人许可他人使用注册商标的证据材料。该规定没有反映出商业活动中商标使用的全面情况，例如，商业活动中使用的商标，往往与注册核准的商标有所差异，这算不算注册商标的使用？贴附注册商标的商品全部用于出口的，是否符合商标在中国使用的要求？这些问题不仅与商标注册人利益攸关，而且事关经济发展，特别是对外贸易的发展。作为第二性的法律，应当反映第一性的社会生活的要求，商标使用方式的规定应当符合商业活动中商标使用的实际情况。因此，应通过司法解释确认，为了维持注册商标，实际使用的商标标识与注册核准的有差异，但没有改变商标同一性（识别性）的，视为注册商标的使用；在出口商品上使用注册商标的，视为注册商标在中国的使用。

四、三年不使用撤销制度与相关制度的协调

我们已经证明，注册商标三年不使用撤销制度有充分的理论依据，该制度对于克服商标权注册取得制度的固有缺陷，发挥商标注册制度的积极作用，维护竞争秩序有重要意义。根据体系化要求，三年不使用撤销制度的核心理念，应当在商标法的相关制度，包括异议制度、无效制度和侵权责任制度中得到贯彻，以实现商标法各项制度之间的和谐统一。

（一）与异议制度的协调

我国商标法采注册前异议制度。对于商标局初步审定公告的商标，在先权利人、利害关系人认为损害自己的在先权利（利益）的，可以在自公告之日起三个月内向商标局提出异议。如果据以提出异议的是一个已经三年未使用但尚未撤销的在先注册商标，该异议是否应当支持？新《商标法》及其实施条例对此未置可否，司法解释也从未对此表态，理论界亦基本无人关注。笔者曾撰文呼吁商标法修改应重视使用在商标制度构建中的作用，文中即提出应当对据以提出异议、无效请求和侵权诉讼的在先注册商标课以使用要求的主张，[1] 但未能引起重视。查国外立法，明确规定异议人应提供据以提出异议的在先注册商标使用证据的，有《欧共体商标条例》、德国商标法、英国商标法。德国商标法规定，注册申请人有权要求异议人提供据以提出异议的商标的使用证据，如果异议人不能提供使用证据，也不能证明不使用的正当理由，异议将不被支持。而且德国商标法还专条规定，以因注册商标产生的请求权的主张或者注册的持续有效取决于商标的使用为

---

[1] 张玉敏. 论使用在商标制度构建中的作用——写在《商标法》第三次修改之际［J］. 知识产权，2011（9）.

限，商标必须在国内真实使用于注册指定的商品或服务上。英国商标法规定，如果异议是基于一个已经注册五年的在先商标提出的，被异议人有权要求异议人提供其在五年内在核准使用的商品上使用商标的证据，如果商标在五年内未真正使用，且没有未使用的正当理由，异议申请将不予支持。❶ 这些规定所体现的精神和理念是，长期不使用的注册商标，其权利已经失效，申请人不能依据一项已经失效的“权利”来阻止他人的商标注册。其实，我国商标局2006年4月18日商标法修改稿第56条已经对此做出了与上述国家商标法基本一致的规定，❷ 可惜的是，该规定没有得到学界和司法界的积极响应，以后的稿子也都没有保留这一合理而且极有价值的条文。

笔者坚持认为，商标的生命和价值在于使用，长期不使用的注册商标虽然在形式上还是一个注册商标，但是其市场生命力已经消亡，其商标权的效力实际上也已经终止或者说失效。在异议程序中，注册申请人（被异议人）主张不使用抗辩（要求异议人提供在先注册商标的使用证据），有类似于启动三年不使用撤销程序的作用。其区别仅在于，要求异议人提供使用证据只产生相对效力，即针对被异议商标该注册商标不具有排他效力；而撤销请求能够产生绝对效力，即该注册商标被撤销，商标权消灭，对任何商标都不再具有排他效力。如果在异议程序中允许用实际上已经失效的注册商标反对在后商标的注册，不仅造成异议制度与三年不使用撤销制度的矛盾，而且为那些专为敲诈而囤积注册商标，进行不正当竞争的行为提供了可乘之机。在异议程序中赋予注册申请人不使用抗辩权，不仅有充分的理论依据，而且与三年不使用撤销制度保持了逻辑一致性，有利于商标法各项制度之间从理论到逻辑的协调一致。建议通过司法解释，认可被异议人的不使用抗辩权，被异议人可以要求异议人提供据以提出异议的注册商标的使用证据，如果异议人不能提供使用证据，也没有不使用的正当理由的，驳回异议。

可能有人会说，被异议人可以按照新《商标法》第49条向商标局申请撤销该注册商标，因此，不需要赋予其不使用抗辩权。被异议人当然可以向商标局申请撤销该商标注册，但这不能成为否定其不使用抗辩权的理由，正如专利法一方面规定任何人得以缺乏新颖性为理由申请宣告专利无效，同时又赋予侵权诉讼中的被告现有技术抗辩一样。因为赋予被异议人不使用抗辩权，对被异议人来说更为方便，能够更好地保护自己的利益。当然，被异议人也可以选择向商标局申请撤销该注册商标。

---

❶ 见德国商标法第43条、第26条，英国商标法第6条，《欧共体商标条例》第43条。

❷ 该条内容如下：异议人商标在初审公告之前注册已满三年的，被异议人可以请求异议人提供其在初审公告之前三年内在核定的或者据以提出异议的商品上的使用证据，或证明存在未使用的正当理由。未使用且无正当理由的，该注册商标视为没有注册，在部分商品上使用的，该商标权视为仅在该部分商品上注册有效。

（二）与商标注册无效制度的协调

商标是否符合商标法规定的注册条件，特别是是否存在侵害在先权利（权益）的情况，是一个难以准确判定的问题，因此，在商标注册程序中发生一些失误是难免的。为了尽量降低注册工作中的失误，提高注册质量，各国商标法在异议制度之外，都设有注册商标无效（撤销）制度。我国商标法原来将其称为注册商标的撤销，因与商标管理中的“撤销”同名不同义，受到学者的批评，2013 年《商标法》将其改为无效，在概念使用上有所进步。❶ 注册商标无效制度和异议制度都是为了防止和纠正注册机关的注册失误，提高商标注册质量所做的制度安排，二者在制度理念和法定事由方面是基本一致的，区别仅在于，异议制度防止失误于注册之前，无效制度纠正失误于注册之后。因此，前面对异议制度的分析批评，原则上可以适用于对无效制度的评价。我国商标注册无效制度存在的主要问题是没有赋予在后注册人（被申请人）不使用抗辩权，可能产生经过长期使用已经在市场上建立信誉的在后注册商标，被一个已经长期未使用的在先注册商标无效掉的问题。这是对市场既有的商标使用秩序的践踏，是极不公平、不合理的。《欧共体商标条例》、德国商标法和英国商标法都规定，被申请人可以要求申请人提供据以提出无效申请的在先注册商标的使用证据，如果申请人不能提供使用证据，又没有不使用的正当理由的，无效申请将被驳回。如果在先注册商标仅在注册指定的部分商品（服务）上使用，则视为商标仅在该部分商品和服务上注册。❷ 这样的规定强调使用在商标保护中的作用，符合商标的功能和保护商标的目的，而且与注册商标长期不使用应予撤销制度保持了逻辑上的一致性，因而是合理的。鉴于我国盲目注册较为普遍和大量商标注册实际上已经失效的实际情况，赋予被申请人（在后注册人）不使用抗辩权尤为必要。如果被申请人提出不使用抗辩，而无效请求人不能提供使用证据，又没有不使用的正当理由，其无效请求应被驳回。这不但是为了保持商标法各制度之间的逻辑一致性，也是为了防止在先注册人利用早已死亡的注册商标对在后注册人进行敲诈，维护商标使用秩序和竞争秩序。如前所述，面对在先注册人的无效申请，在后注册人可以选择行使不使用抗辩权或者撤销权，也可以在行使不使用抗辩权的同时行使撤销权。由于新《商标法》及其实施条例都没有对此做出规定，因此，只能寄希望于司法解释对立法的缺陷进行弥补。

我们认为，通过司法解释确认被异议人和无效申请中被申请人不使用抗辩权，不是创设新的权利，而是对法律明确规定的撤销权在不同情况下的行使方式的解释，没有超越司法解释的权限，因而是可行的。

---

❶ 有所进步意味着仍不够科学。按民法原理，新《商标法》第 45 条规定的“无效”应为“撤销”（相对无效），第 44 条规定的“无效”才是真正的无效（绝对无效）。

❷ 见《欧共体商标条例》第 56 条规定，德国商标法第 51 条、第 55 条，英国商标法第 47 条。

（三）与侵权责任制度的协调

2013年《商标法》第64条规定，商标注册人请求赔偿，被控侵权人以注册商标未使用抗辩的，法院可以要求注册人提供此前三年实际使用该注册商标的证据，注册人不能提供使用证据，也不能证明因侵权行为受有其他损失的，被控侵权人不承担赔偿责任。该条规定的被控侵权人不承担赔偿责任的条件有两个，一是提出侵权指控之前三年没有实际使用注册商标，二是也没有因侵权行为遭受其他损失。分析该条规定可知，其所依据的理论是损害赔偿责任的构成要件——有损失才赔偿，而不是失效的注册商标不能作为侵权救济的依据。按此规定，即使被控侵权人抗辩成功，仍然要承担停止侵权责任。据一位参与修法的先生说，第64条规定的不使用抗辩条件与三年不使用撤销的条件是有区别的，即后者除了三年不使用外，还需要没有不使用的正当理由。如果注册人有不使用的正当理由，其商标注册依法不能被撤销，所以抗辩成功只能免除赔偿责任，而不是不承担侵权责任。❶ 就字面规定而言，这位先生的解释是有道理的。但是，如果按照这种解释，该规定就是毫无意义的多余条款，因为损害赔偿责任构成要件理论完全可以解决该条款所要解决的问题。非但如此，该规定还可能遭到合理性质疑：既然商标注册仍然有效，为什么未经许可的使用（侵权）不承担赔偿责任？被控侵权人本来应该向注册人购买许可，付费使用，现在没有付费，这是否应当算是注册人的损失？因为通说认为应赔偿的损失包括既得利益的损失和可得利益的损失，而应当支付的许可使用费当然属于可得利益。

德国商标法第25条可为破解这个难题提供有益的思路。该法第25条第一款规定："如果商标在主张请求权的最近五年内未依照本法第26条使用于其请求权据以成立的商品或服务之上，并且商标至此为止已至少注册五年，则注册商标的所有人不得针对第三人主张本法第14条、第18条和第19条规定的请求权。"该法第14条规定的是损害赔偿和停止侵害请求权，第18条规定的是销毁以违法方式标示的物品和专门用于或几乎专门用于违法标示的装置的请求权，第19条规定的是提供信息请求权。概而言之，注册商标所有人得不到任何法律救济。其制度理念是，长期不使用的注册商标已经失效，法律不应再给予保护。

我国2006年4月18日商标法修改稿第142条对此也有明确规定：侵犯他人连续三年停止使用的注册商标权的，不承担侵权责任；侵犯他人从未使用但注册尚未满三年的商标权的，赔偿制止侵权的合理开支。应当说，该规定在理论依据和立法技术上都比新商标法第64条的规定更科学、更合理，更有利于侵权责任制度与三年不使用撤销制度之间的协调。

因此，新《商标法》第64条规定的不使用抗辩应当从制度理念和法律效果

---

❶ 金武卫先生2014年6月4日在中国知识产权审判理论研究会和西南政法大学知识产权研究中心举办的"新商标法司法热点问题研讨会"上的发言。

方面进行彻底改造。如前所述，不使用抗辩的依据是注册商标三年不使用撤销制度，因为据以提起侵权指控的商标注册实际上已经失效，不再受法律保护，因此，抗辩的效力应当是全面否定注册人的救济请求权，被控侵权人既不需要赔偿损失，也不需要停止“侵权行为”，即不承担任何侵权责任，原告也得不到任何法律救济。最高人民法院可通过司法解释和指导判例，将被控侵权人提出不使用抗辩时原告的举证责任，扩张为提出侵权指控前三年内使用注册商标的证据和有不使用的正当理由的证据，将抗辩成功的效果修正为被控侵权人不承担侵权责任。这样解释虽然与第 64 条规定的字面意思有出入，但是，却能够符合目的解释、整体解释的要求。

这一观点看似离经叛道，但其实不仅有法律依据，而且合乎逻辑。其法律依据是新《商标法》第 49 条关于三年不使用撤销的规定，如果被“侵权”的注册商标已经满足了应当撤销的条件，那么，它虽然尚未被撤销，但事实上已经失效，一旦有人提出不使用抗辩，法律就不应再予以保护。如果被控侵权人提出撤销请求，作为侵权对象的注册商标被撤销，其法律效果也是被控侵权人不承担任何侵权责任。在这样的制度设计之下，在作为侵权对象的注册商标已经符合撤销条件这一事实基础之上，不管被控侵权人选择行使不使用抗辩权还是撤销权，就该案件而言，其最终的法律效果是一样的，而这正是体系化所要求的。这样的制度设计能够实现三年不使用撤销制度和侵权责任制度之间的协调和逻辑一致，而且有利于稳定既有的商标使用秩序，防止不正当竞争。

结论

注册商标连续三年不使用撤销制度的理论依据是，由商标的识别功能所决定，只有在商业活动中真实使用的商标才是法律所要保护的商标，长期不使用的注册商标已经失效，依法应当撤销。但是，在他人提出撤销申请前真实的商业使用可以复活注册商标的效力。该制度体现了商标保护的理念，符合商标法的立法目的，按照体系化的要求，商标法的相关制度应当与该制度保持理论和逻辑上的一致性。因此，应当确认异议程序中的被异议人、无效程序中的被申请人、侵权诉讼程序中的被控侵权人的不使用抗辩权，如果抗辩成功，应驳回异议申请和无效申请，驳回侵权诉讼原告的诉讼请求，即被控侵权人不承担侵权责任。

论使用在商标制度构建中的作用*

【摘要】商标最基本的功能是识别，保护商标的识别功能是商标法的核心任务。商标法的修改应当在坚持注册取得原则的前提下，通过强化使用在商标保护中的作用来克服注册取得原则可能产生的消极作用：①在注册程序中，要求申请人声明使用意图；在异议和撤销程序中，要求提出异议、撤销的在先注册人提供在注册核定的商品（服务）上使用其注册商标的证据；在侵权诉讼中，注册人应提供此前三年内在注册核定的商品（服务）上使用其注册商标的证据，不能提供使用证据，又无不使用的正当理由的，被告不承担侵权责任。②对未注册商标给予适当保护，包括赋予未注册驰名商标和在先使用并有一定影响的未注册商标异议权和撤销权，赋予普通未注册商标所有人制止他人恶意抢注的异议权和撤销权，并确认其先用权。

【关键词】商标制度　商标法　商标使用

商标最基本的功能是识别，即将经营者提供的商品或服务与其他经营者的商品或服务相区别。商标的其他功能，如广告宣传功能、质量担保功能都是在这一功能的基础上派生出来的，而且只有在商标的识别功能能够正常发挥的条件下，商标的其他派生功能才可能发挥作用。保护商标的识别功能或者说商标的显著性不受侵害，就是对商标所有人的投资和商业信誉的保护，也是对消费者利益的保护，即使其免受假冒、仿冒行为的误导，在商标的指引下，方便地购买到自己心仪的商品和服务。通过对商标所有人和消费者利益的保护，商标法就间接发挥了维护市场竞争秩序的作用。所以说，保护商标的识别功能是商标法的核心任务，商标法的各项制度都是围绕着确保商标识别功能的正常发挥设计的。

商标的识别功能是通过商标使用产生，并随着商标使用的时间、范围、频率等逐步强化的。没有在商业活动中使用的所谓商标，消费者难以将其和特定商品（服务）的提供者（商标所有人）相联系，也难以将其和特定商品（服务）的特定质量相联系，其识别作用无从产生。商标的价值也是在商业使用中逐步积累起来的。无论从商标功能的产生、强化过程来看，还是从商标价值的累积过程来

---

* 本文发表于《知识产权》2011 年第 9 期。

看，商业使用都是商标受法律保护最重要、最基本的条件。因此，从实质意义上讲，未在商业活动中使用的商标并不是商标法所要保护的商标，充其量不过是一个图形或者词组，如果其设计具备独创性，可以作为作品受著作权法保护，而不能成为商标法所保护的商标。商标作为商业活动中的识别性标志，具备识别性（显著性）既是法律保护的条件也是法律保护的对象，未经商业使用的所谓商标并未实际产生识别作用，没有理由要求法律给予保护。因此，从理论上讲，使用取得商标权符合商标的功能和朴素的商业道德，是最公平的。注册取得原则将商标权的取得系于注册，易于诱发抢注、盲目注册等一系列问题。因此，有人主张商标法应当改弦更张，采取使用取得原则或者注册取得和使用取得相结合。我们认为，任何制度都不是完美无缺的，注册取得制度虽然存在易于诱发抢注等问题，但是，在贸易全球化的背景之下，在实现市场经济所追求的安全和效率两个重要的价值目标方面，注册取得较使用取得具有比较优势。因此，商标法修改应当继续坚持注册取得原则，同时，通过制度设计限制其消极作用。综观各国商标立法，克服注册取得原则的弊端的基本思路是：在坚持注册取得原则的前提下，通过强调使用在商标保护中的作用来克服注册取得原则可能产生的消极作用。具体而言，一方面对未注册商标给予适当的保护；另一方面，强化对注册商标的使用要求，未实际使用的注册商标其受保护的程度受到限制，甚至会被注销。

本文将在坚持注册取得原则的前提下，讨论如何通过加强使用在商标保护中的作用来限制注册取得原则的消极作用。限于主题，本文对注册的性质，即是授权还是确权不作讨论。

一、确权程序与商标使用

这里所说的确权程序包括注册程序、异议程序和撤销程序。

（一）注册申请人应声明使用意图

与专利法和著作权法保护创造性智力成果不同，商标是作为商业活动的标志而受法律保护的，因此，实际使用或者说真实的商业使用是商业标志获得法律保护的必要条件和正当理由。不在商业活动中使用的文字、图案等，无论设计多么精美，独创性多么高，都不应当给予商标法的保护，而只能作为作品获得著作权法的保护。因此，真实的商业使用在商标法中具有十分重要的意义，商标的注册和保护都要考虑商业使用这个因素。TRIPS 协定允许成员将实际使用作为注册的前提。[1] 我们认为，对注册申请人课以声明意图使用的义务，对于抑制抢注和盲目注册，从而提高商标注册申请的质量，减轻主管机关的审查压力，节约行政资源，促进社会和谐，有重要的、显而易见的意义。鉴于我国商标领域抢注和盲目

[1] TRIPS 协定第 15 条第 3 款。

注册情况严重，建议规定申请人在注册申请文件中须声明对申请注册之商标的使用意图。可能有人担心这会增加申请人的负担，不利于申请人通过预先注册实施商标战略。这种担心是想当然的。要求申请人在申请时声明使用意图不会增加申请人的负担，相反，可以提醒申请人根据需要申请注册，避免浪费。而且，我们不必像美国那样，将实际使用作为注册的条件，而仅仅要求申请人在申请时声明使用意图，这不会影响经营者实施商标战略。

从法律的连续性来看，这项改革与现行商标法也没有冲突，它不过是对 2001 年《商标法》第 4 条规定的进一步明确而已。我国 1982 年《商标法》第 4 条规定："企业、事业单位和个体工商业者，对其生产、制造、加工、拣选或者经销的商品，需要取得商标专用权的，应当向商标局申请注册。" 1993 年和 2001 年修法时，该条均保持不变，仅根据经济体制改革的发展做了个别文字调整。该条规定完全可以解释为已经实际使用的商标才可以申请注册。退一步讲，将其解释为申请商标注册应当声明使用意图是无任何问题的。所以，无论从哪方面权衡，采用该项制度都是低成本、高效益而且不会增加经营者负担的改革措施。

（二）据以提出异议的在先商标的使用要求

2001 年《商标法》第 30 条规定，对初步审定的商标，自公告之日起三个月内，任何人均可提出异议，对异议人没有任何资格限制和条件要求，导致恶意异议泛滥，说明这里存在法律漏洞。修订送审稿增加了"在先权利人或者利害关系人"的限制，是一个进步，但是，对在先权利中的在先注册商标却未规定使用要求，是其不足。《欧共体商标条例》第 43 条第 2 款规定，如果在提出异议之日在先的共同体商标注册已经超过五年，应注册申请人的要求，异议人应提供证据证明：在申请共同体注册商标公告之前五年期间，在先的共同体商标已经在共同体范围内真正使用于注册的并被异议指出的商品或服务上，或证明不使用的正当理由。如果在先的共同体商标仅在注册的部分商品或服务上使用，对审理异议来说，该商标应视为仅在该部分商品或服务上注册。德国商标法亦明确规定注册申请人有权要求异议人证明据以提出异议的商标的使用证据，如果异议人不能提供使用证据，也不能证明不使用的正当理由，异议将不被支持。英国商标法规定，如果异议是基于一个已经注册五年的在先商标提出的，被异议人有权要求异议人提供其在五年内在核准使用的商品上使用商标的证据，如果商标在五年内未真正使用，且没有未使用的正当理由，则异议申请将不予支持。[1] 这些规定对于防止实际上已经死亡的商标阻碍在后申请商标的注册具有积极的意义，值得我国借鉴。其实，我国 2006 年 4 月 18 日商标法修改稿第 56 条已经对此做出了明确的规定。该条内容如下：异议人商标在初审公告之前注册已满三年的，被异议人可以

---

[1] 参见：张俊琴. 英国调整商标异议制度［J］. 中华商标，2007（11）.

请求异议人提供其在初审公告之前三年内在核定的或者据以提出异议的商品上的使用证据，或证明存在未使用的正当理由。未使用且无正当理由的，该注册商标视为没有注册，在部分商品上使用的，该商标权视为仅在该部分商品上注册有效。可惜的是，以后的稿子和修订送审稿都没有保留这一合理而且极有价值的条文。既然注册商标连续三年（或五年）不使用应当撤销是各国商标法所确认的理论上没有争议的一项重要制度，那么，就不应当允许一个应被撤销的或者说实际上已经死亡注册商标来阻止在后商标的注册，这是连续三年不使用撤销制度必然的逻辑结论，允许以这样的注册商标为依据阻止在后申请商标的注册是违反逻辑的。所以，2006年4月18日商标法修改稿第56条的规定应当采纳。

（三）使用与商标注册的撤销

1. 关于撤销的概念

2001年《商标法》没有区分撤销和无效，而且在第五章“注册商标争议的裁定”和第六章“商标使用的管理”两章规定了两种性质不同的注册商标的撤销：第五章第41条第1款的撤销，性质上属于注册绝对无效，商标局应当主动依职权撤销，其他单位和个人也可以请求商标评审委员会撤销，而且没有期限的限制（准确地说，应当叫宣告注册无效）；第41条第2款规定的撤销，才是真正意义上的撤销，即注册有瑕疵，利害关系人可以在规定的期限内申请撤销，超过规定的期限，注册的瑕疵将因期限的经过而得到补正，注册确定有效，不能再撤销。撤销的效力溯及注册之日，被撤销的商标注册自始无效。第六章第44条和第45条的撤销，性质上属于对使用不当或者长期不使用的注册商标的注销。注销与撤销的区别在于，注销不是对商标注册效力的否定，而只是对注册商标长期不使用或者严重违规使用的一种处置，其效力自注销之日起向后发生。修订送审稿继承了2001年《商标法》的规定。上述规定既没有区分无效和撤销，又混淆了撤销和注销，在同一部法律中，用同一个词——“撤销”，表达性质完全不同的三种事物、三个概念，给人们学习和理解法律造成困难，也不利于法律的执行。

商标法属于私法，相关概念的使用应当与民法的规定相一致。根据民法原理和民法通则的规定，有瑕疵的民事行为的效力分为无效和可撤销两种。[1] 无效指的是民事行为违反法律的强制性规定，绝对不能发生当事人预期的法律效力的行为。这种民事行为的特点是：第一，绝对无效，即对任何人都不发生行为人预期的法律效力；第二，自始无效，即从行为成立时起就不发生法律效力；第三，当然无效，即不管是否有人主张无效，也不需法院等有关机关宣告，该行为都无效；第四，永远无效，即不能因时间的经过补正其效力。什么样的民事行为属于

---

[1] 合同法完善了民法通则的规定，在无效和可撤销之外，增加了“效力待定”的民事行为。“效力待定”的分类在商标法上意义不大，故不讨论。

无效民事行为，须由法律明确规定。可撤销的民事行为指的是民事行为在实施时即存在瑕疵，如损害他人合法权益，因存在欺诈、错误、乘人之危等导致行为人意思表示不真实等。民事行为是否侵害他人的合法权益，需要受损害一方当事人出来主张，民事行为是否存在欺诈、胁迫等违背当事人意思的瑕疵，更需受欺诈、胁迫的当事人自己主张，他人不能代替当事人做判断。所以对这类行为法律并不直接规定无效，而是赋予相对人一定期限内的撤销权，如果相对人在法定期限内行使撤销权，则该行为自始无效。如果相对人未在规定期限内行使撤销权，则有瑕疵的民事行为因时间的经过而补正了其缺陷，成为确定有效的法律行为。2001年《商标法》第41条第1款规定的撤销事由性质上属于无效行为，因此主管机关可依职权宣告注册无效，任何人也可以请求主管机关宣告其无效，而且不受时间限制。第41条第2款、第3款规定的撤销事由属于民法意义上的可撤销行为，只有受该行为损害的利害关系人才有权提出撤销请求，而且其撤销权受五年期限的限制，五年期满，撤销权消灭，有争议的商标注册确定有效。此次修法应按照民法原理和民法通则的规定，厘清相关概念，将第41条第1款的撤销改为无效（其中第二句“或者是以欺骗或者其他不正当手段取得注册的”是否应当删除，是个可以讨论的问题），第2款和第3款仍用撤销，而第44条和第45条的撤销应改为注销。

2. 据以提出撤销申请的在先注册商标的使用要求

撤销在后注册商标的请求，有相当一部分是由在先商标注册人提出的。如果在先注册人以在后注册的商标与自己在先注册的商标相同或者近似且使用的商品或服务类似，可能造成混淆为理由申请撤销，而据以提出撤销申请的注册商标已经长时间未在注册指定的商品（服务）上真实使用，就会发生以实际上已经死亡的商标否定在后商标注册这样的不合理情况。因此，有些国家和地区规定，此时被申请人可以要求申请人提供据以提出撤销申请的在先注册商标的使用证据，如果申请人不能提供使用证据，也不能提供不使用的正当理由，则撤销申请将被驳回。如果在先注册商标仅在注册指定的部分商品（服务）上使用，则视为商标仅在该部分商品和服务上注册。[1] 这样的规定强调使用在商标保护中的作用，符合商标的功能和保护商标的目的，而且与注册商标连续不使用满法定期间应予注销的规定保持了逻辑上的一致性，因而是合理的。鉴于我国盲目注册较为普遍和大

---

[1] 如《欧共体商标条例》第56条规定：如果共同体商标所有人有此要求的，在先注册的共同体商标所有人作为无效程序中的一方当事人，应提供证据证明，在提出宣布无效申请之日前五年内，在先的共同体商标已在共同体范围内在注册的商品或服务上投入真正的使用而且认为其申请有正当理由，或者，在先的共同体商标在该日尚未使用的，在先的共同体商标的注册在该日已过五年的，应证明不使用的正当理由。共同体商标公告的那天，在先的共同体商标注册已过五年的，在先的共同体商标所有人还应提供证据证明，第43条第2款规定的条件在该日已经具备。无这方面证据的，宣布无效的申请应予驳回。在先的共同体商标仅在注册的部分商品或服务上使用的，该商标就审查宣布无效申请而言，应视为仅在该部分商品或服务上注册。德国商标法第55条第3款作了同样的规定。

量注册商标处于休克状态的实际情况，该项制度对我国具有重要的借鉴意义，建议此次修法中采纳。

二、商标使用与商标权的维持

商标权作为依法取得的权利，不但有法定的有效期，而且权利的维持须符合一定的条件。商标权的维持包括续展注册和商标使用要求。续展注册是关于注册人通过续展注册维持注册效力的制度，这里不做讨论。维持商标注册的使用要求，从服务修法的角度出发，有三个问题需要研究：一是什么是维持商标权的商标使用，二是连续三年不使用注销制度中的商标使用，三是是否应当要求注册人在注册后一定期限内提交实际使用证据。

（一）维持商标权的商标使用

2002 年 9 月 15 日起施行的我国《商标法实施条例》第 3 条规定："商标法和本条例所称商标的使用，包括将商标用于商品、商品包装或者容器以及交易文书上，或者将商标用于广告宣传、展览以及其他商业活动中。"该规定没有区分异议、撤销、注销程序中的商标使用和侵权行为中的商标使用，而实践中不同程序中的商标使用因其目的不同而有不同的要求。这里仅讨论维持商标权所需要的商标使用。从商标法保护注册商标的目的出发，维持商标权所需要的商标使用应当符合以下条件：

1. 必须在中国真实使用

维持注册效力的使用必须是在中国的使用。商标权具有地域性，在域外的使用不能产生在中国维持其商标权的效力。同时，注册商标必须被真实地用于商业活动中，即其使用必须是能够发挥商标识别功能的使用。如果仅是为了规避三年不使用注销的规定而象征性地使用，不构成商标法所要求的商标使用。如《欧共体商标条例》第 15 条第 1 款规定：商标所有人在商标注册后五年内，未将共同体商标在共同体内真正使用于注册的商品或服务上，或者连续中断五年的，共同体商标应根据本条例的规定受到制裁，除非存在不使用的正当理由。德国商标法第 26 条（1）规定：以对因注册商标所产生之请求权的主张或注册的持续有效取决于商标已投入使用为限，商标必须由其所有人在国内真实使用于注册的商品或服务上，有未使用的正当理由者除外。英国商标法第 46 条（1）款（a）项将自注册程序完成之日起五年内，注册商标所有人或经其同意者未在英国在其注册所指定的商品或服务上真正使用，并且该未使用缺乏正当理由，作为注销注册的理由之一。我们认为，强调"真实使用"是必要的，建议修法时将条例关于"商标使用"的规定纳入商标法，并增加"在中国真实使用于注册指定的商品或者服务上"的要求。

2. 必须是注册人的使用或者在注册人控制之下的使用

所谓在注册人控制之下的使用，包括被许可人的使用和虽无许可合同、但注册人同意的使用，如注册人子公司的使用。但是，仅有许可使用合同而无实际使用商标的行为，不构成注册商标的使用。侵权性使用由于违背注册人的意志，当然不能认定为维持注册的商标使用。

3. 必须在注册指定的商品（服务）上使用

只有在注册指定的商品（服务）上的使用，才是能够维持注册效力的商标使用，而且这种使用必须是真实的、在交易活动中的使用，仅仅进行广告宣传不能满足维持商标权的使用要求。在其他商品（服务）上的使用，不是注册商标的使用，不能起到维持商标注册效力的作用。

4. 必须是注册商标的使用

实际使用的商标应当是核准注册的商标。实际使用的商标与注册商标相比虽然有所改变，但未改变其同一性的，可视为注册商标的使用。如果实际使用的商标与注册商标已经失去同一性，即丧失其识别功能，则不能视为注册商标的使用。

5. 关于合法使用

商标法上的商标使用是否须具备合法性以及何谓合法使用，存在不同的认识。一种观点认为，商标法意义上的使用是指"在商业活动中公开、真实、合法的使用商标来标示商品的来源，以便相关公众能够据此区分提供商品的不同市场主体的行为。"违反行政法规有关生产许可、卫生许可的强制性规定的生产行为不属于商标法意义上的商标使用行为。❶ 另一种观点认为，三年不使用撤销制度所要解决的根本问题是商标是否在使用，而不是其如何使用以及使用中是否存在不规范之处，商标使用人违反有关生产许可、卫生许可方面的法律法规的行为与商标使用无关。基于不使用原因撤销一个注册商标，应当在查明该商标注册人确实无真实善意使用目的，该商标确实没有在市场上发挥区别商品或者服务来源功能的情况下方可撤销。❷ 我们认为，商标使用制度所要解决的问题是什么样的使用能够产生维持商标注册的效力，以便判定什么情况下商标注册应当注销，或者其权利的行使应当受到限制。三年不使用注销制度和其他有关制度，如在异议程序和撤销程序中，要求异议人、撤销申请人证明注册商标被真实使用的制度，不是为了惩罚注册人，而是为了避免用实际上已经死亡的注册商标阻碍他人的商标注册，避免浪费商标资源。只要注册人在商业活动中真实使用了注册商标，使其在市场中发挥识别作用，该商标注册就不应当被撤销。使用注册商标的商品或服务违反国家法律或者行政法规的有关规定，如产品质量不符合要求，没有获得卫

---

❶ 见北京市高级法院（2007）高行终字第 78 号判决书。

❷ 商标评审委员会的上诉理由，见北京市高级法院（2007）高行终字第 78 号判决书。

生许可证或者生产许可证等，是商品生产或者服务活动违法，而不是商标使用违法，应当依据相应的法律法规处理，而不能用剥夺民事权利——注销商标注册的方式来惩罚注册人。如果说对商标使用有合法性要求，也应当是指符合商标法对商标使用的要求，即由注册人或者在注册人的控制之下，在注册指定的商品（服务）上使用注册商标。符合这些条件，就满足了商标法上的商标使用要求。

（二）连续三年不使用注销制度中的商标使用

连续三年停止使用的注册商标应予注销的立法目的是清除注册簿中的死亡商标，以利后来者注册。注册商标长期不使用，实际上已经死亡。已经死亡的商标不应当继续留在注册簿中阻碍后来者的注册。如果商标未使用有正当理由，或者注册商标虽然曾经“休克”，但是已经复活，就不应该再强迫它死亡。所以许多国家的商标法都规定，注册商标虽然持续不使用达到法律规定的期限，但是有正当理由，或者在他人提请注销前已经恢复使用，或者已经做好恢复使用的准备，注册商标不能注销。❶ 关于连续三年不使用注销制度中的商标使用，具体要求如上所述，这里不再重复。这里需要讨论的问题是，连续三年不使用的期限如何计算。

首先，2001 年《商标法》第 44 条规定的“连续三年停止使用”包括注册后从未使用且不使用的期限已经满三年，和曾经使用过但是后来连续停止使用满三年两种情况。不管属于哪种情况，其核心要件是在连续三年的时间内没有使用注册商标。三年期限如何计算，有两种不同的主张。一种观点主张自申请人向商标局申请撤销注册商标之日起向前推算三年，国家商标局和商标评审委员会制定的《商标审查及审理标准》采纳此种观点。另一种观点主张只要注册商标在连续三年的时间内未使用即可。❷ 我们认为第一种观点符合立法本意，且与各国关于连续不使用撤销制度的规定相一致。❸ 实际上，2006 年 4 月 18 日商标法修改稿对此已经做了清晰明确的规定。该稿第 59 条第 1 款第（5）项将“无正当理由连续三年未使用”列为撤销事由，接着在第 2 款中规定，有前款第（5）项规定情形的，商标权人自撤销申请时已经使用该注册商标的，不予撤销。但商标权人因知晓他人将申请撤销，而自申请撤销前三个月内开始使用的除外。2007 年 8 月 30 日商标法修改稿第 48 条第 2 款将 2006 年 4 月 18 日商标法修改稿第 59 条第 2 款修改为：商标权人自撤销申请时已经使用该注册商标或者为使用作了必要的准备的，

---

❶ 参见：《欧共体商标条例》第 50 条，德国商标法第 49 条，英国商标法第 46 条，意大利商标法第 42 条，法国商标法第 L714-5 条，日本商标法第 50 条。

❷ 参见：北京市第一中级人民法院. 商标确权行政审判疑难问题研究［M］. 北京：人民法院出版社，2008：146.

❸ 参见：《欧共体商标条例》第 50 条，德国商标法第 49 条，英国商标法第 46 条，意大利商标法第 42 条，日本商标法第 50 条。

不予撤销。两相比较，不予撤销的事项中增加了“为使用作了必要的准备的”，删除了“因知晓他人将申请撤销，而自申请撤销前三个月内开始使用的除外”的规定，体现了对注册人的宽容态度。孔祥俊先生主张，虽然注册商标确实连续三年未使用，但是，在被申请撤销之时或者之后已经实际使用的，也可以不认定三年不使用，甚至在行政诉讼程序中仍然应允许被申请人提供在行政程序结束后的使用证据。据说这是为了达成法律的意图，否则就是机械和僵化执法。❶

对孔先生的观点，笔者不敢苟同。从程序的角度而言，以行政程序结束后新产生的证据推翻商标评审委员会的裁定，难谓公允。从实体的角度而言，连续三年不使用注销制度所涉及的不仅是被申请注销的注册商标所有人的利益，而且涉及申请人的利益，因此，必须考虑二者之间的利益平衡。李扬教授在研究了日本商标法第 50 条第 3 款❷的规定之后指出：日本商标法这样规定的原因在于：提出撤销注册商标请求的人往往是长期实际使用该注册商标，但又不想让自己陷入侵害注册商标权纠纷的竞争者。由于该注册商标发挥的识别机能指向请求人的商品，积聚的信用也属于请求人的信用，如果允许商标权人在得知请求人提出撤销请求后突击使用其注册商标从而免遭撤销的后果，则请求人的使用行为很可能构成侵权行为。在商标权人的差止请求权和损害赔偿请求权都得到法院支持的情况下，请求人不但要付出一笔赔偿费用，而且不得不改用其他商标。如此，请求人通过使用商标积聚的信用和财产都将付之东流，而商标权人则可轻而易举地获得请求人的劳动和投资在商标上积聚起来的信用和无形财产。这种情况的出现不但对实际使用者不公平，也是不符合商标法创设商标专用权的趣旨的。❸ 据我们所知，《欧共体商标条例》，德国、意大利、英国、法国商标法对此问题的规定与日本商标法的规定相一致。我们赞同李扬教授的分析，并认为 2006 年 4 月 18 日商标法修改稿第 59 条对这个问题的规定是妥当的，建议此次修法采纳该规定。

（三）因违规使用而注销

除连续三年停止使用之外，2001 年《商标法》第 44 条和第 45 条还规定了以下四种注销注册商标的事由：（1）自行改变注册商标的；（2）自行改变注册人名义、地址或者其他注册事项的；（3）自行转让注册商标的；（4）使用注册商标的商品粗制滥造、以次充好，欺骗消费者的。这四种事由中，第四种属于产品质量问题，应当由产品质量法管辖，其他三种注销事由的规定均过于苛刻，有失妥当。

---

❶ 孔祥俊. 商标和不正当竞争法原理和判例［M］. 北京：法律出版社，2009：88-89.

❷ 日本商标法第 50 条第 3 款规定，从提出不使用撤销请求之日前三个月开始到撤销请求预告登记之日期间，在日本国内，商标权人、独占许可使用权人、普通许可使用权人在指定的商品或者服务范围内使用注册商标，如果请求人能够证明该使用是被请求人在得知其提出不使用撤销请求后开始的，则不属于第 50 条第 1 款所说的使用注册商标的行为。但是，被请求人有正当理由的除外。

❸ 李扬. 注册商标不使用撤销制度中的“商标使用”界定——中日相关立法、司法之比较［J］. 法学，2009（10）.

1. 关于商品质量问题

2001年《商标法》第44条第（4）项规定曲解了商标的质量担保功能。商标的质量担保功能指的是使用某商标的商品具有特定的质量特点，该质量特点与产品质量法所说的国家标准、地方标准和企业标准没有关系，商标管理部门也难以监督。商标的质量担保功能是通过市场间接发挥作用的，即在商标识别功能和竞争压力的作用下，商标权人为了维护自己商标的信誉，巩固和扩大顾客群，会努力保证和提高商品质量。因此，商标主管部门的任务是打击假冒和仿冒等妨害商标识别功能发挥的行为，而不是直接去管理商品质量问题，商品质量问题应按照产品质量法等相关法律的规定处罚。实际上，像"三鹿"奶粉这样的产品不仅粗制滥造，而且有毒，也未见商标局撤销其注册商标。因此，建议此次修法删除此规定。

2. 2001年《商标法》第44条第（1）项、第（2）项、第（3）项规定的完善

2001年《商标法》第44条第（1）项、第（2）项、第（3）项规定的立法目的和出发点是防止商标使用产生混淆和欺骗，以维护消费者权益，而不是对注册人的惩罚。因此，2001年《商标法》第44条第（1）项、第（2）项、第（3）项规定有值得商榷的地方。

关于自行改变注册商标的标识、注册人名义、地址。基于立法目的，只有在注册商标的使用和转让导致混淆或者欺骗性后果时，才应当予以注销。如日本商标法第51条之一规定，商标权人故意在核定使用的商品或者服务上使用与注册商标相近似的商标，或者在与核定使用的商品或者服务相类似的商品或者服务上使用注册商标或者与其相近似的商标，而造成对商品或服务质量的误认，或者与他人业务相关的商品或服务发生混淆的，任何人都可以提出撤销请求。我国目前已经发生多起这类故意改变注册商标标识以达到与他人注册商标相混淆目的的案件，在立法上明确规定此类行为构成注销注册商标的法定事由是现实的需要。但是，如果注册人仅对注册核准之商标标识作了一定的变化（实践中为了适应商品或者包装的特点，商标标识往往需要做一定的变化），但并不影响商标的识别性，亦不构成对他人商标的摹仿、混淆，即不应注销其注册。自行改变注册人名义或地址，往往是由于注册人为了适应经营的需要而改变了名称或地址，或者被兼并、合并。注册人名义或地址的这种改变，一般来说并不会产生欺骗消费者的问题，也不会损害竞争者的利益。对这样的问题，应当敦促商标权人及时办理变更手续。如果仅仅因为注册人未办理变更手续就注销其注册，显然有失公允，实践中也很难做到。

关于自行转让注册商标。商标权作为一项普通民事权利，如何处分是权利人的自由。为了维护交易安全，法律可以要求处分行为须履行一定的手续，如须经核准并办理登记公告手续。核准和登记公告的效力，从理论上讲可以作为权利转

移的生效要件，也可以作为对抗第三人的要件。我国 2001 年《商标法》第 39 条规定的是生效要件。不管采取生效要件还是对抗要件，涉及的仅是受让人何时取得转让之权利以及能否对抗第三人的问题，并不涉及公共利益，法律不能因为权利人没有履行法律规定的手续而剥夺其权利。因此，未履行报请核准的手续，不能成为注销注册商标的理由，要注销转让商标的注册，必须另有充分、正当的理由——转让损害了公共利益。如日本商标法第 52 条之二规定，因商标权转让使相互冲突的商标权为不同的人享有的，商标权人之一出于不正当竞争的目的使用商标，致使其商品或者服务与其他商标权人或他们的许可使用人的商品或者服务在来源上相混淆，该商标注册将被撤销。即转让造成混淆，才是注销注册商标的正当理由。

除以上四种事由外，注销事由起码还应当增加两种：（1）注册商标成为核准使用商品（服务）的通用名称，丧失显著性的；（2）因注册人使用不当导致消费者对其商品质量、原料、功能、用途、重量、数量及其他特点或者产地发生误认的。当发生这样的情况时，商标局应当依职权注销其商标注册，任何人也有权请求商标局注销该商标注册。

综上所述，注销注册商标的事由应当包括：（1）改变注册商标，使与他人在同一种商品或者类似商品上注册的商标相同或者近似，可能导致消费者混淆误认的；（2）转让（移转）注册商标，使在同一种或者类似商品上的相同或者近似商标为不同的商标权人所有，可能导致消费者将其与他人的注册商标发生混淆误认的；（3）不当使用注册商标，导致相关消费者对其商品质量、原料、功能、用途、重量、数量及其他特点或者产地发生误认的；（4）注册商标成为核准使用商品（服务）的通用名称，丧失显著性的；（5）无正当理由连续三年未使用的。

三、商标使用与未注册商标保护

对未注册商标给予适当保护是强调使用在商标保护中的作用必然的逻辑结论。如前所述，注册取得商标权并非完美无缺的制度，相反，从本质上讲，使用取得商标权才是合理的，只是因为在贸易高度发达的当今世界，使用取得难以操作，且不利于维护交易安全，而注册取得在效率和安全以及可操作性方面具有比较优势，因而世界大多数国家采取了注册取得制度。但是，采取注册取得制度的国家都通过各种制度设计，包括对未注册商标给予适当保护的制度，抑制和克服注册取得制度固有的缺陷。

对未注册商标的保护，主要是通过在确权程序中赋予未注册商标所有人异议和撤销的权利以及先用权来实现的。

（一）赋予在先使用人异议权和撤销权

这里的关键问题是在先使用商标达到何种程度才能赋予其异议权和撤销权。

作为一种政策选择，异议权和撤销权条件的规定既要坚持注册取得原则，又要兼顾公平，维护诚实信用的商业道德。基于这种考虑，赋予在先使用的未注册商标异议权和撤销权的条件应当根据商标影响力的不同而不同。

1. 在先使用并有一定影响的商标

根据上述政策精神，2001 年《商标法》关于未注册驰名商标和在先使用并有一定影响的商标所有人可提出异议和撤销申请的规定是合理的。值得讨论的问题是，第 31 条将“以不正当手段抢先注册”作为在先使用并有一定影响的商标受异议、撤销制度保护的条件是否合理。赋予未注册驰名商标和在先使用并有一定影响的商标异议权和撤销权的根据是该商标的知名度和影响力，是法律对在先使用人富有成效的使用行为的肯定和保护，与他人的注册是否属于恶意抢注，手段是否正当无关。尽管抢注此类在先使用商标的行为人通常具有恶意，但对于在先使用并有一定影响的商标而言，不应当以行为人的恶意作为其获得异议权和撤销权的条件。第 31 条的规定抹杀了在先使用并有一定影响的未注册商标与普通未注册商标的区别，而且给在先使用人行使异议权、撤销权制造了障碍，对法律的执行增加了困难。因此，该规定的科学性是值得怀疑的。建议此次修法时删除“以不正当手段抢先注册”这一限制条件，以凸显立法本意，便利当事人行使权利和法律的适用。至于此次修法是否仍应保留“未注册驰名商标”和“在先使用并有一定影响的未注册商标”的区分，笔者认同取消这一区分的意见。在克服了对驰名商标神圣化的观念之后，没有必要再保留“在先使用并有一定影响的未注册商标”这一概念，可以将这类商标合并到未注册驰名商标中去。须知，驰名商标的驰名度也有高低之分，根据其驰名度的高低，其受保护的程度也是不同的。

2. 普通的在先使用商标

普通的在先使用商标是否应当受异议和撤销制度的保护？如果赋予普通在先使用的未注册商标异议权和撤销权，就等于全盘否定了注册取得制度而实际上采取了使用取得原则。而我们已经说过，这不符合安全和效率这两个市场经济最重要的价值目标，而且难以操作。因此，我们认为普通在先使用商标不能享受异议和撤销制度的保护，除非有另外的正当理由——注册人知道或者应当知道该商标是他人在先使用的商标而抢先注册。换言之，普通在先使用的未注册商标受异议和撤销制度保护的条件有二：一是在先使用，二是注册人知道或者应当知道在先使用商标的存在而抢先注册，即注册人具有恶意。修订送审稿第 34 条第 1 款规定：“申请商标在相同或者类似商品上与他人在中国在先使用的商标相同或者近似，申请人因与该他人间具有合同、业务往来、地域关系或其他关系而明知他人商标存在的，不予注册。”第 44 条、第 46 条规定，申请注册的商标或注册的商标违反第 34 条规定的，在先使用人可以提出异议或者撤销申请。较之于 2001 年《商标法》，该规定是一个进步，值得赞同。但值得商榷的是，在“明知他人商标存在”之前，是否有必要加上“因与他人间具有合同、业务往来、地域关系或其他关系”的限定。从本条立法目的出发，法律需要禁止的是知道他人商标的存在而抢先注册的违反诚实信用原则的行为，只要知道他人商标的存在而抢先注册，都在禁止之列。至于缘何知道，是解释和证明的问题，不必一一列举。而且，上述规定还特别强调了“关系”的存在，这就将无特定关系而知道他人商标的抢注行为排除在外。事实上，有些人专门搜集市场上的商标信息，发现有价值且未注册的商标即抢先注册，按上述规定，这样的行为就无法纳入。上述规定的本意可能是为了给在先使用人指示出证明的路径和为执法人员提供判断的依据，但由于表达不当，模糊了立法目的，并且导致对应当赋予普通在先使用的未注册商标异议权和撤销权的情况涵括不全。建议将“修订送审稿”第 34 条第 1 款修改为：知道申请注册的商标是他人在先使用的商标而抢先注册的，不予注册；删除关于申请人与在先使用人有……关系而明知他人商标存在的列举式规定，将如何判断申请人明知他人商标存在的问题以及禁止抢注的范围（如是否包括近似商标和类似商品）留给商标法实施条例或者司法解释去解决。这样做的好处是，(1) 凸显立法目的——维护诚实信用的商业道德，禁止抢注；(2) 保持法律应有的稳定性和弹性力；(3) 由商标法实施条例和司法解释担当解释的任务，能够更好地适应法律适用的需要。

（二）赋予在先使用人先用权

如果在先使用人没有在规定的时限内提出异议和撤销申请，商标获准注册或者注册已经不可争议，或者在先使用尚未达到“有一定影响”的程度，依法不能阻止他人的注册，商标被他人注册之后，在先使用人还有无救济措施？2001 年《商标法》对此没有规定。我们认为，从公平原则出发考虑，在注册商标的效力已经确定之后，注册人应无权禁止在先使用人在原有范围内继续使用其商标，但是，注册人有权要求其附加显著标志以示区别。在先使用人的权利仅限于此，他不能提起侵权诉讼，也不能将自己的先用权许可他人使用。这是基于公平原则对在先使用人已经建立的商业信誉的保护，在先使用人逾越了这个界限，其行为即构成侵权。即在先使用人的先用权的内容和效力是十分有限的，这是他怠于注册所应承担的不利后果。

四、商标使用与侵权救济

商标法保护注册商标的目的在于保护商标的识别功能即商标的显著性不被侵害，并间接保护消费者不被假冒、仿冒商标所混淆、误导。如果注册商标未在商业活动中使用，消费者便无从将该商标与注册人及其商品（服务）的特定质量相联系，混淆、误认便无由产生。注册商标虽然曾经在商业活动中使用，甚至具有较高的知名度，如果长时间停止使用，其影响也会逐渐减退甚至消失。一个实际上已经死亡的商标法律没有必要继续给予保护。鉴于实践中“商标渔翁”囤积大量商标却并不打算使用，而专门通过打侵权官司索取所谓损害赔偿金牟取不正当利益，阻碍后来者对商标的使用，限制未使用注册商标的救济权成为立法者考虑的问题。德国商标法在这方面走在了前面。德国商标法第 25 条第 1 款规定："如果商标在主张请求权的最近五年内未依照本法第 26 条使用于其请求权据以成立的商品或服务之上，并且商标至此为止已至少注册五年，则注册商标的所有人不得针对第三人主张本法第 14 条、第 18 条和第 19 条规定的请求权。"该法第 14 条规定的是损害赔偿和停止侵害请求权，第 18 条规定的是销毁以违法方式标示的物品和专门用于或几乎专门用于违法标示的装置的请求权，第 19 条规定的是提供信息请求权。而第 26 条所规定的商标使用是指：商标必须由其所有人在国内真实使用于其为之注册的商品或服务上，但是，未使用有正当理由的除外。经所有人同意的对商标的使用视同所有人的使用。概而言之，该规定实际上宣布了对连续五年未使用的注册商标不给予侵权救济。我们认为，该规定是合理的，有利于抑制抢注和盲目注册，而且，与连续不使用满法定期间的注册商标，任何人都可以请求撤销的制度保持了逻辑上的一致性。鉴于我国商标抢注和盲目注册严重，注册簿中充斥着大量实际上已经死亡的商标，我国 2006 年 4 月 18 日商标法修改稿第 142 条对此也做了明确规定：侵犯他人连续三年停止使用的注册商标权的，不承担侵权责任；侵犯他人从未使用但注册尚未满三年的商标权的，赔偿制止侵权的合理开支。修订送审稿坚持了这一规定的精神，在第 68 条规定：注册商标专用权人请求赔偿时，应当提供此前三年内使用该注册商标的证据和其他证据。我们认为，应当将二者结合起来，即规定在侵权诉讼中，被控侵权人可以要求注册人提供提起诉讼之前三年内使用注册商标的证据，如果注册人不能提供使用证据，被控侵权人不承担侵权责任。侵犯他人从未使用但注册尚未满三年的注册商标的，可判令停止侵害，并赔偿制止侵权的合理费用。

优化程序是提高商标确权效率的根本出路*

【摘要】注册申请大量积压是我国商标工作面临的一个重大问题，文章提出两项解决措施：一是完善注册申请程序，要求申请人在申请商标注册时声明使用意图，并声明就其所知其申请不侵犯他人的在先权利，如有虚假和欺骗，愿承担赔偿受害人因此所受损失的法律责任；二是要求注册人在商标初始注册满五年后的一年内，向商标主管机关提交注册商标已经被商业使用的声明和相关证据，如果注册人既未提交商业使用的证据也无未使用的正当理由，期限届满时商标注册将被注销。文章从商标保护的基本理论、《商标法新加坡条约》的相关规定和外国立法例等各方面论证了两项解决措施的合理性。

【关键词】商标注册　商标使用　注册效率　程序优化

我国同世界上绝大多数国家一样，采取商标权注册取得原则，一件商标只有通过注册，才能取得稳定的商标权，受到法律保护。随着经济全球化程度日益加深，商标对企业的生存发展发挥着越来越重要的作用。但是，由于诸多方面的原因，我国商标注册申请的审查批准（以下简称“确权”）期限却从20世纪80年代的八九个月变成现在的三十个月以上。2007年年底，我国积压的商标注册申请达到200多万件。近几年，每年的商标注册申请量为70万件左右，而审查能力最多40万件。以每年40万件计，审查完2007年年底以前的积压申请需要五年的时间。这就是说，如果没有特别的措施，积压量还将大幅度增加。商标评审的情况更令人担忧，2007年年底，评审案件积压超过5万件，商标异议案件从受理到审结平均需四五年；商标评审案件中，单方当事人的案件约需三年，双方当事人的案件从受理到审结长达六七年。[1] 这种状况严重影响到企业竞争力的培育和提升，引起申请人的广泛抱怨。基于这种严峻的形势，《国家知识产权战略纲要》将“提高商标审查效率，缩短审查周期，保证审查质量”列为一项重要的战略任务。

---

* 本文发表于《政治与法律》2010年第1期。本文为国家社科基金重大招标项目“科学发展观统领下的知识产权战略实施研究”（批准号07&ZD006）的中期成果。

[1] 杨叶璇．我国商标确权效率亟需提高［G］//吴汉东．中国知识产权蓝皮书（2007-2008），北京：北京大学出版社，2009：298.

本文试图通过对我国商标注册申请大量积压原因的分析，提出解决对策，供商标法修改之参考。

一、申请案大量积压的原因分析

导致注册申请大量积压的首要原因是申请量的大量增加。2000 年我国商标注册年申请量为 22.3 万件，2001 年至 2006 年申请量以每年 10 万多件的速度增加，到 2006 年，年申请量达到 76.6 万件。自 2002 年以来，我国商标年申请量已经连续六年居世界第一，增势之迅猛世所罕见。与此同时，商标确权纠纷案件也迅速增多。2001 年我国商标异议年申请量为5 999件，到2006年时，已经达到16 879件，是2001年的 2.78 倍。2001年我国商标评审案件年申请量为6 166件，2006年增加到14 960件，是 2001 年的 2.43 倍。❶

审查工作量成倍增加，审查人员却没有相应增加。虽然审查人员超负荷工作，还是无法应对成倍增加的申请量，而且，审查质量也不可避免地受到一定影响。评审案件数量的激增在一定程度上说明审查质量存在问题。

注册申请大量增加固然主要是由于我国经济的快速发展和人们商标意识的增强，但是，恶意抢注、恶意异议、盲目申请和商标囤积行为无疑也起到了推波助澜的作用。

商标工作上的偏差是导致注册申请大量增加的又一重要原因。为了提高人们的商标注册意识，我们采用各种形式、手段宣传商标的价值，宣传注册的重要，甚至把注册商标的数量和被认定驰名商标的数量作为考核地方官政绩的一个指标，好像商标只要注册就可以推动经济发展，就会产生财富。而对于商标的使用，商标财产价值的来源，商标与商誉的关系等这些实质性的问题则涉及甚少。商标管理工作的重点也放在推动注册，增加注册数量上，而对于商标的有效运用，商誉的培育则关注较少。我国商标注册申请连续六年居世界第一，累计注册量达到 303 万件，❷ 但是，却没有一件世界级的驰名商标。

与商标注册量迅猛攀升相伴而生的，是闲置商标和死亡商标在注册商标中所占比例高得惊人：2005 年、2006 年和 2007 年我国的注册商标续展数量分别为十年前注册数量的 31.52%、42.39% 和 31.88%，也就是说，十年前注册的商标有 60%~70% 已经死亡。尽管说由于种种原因部分注册商标在期满前死亡是正常现象，但是，死亡比例如此之高则是世所罕见。这些死亡商标中，恐怕有相当一部分是为了政绩盲目申请的，或者是为了囤积居奇、转让牟利而申请的。

通过对商标注册申请大量积压原因的分析可知，解决这一问题的对策不外乎以下几种：第一增加审查力量；第二减少盲目申请；第三及早清除死亡商标，减

---

❶ 杨叶璇. 我国商标确权效率亟需提高［G］//吴汉东. 中国知识产权蓝皮书（2007-2008），北京：北京大学出版社，2009：299.

❷ 付双建. 商标强国之路任重道远［J］. 中华商标，2009（1）.

少相对审查中对比商标的数量；第四简化商标确权程序。增加审查力量是主管机关行政管理权限范围内的事情，不在本文讨论的范围以内，不过，审查力量的增加总归是有限度的，因此，其他解决办法也不能缺少。关于简化商标确权程序问题，近几年理论和实务界已经进行了卓有成效的研究，这里不再重复。本文仅就第二和第三两种对策略陈管见，以期引起讨论，共同寻求提高商标注册效率的可行办法。

二、完善注册申请程序，抑制抢注和盲目申请

（一）完善注册申请程序

我国采商标权注册取得原则，商标法不要求申请注册的商标必须已经在商业活动中实际使用，也没有明确要求申请人有使用申请注册商标的意图，这就为一些善于投机钻营之徒利用商标注册制度谋取不正当利益提供了可乘之机。抢注行为、商标囤积行为（商标银行）等投机行为应运而生，而且愈演愈烈，有的人在将公共领域的名词注册为商标之后，竟然恬不知耻地公开宣称他就是要利用概念赚钱。报纸上关于“商标银行”的宣传也时有所闻。这些行为不仅极大地增加了商标主管机关的工作量，而且大量工作都是做的“无用功”，造成行政资源的极大浪费，还破坏了商标法律制度在经营者和社会公众心目中的良好形象和地位。解决这些问题，宣传教育固然重要，但是，完善注册申请程序，从制度上杜绝恶意抢注和囤积牟利行为，才是治本之道。

完善注册申请程序，就是要为商标注册申请设置一定的门槛或者说条件，这个门槛要能够将那些抢注申请和盲目申请挡在门外。根据商标法的立法目的，并参考外国的立法例，这个门槛应由两项内容组成：使用意图和不侵权声明。具体来说，第一，要求申请人在申请注册时要声明有在商业活动中使用申请注册之商标的意图；第二，要求申请人声明对申请注册的商标享有权利或者就其所知该申请不侵犯其他人的在先权利。并要求申请人声明，就其所知并相信其在申请文件中所陈述的事实是真实的，不存在虚假和欺骗，如有虚假和欺骗，愿承担赔偿受害人因此所受损失的法律责任。并且，在相应的条文中明确规定在异议和撤销程序中被确认为抢注者要承担赔偿对方损失的民事责任。设置这个门槛起码有以下好处：其一，可以有效抑制盲目申请。只有意图使用商标的人才可以申请商标注册，不打算使用而专为囤积商标，伺机转让牟利的申请不受法律的支持。其二，可以有效抑制恶意抢注。要求申请人声明就其所知并相信该商标注册不侵犯他人的在先权利，是对申请人的诚信要求，将这一要求明确写入法条，具有很强的宣示和教育意义，申请人在申请文件中做出这一声明并保证如有欺骗愿承担相应的法律责任时，其心灵便经受了一次诚实信用原则的洗礼，一些恶意抢注行为可能就此打住。

（二）立法理由

1. 符合商标法的立法目的和诚信原则的要求

要求申请人在申请文件中声明其对申请注册的商标的商业使用意图和申请注册的商标不侵犯他人的在先权利，符合商标的本质和商标法的立法目的，是诚实信用原则在商标法中的贯彻，也没有不合理地增加申请人的负担，而且，在我国商标法上是有依据的。

（1）商标是商业活动的标志，只有付诸商业使用才有保护的必要。

商标与发明创造和作品不同。发明创造和作品是一种创造性智力成果，其本身即值得法律给予保护。而商标本质上是商业活动的标志，其最基本的功能是识别。尽管随着时代的进步商标的功能发生了重要的变化，但是，识别功能仍然是其最基本的功能，其他功能，包括表彰功能、质量担保功能的发挥，都建立在商标识别功能的基础之上。一个标志如果不在商业活动中使用，就无从谈起识别功能，如果商标不能起到识别作用，其他一切都无从谈起。只有通过在交易活动中使用，商标才能发挥识别作用，只有通过在交易活动中使用，商标才会产生价值和信誉，才值得法律给予保护。所以，不管是采商标权使用取得制度的国家，还是采商标权注册取得制度的国家，“使用”在商标法上都具有十分重要的意义。实际上，我国商标法对申请人的“使用意图”有明确的要求。2001 年《商标法》第 4 条第 1 款规定：“自然人、法人或者其他组织对其生产、制造、加工、拣选或者经销的商品，需要取得商标专用权的，应当向商标局申请商品商标注册。”这一规定明白无误地告诉人们，经营者只能对其在生产经营活动中使用或者意图使用的商标申请注册。可惜的是，这一正确的规定长期以来被忽视了。

要求申请人在申请商标注册时声明其“意图使用”是由商标的本质和商标法的立法目的决定的。诚如曾陈明汝教授所指出的：“商标之实际使用与继续使用乃商标法上重要之课题。在采使用取得主义之国家如美国，商标之使用乃为商标权取得之要件或注册之要件。在采注册取得主义之国家，商标之使用乃为维护商标权之要件。足见商标使用之重要性与切实性。而其使用，必也应真实而严肃，不容投机取巧而成为商标银行，却无实际使用之诚意，将阻碍他人之使用商标，诚有违公平竞争原则，亦且有悖商标制度之目的。”❶

大多数商标并不是独创性的新设计，而是处于公有领域的资源，如长城、长江、黄河、三峡等，从某种意义上讲，申请商标注册是将公有领域的资源划归私人独占。公众之所以能够容忍这种对公共资源有限的私人独占，是因为这种有限的独占能够为消费者带来选购商品（服务。下同）的方便，使消费者能够借助商标的指引方便地挑选到自己喜欢的商品。而商标只有在交易活动中使用，才能发

---

❶ 曾陈明汝. 商标法原理［M］. 北京：中国政法大学出版社，2003：479.

挥识别作用，为消费者提供挑选商品的指引。商标如果注而不用，公众不能从注册人对公共资源的私人独占中获得任何回报，这样的注册商标就没有理由要求法律给予保护。允许某些人通过注册大量圈占公共资源，设立“商标银行”，待价而沽，阻碍他人的注册和使用，从根本上违反了商标法的立法目的和公平原则。要求申请人郑重声明其对申请注册的商标“意图使用”，是抑制这种圈占公共资源行为的有效措施之一，具有充分的正当性和合理性，也为日后注销连续一定期间不使用的商标提供了一个“违背允诺”的理由。

即使商标标识不属于公共资源，而是注册人的创造，如果不在商业活动中使用，也没有理由获得商标法的保护，其创造性的设计只能受著作权法的保护。

（2）符合商标法的立法目的。

商标法的立法目的是通过保护商标权，保护消费者利益，维护公平竞争的市场秩序，促进社会主义市场经济健康发展。商标法的一切制度设计必须符合商标法的立法目的并为其服务。我国商标法采商标权注册取得原则，这是符合贸易全球化形势要求的先进的制度。但是，注册取得制度的固有缺陷是容易诱发商标抢注行为，我国商标法实施近三十年的实际情况充分证明了这一点。因此，许多采注册取得原则的国家从商标法的制度设计到司法保护采取各种措施抑制商标抢注。抢注他人已经使用的商标，是一种掠夺他人商业信誉和市场份额的严重的不正当竞争行为，破坏公平竞争的市场秩序，欺骗消费者，有百害而无一利，与商标法的立法目的背道而驰，南辕北辙。2001 年《商标法》虽然在第 31 条和第 41 条规定申请注册商标不得损害他人的在先权利，也不得以不正当手段抢注他人已经使用并有一定影响的商标，违者由商标局撤销其注册，任何单位和个人也可以请求商标评审委员会撤销其商标注册，但是，由于“不正当手段”和“有一定影响”等概念的模糊性和证明的困难，而且即使证明成功，抢注人除了抢注不成外也不需要承担任何不利的法律后果，实施的效果并不理想，抢注行为仍然时有所闻。要求申请人在申请商标注册时声明就其所知并确信，其申请注册的商标不侵犯他人的在先权利，如有虚假陈述或欺骗，愿承担相应的法律责任，将诚实信用原则的要求具体化，将更有效地抑制抢注行为，实现商标法维护公平竞争秩序的立法目的。

（3）符合诚实信用原则的要求。

诚实信用是民法的基本原则，知识产权法是民法的组成部分，当然应当贯彻诚实信用原则，这在学界和实务界已经达成共识。诚实信用原则的基本要求是民事主体在行使权利、履行义务时要抱有善意，并负有不侵犯他人权利和正当利益的注意义务。如果行为人没有尽到其应尽的注意义务，侵害了他人的权利或者合法利益，就要承担损害赔偿的民事责任，情节严重的，还要承担行政责任甚至刑事责任。申请商标注册的实质是通过注册获取一种经营资源，要求申请人在获取这种经营资源时注意不要侵犯他人的在先权利，是“注意义务”理论在商标法中的体现。要求申请人在申请商标注册时声明就其所知并确信其申请不侵犯他人的在先权利，声明其有使用申请注册之商标的真实意图，是对申请人诚实信用的起码要求，也是申请商标注册的题中应有之义，并非是对申请人的额外要求。

（4）没有不合理地增加申请人的负担。

公平和效率是法律所追求的两项基本的价值目标。要求申请人在申请商标注册时声明就其所知并确信其申请不侵犯他人的在先权利，声明其有使用申请注册之商标的真实意图，既符合公平原则，也不损害法律所追求的效率价值。如此规定不过是要求申请人如实陈述其申请商标注册的真实情况，同时应注意其注册申请不侵犯他人的在先权利，在一个诚信的申请人看来，这些要求是理所当然的，他甚至不会感觉到该要求是一种负担。对于那些希图投机取巧，通过抢注和囤积商标谋取不正当利益的人来说，这些要求确实是一种负担甚至威胁，一些抢注行为可能就此打住，而这正是立法所追求的效果。

（5）现行法上的依据。

我国2001年《商标法》第4条第1款、第2款规定："自然人、法人或者其他组织对其生产、制造、加工、拣选或者经销的商品，需要取得商标专用权的，应当向商标局申请商品商标注册。自然人、法人或者其他组织对其提供的服务项目，需要取得商标专用权的，应当向商标局申请服务商标注册。"该条规定已经很明白地表达出在商品或者服务项目上使用是申请商标注册的条件，只是多年来该条规定在商标法理论研究和注册实践中没有引起充分的重视，以致形成了我国商标法不要求注册申请人需要有使用意图的错觉。

鉴于这种错觉已经形成且根深蒂固，所以这次修法将声明使用意图作为申请人的一项义务明确加以规定就显得很有必要。

2. 符合《商标法新加坡条约》的要求

有人担心对商标注册申请设置这样的门槛违反有关国际条约的规定，其实这种担心是多余的。这个门槛不但不违反《商标法新加坡条约》的有关规定，而且有比较法上的先例。

2006年3月28日外交会议通过的《商标法新加坡条约》明确规定，任何缔约方均可以要求申请人提交意图使用该商标的声明，并可以要求申请人在法律规定的期限内向商标主管机关提交商标实际使用的证据。❶

---

❶ 《商标法新加坡条约》第3条第1款（2）规定，任何缔约方均可以要求，申请书中须含有下列部分或全部说明或项目，其中第（16）目为，缔约方法律要求提交的有意使用该商标的声明。第3条第1款（2）规定，按照缔约方法律的要求，申请人可以提交实际使用商标的声明和相关证据，作为对本款第（1）项第（16）目所指有意使用商标的声明的替代或补充。第3条第3款规定，任何缔约方均可以要求，已经按照本条第1款第（1）项第（16）目的规定提交有意使用商标声明的，申请人须在法律规定的期限内，按该法律的要求向商标主管机关提交商标实际使用的证据。

3. 比较法上的先例

美国1988年通过、1989年11月16日生效之商标修正法对《兰哈姆法》的重要修正之一，就是增订“意图使用”得作为申请商标注册之要件。这一修正被认为是美国商标修正法最重要的改革。之前，美国申请商标注册以有商业上使用（州际使用）或实际上使用为条件，未使用的商标不能申请注册。美国商标修正委员会支持“意图使用”的政策性理由是：（1）令一个企业在商标未确保获准注册前先花费资金将商标使用于商品之上行销市场，无疑犯有逻辑上的错误；（2）实务上所接受之象征性使用原则，已采纳事实上之意图使用；（3）意图使用之采纳将增加商标之确定性；（4）意图使用条款将消弭内外国人之差别待遇。❶ 为了防范利用该条款而增加无谓之商标申请，商标修正法要求，申请人须有善意之意图使用，并应于提出申请后六个月内提交第一次商业上使用的证明和日期。如届时尚未使用，提交使用证明的时间可延展，但最多不超过两年，延展须有正当理由，并须缴纳额外费用。美国商标法禁止“意图使用”申请的转移，旨在防止借意图使用申请注册，却以出售商标为目的。❷ 未提交商业使用证明，申请不会被核准，也就是说，只有实际使用的商标才会被核准注册，在这一点上，美国商标修正法并没有任何改变。曾陈明汝教授认为，美国对商标“使用”之立法的审慎与实务对“使用”解释之严谨值得借镜。

美国商标法还明确规定，不管是已经实际使用商标的注册申请，还是“善意意图使用”商标的注册申请，申请人在申请时都需要在一份认证文件中声明其确信申请人有权在商业中使用该商标；申请人在商业中使用该商标的善意；申请人在申请中陈述的事实是准确的；据申请人所知并相信，没有其他人有权在商业中以同样的形式或非常类似的形式使用该商标。如果申请人在注册时以书面或口头形式进行虚假或欺骗性声明或陈述，或者实施了其他虚假行为，在民事诉讼中要赔偿受害当事人因此所造成的所有损失。❸

综上所述，商标注册制度必须贯彻诚实信用原则，促进商标的有效使用，抑制浪费商标资源的盲目注册行为。要求申请人在申请文件中声明使用意图，并声明就其所知并相信其商标注册申请不侵犯其他人的在先权利，不会增加申请人的不合理负担，却可以有效抑制恶意抢注和盲目申请，实现了诚实信用原则和效率原则的完美结合。

三、规定商标使用证明义务，及早清除死亡商标

（一）商标使用证明义务的内容

商标使用证明义务，就是在商标法中规定，商标初始注册满一定年限（如五

---

❶ 曾陈明汝．商标法原理［M］．北京：中国人民大学出版社，2004：480-481.

❷ 参见：美国商标法第1条（1051条）。

❸ 参见：美国商标法第1条（1051条）和第38条（1120条）。

年）后一年内，注册人要向注册机关提交商标已经在注册核定的商品（服务）上使用的声明和相应的证据，或者商标未使用的正当理由。如果注册人不能提交符合要求的使用证明且无正当理由，商标局即于一年期限届满时注销该商标注册。通过这一程序，可以及早将那些注而不用的死亡商标清除出注册簿，大大减少注册审查程序中对比商标的数量，提高审查效率。同时，可以起到阻却盲目申请的作用，减少以囤积牟利为目的的商标注册申请。

（二）规定商标使用证明义务的必要性

不论如何提高商标注册的质量，减少盲目申请，商标注册后因各种原因而未能付诸使用和使用后放弃的注册商标总会占一定数量。如商标注册后，申请注册的企业已经转产或者已经不存在，或者商标使用后市场反应不理想，注册商标即可能被弃而不用。而注册商标不像专利，不需要缴纳维持费，注册人弃用商标后一般不会向注册机关提交放弃注册商标的声明，因此，这些实际上已经死亡的商标往往长时间保留在注册簿上。而以转卖牟利为目的的商标囤积行为和其他的盲目申请行为，使这种“死亡商标”充塞注册簿的情况愈加严重，如我们在前边所提到的，2005 年、2006 年和 2007 年我国的注册商标续展数量分别为十年前注册数量的 31. 52%、42. 39% 和 31. 88%，十年前注册的商标有 60% ~ 70% 已经死亡。2009 年 2 月 24 日国家商标局发布商标注册公告后，西南商标事务所逐个通知本所代理的客户时，却发现有 300 多件注册商标无人认领。❶ 截至 2008 年年底，重庆市有效注册商标34 286件，但是，已证实的闲置商标❷超过8 000件❸，这既造成商标资源的严重浪费，又极大地增加了商标审查的负担。

各国商标法都采取各种法律措施试图解决“死亡商标”充塞注册簿的问题。如规定注册的有效期，期满不申请续展即不再保护；再如规定注册商标连续一定时间不使用，任何人都可以请求主管机关撤销其注册。但是，注册有效期一般为十年，期限过长，不能尽早清除“死亡商标”。连续一定时间不使用主管机关即可撤销注册商标的制度，在实际运作中效果不佳。因为注册商标是否使用，特别是未使用的期限是否达到法律规定的可以撤销的期限，商标主管机关难以掌握，而一般公众和企业既不负有法律职责，也无实际上的利害关系，没有动力关心这个问题。所以，注册商标是否实际使用，不使用的期限是否达到法律规定可以撤销的期限，实际上无人关心也无人知晓，除非是盯住某商标的竞争对手，而这种情况是极少见的。例如我国 2001 年《商标法》和《商标法实施条例》规定注册商标连续三年不使用，任何人都可以请求商标局撤销该商标注册，但是，自商标法实施以来，因不使用而被撤销的注册商标到目前为止仍然是绝无仅有。因此，解决“死亡商标”充塞注册簿的问题必须另辟蹊径。要求注册人在商标初始注册

---

❶❸ 《谁来唤醒8 000余件闲置商标?》转引自：重庆西南商标事务所. 西南商标，2009（22）.

❷ 这里所说的闲置商标实际上是找不到注册人的无主商标。——笔者注

满一定期限后一年内向注册机关提交注册商标已经付诸商业使用的证明，如果注册人不能提交使用证明也未说明不使用的正当理由，即注销其商标注册，即可在相当程度上解决这个问题。笔者认为，这个期限以五年为宜，因为对于以使用为目的而申请商标注册的诚实经营者来说，五年的时间足够准备商标使用了。一件商标如果从注册起五年都没有投入商业使用，以后使用的可能性就很小了。

（三）规定商标使用证明义务的合理性

1. 商标保护理论上的合理性

如前所述，商业使用是商标获得法律保护的实质性根据，保护商标的目的也是使商标在商业活动中充分发挥识别作用，以维护消费者利益和公平竞争。因此，"使用"注册商标是注册人的义务，商标长期不在商业活动中使用，法律便没有保护的必要。从这个意义上，使用取得制度符合商标的本质，注册取得制度不过是在贸易高度发达的条件下，基于效率和交易安全等多方面考虑所做的一种选择。世界上没有完美无缺的制度，凡事有一利必有一弊。注册取得制度在增加商标权的确定性、交易安全和效率方面较使用取得制度具有优势，但是，容易诱发抢注、商标囤积等行为则是其固有的缺陷。为了克服注册取得原则固有的缺陷，各国商标法均采取多种措施抑制商标抢注和注而不用的问题，如要求申请人在申请商标注册时声明使用意图，规定注册商标连续不使用达到法律规定的期限，任何人均可请求主管机关撤销其注册，规定注册的有效期，期满不申请续展即不再保护等。有的国家对未使用的注册商标在侵权诉讼中不给予损害赔偿。我国 2001 年《商标法》规定注册商标连续三年不使用，任何人均可请求注册机关撤销其注册，也是为了克服注册取得制度的固有缺陷，促使注册人积极使用商标，最大限度地清除死亡商标。

美国商标法采商标权使用取得原则，只有实际使用的商标才能获得注册。即便如此，美国商标法仍然要求注册人在商标初始注册五年后的一年内向专利商标局提交商标在注册指定的商标或服务上使用的保证书和相关证据，如果商标尚未被使用，则应当提交未使用的正当理由的说明。如果注册人未能提交商标被商业使用的保证书或者未被商业使用的正当理由的说明，在注册公告之日起第六年的年底，商标注册将被撤销。❶ 美国对商标使用的重视可见一斑。我国采商标权注册取得制度，且申请注册时不需要声明使用意图，盲目申请和为囤积商标、转手牟利而申请的商标占相当高的比例，更需要一种制度及早清除那些注而不用或者已经弃用的注册商标。要求注册人在初始注册满一定年限后向商标主管机关提交使用证明，显然是一种符合商标法立法目的，又具有效率的制度设计。该制度不但可以及早清除注册簿中的死亡商标，而且还具有警示意义，可以有效阻止商标

❶ 见美国商标法第 8 条（1058 条 a、b）。

囤积行为，减少盲目申请。

2. 经济学上的合理性

注册商标连续三年不使用即可撤销其注册的制度将证明注册商标未被使用的责任分配给商标主管机关和社会公众。如果该制度的立法目的是为民事主体提供一种侵权抗辩的手段尚且合理，但是，如果将该制度的功能定位于及时清除注册簿中的死亡商标，则力所不及。主管机关虽然有监督商标使用的职责，但其主要任务是对违法使用商标的行为进行查处，如果要求主管机关掌握每一件注册商标是否实际使用的情况，并及时对连续不使用达到法定期限的注册商标主动撤销，成本将是巨大的，而且有违商标权的私权属性。社会公众因为与注册商标的使用没有利害关系，没有监督注册商标是否使用的动力。即使有人有这个兴趣，监督的成本也很高，起码要付出长时间对相关信息的关注和搜寻成本。而要求注册人证明其注册商标已经被用于商业使用，则除了提交相关资料的程序性成本之外，几乎不需要其他成本。如果注册人的商标没有被投入商业使用，而且没有正当理由，注册机关即应注销其注册，将该商标从注册簿中清除，使其进入公有领域，方便其他人的使用，同时，减少注册审查中对比商标的数量，提高审查效率。因此，从经济分析的角度考虑，将证明注册商标被用于商业使用的义务分配给证明成本最低的注册人也具有合理性。

为什么只要求初始注册五年后注册人要提交商标使用的证据，而不是每五年提交一次呢？因为经验告诉我们，商标注而不用或者弃用，主要发生在注册后的前几年。如果商标在注册后的五年内已经被商业使用，以后弃用的可能性相对较小，而且还有十年有效期的限制，期满如果不申请续展，注册将被注销。

通过以上分析，我们可以得出这样一种认识：要求申请人在申请中做出对申请注册的商标有使用意图和就其所知其申请不侵犯他人在先权利的声明，并在初始注册五年后的一年内向注册机关提交商标使用证据，符合商标法原理和诚实信用原则，不违反《商标法新加坡条约》的要求，且有他国的经验可资借鉴。引入这两项制度，可以减少垃圾申请，提高审查效率，有效抑制商标领域的不正当竞争行为，实属简单易行、一举多得的改革措施，建议修法者考虑。

侵害知识产权民事责任归责原则辨析*

【摘要】 侵害知识产权民事责任归责原则的讨论应当针对具体的侵权行为类型和责任形式。停止侵害作为物权保护方法的责任形式，不管因何种侵权行为引起，均不以侵权人的过错为必要条件。赔偿损失作为债权保护方法，其归责原则必须针对具体的侵权行为类型，在慎重的利益衡量和政策选择的基础上确定。在这里，社会公共利益，即是否有利于促进社会经济文化的可持续发展，是最终的决定性的因素。无论从理论上看，还是从我国的立法、美国等发达国家的立法以及 TRIPS 协定的要求来看，侵害知识产权赔偿责任的归责原则都应当是过错责任原则。

【关键词】 知识产权侵权　归责原则　过错责任原则

归责原则是民事责任立法、司法和学术研究中一个基本而重要的问题。就立法而言，归责原则所体现的是立法者对相互冲突的民事利益的平衡和选择，就司法而言，归责原则关系到民事纠纷的正确解决和当事人权利的保护。因此，归责原则历来受到侵权行为法学者的关注和青睐。近年来，侵害知识产权民事责任的归责原则成为知识产权法学界和审判实务界讨论的热点之一。但是，由于知识产权法在我国是一个新兴的法律部门，包括归责原则在内的一系列基本理论问题的研究还不免幼稚，这从近年发表的关于侵害知识产权民事责任归责原则的著述中可见一斑。鉴于归责原则问题对于知识产权保护的重要性，以及我国理论研究的现状，笔者认为有必要从侵权行为法和知识产权法结合的高度对侵害知识产权民事责任的归责原则作一系统的研究，厘清糊涂认识，以利于立法的科学化并指导司法实践。

一、归责原则的研究必须针对具体的侵权行为类型和民事责任的种类

到目前为止，我国学界对民事责任（包括侵害知识产权的民事责任）归责原则的研究，是一种笼统的、一般的研究，即一般地谈论某种侵权行为民事责任的归责原则，而不涉及是何种民事责任的归责原则。例如，有人主张侵害知识产权

---

* 本文发表于《法学论坛》2003 年第 3 期。

的民事责任应适用过错责任原则，因为按《民法通则》规定，适用无过错责任须有法律的明文规定，我国法律并未规定侵害知识产权应适用无过错责任，因此应作为一般侵权行为适用过错责任原则。❶ 有人主张以过错责任为原则，以过错推定为补充，理由是，让行为人对他不能预见，并不希望发生的损害事实承担责任，在大多数情况下是有失公允的，也是违背自然法则的。实行过错推定原则，可以使知识产权所有人免除举证责任而处于有利地位，有利于制裁那些虽无主观过错但缺乏反驳事由的侵权行为。有人主张采用过错责任原则和无过错责任原则，理由是，侵犯知识产权的行为类型是不同的，归责原则也应不同，郑成思先生持这种主张。❷

总之，上述不同主张要么笼统地、一般地谈侵害知识产权民事责任的归责原则，要么仅考虑不同类型的侵权行为对归责原则的影响，因而都不能正确地解决归责原则的问题。

实际上，归责原则不仅与侵权行为的类型有关，而且与民事责任的种类有关。稍有常识的人都应承认，《民法通则》规定的十种民事责任形式，其构成要件显然有别，如修理、更换、重做不以过错和损害为条件；无合法根据占有他人财产，不管有无过错，总是应当返还的。如果在这里强调过错，其荒谬是不言而喻的。因此，笔者认为，在我国关于民事责任（包括侵害知识产权的民事责任）归责原则的研究中，在关注侵权行为类型对归责原则的影响的同时，强调民事责任形式对归责原则的影响以至决定作用，具有重要的理论意义和实践意义。

只要我们认真阅读一下外国的民法典和知识产权法典就会发现，在那里，关于归责原则的规定和讨论都是针对具体的民事责任形式的，如德国民法典第 823 条第 1 款规定："因故意或过失不法侵害他人的生命、身体、健康、自由、所有权或其他权利者，对被害人负赔偿损害的义务。"同条第 2 款规定："1. 违反以保护他人为目的的法律者，负相同的义务。2. 如依法律的内容，虽无过失亦可能违反此种法律者，仅在有过失时始负赔偿损害的义务。"法国民法典第 1382 条规定："任何行为使他人受损害时，因自己的过失而致使损害发生之人，对该他人负赔偿的责任。"第 1383 条规定："任何人不仅对因其行为所引起的损失，而且对因其过失或疏忽所造成的损害，负赔偿责任。"日本民法典第 709 条规定："因故意或过失侵害他人权利者，负因此而产生损害的赔偿责任。"以上条款均是这些国家侵权责任归责原则的一般条款，其所针对的都是损害赔偿责任，而非抽象的民事责任。美国商标法第 32 条明确规定，对于直接侵害商标权的行为，要求侵权人承担损害赔偿责任的条件是行为人明知，即故意，而对于实施间接侵权行为（如代他人印制侵权标志，为他人发布有侵权内容的广告）的无知侵权人，则只能请求禁令救济，换言之，请求禁令救济不以行为人有过错为条件。德国商标和其他

❶ 刘波林，王自强. 侵害著作权的过错责任 [J]. 著作权，1996（4）.

❷ 郑成思. 知识产权论 [M]. 北京：法律出版社，1998：256.

标志保护法第 14－17 条规定，要求侵权人赔偿损失以行为人有过错为条件，而请求禁令救济则以行为构成侵权为已足，不以过错为必要条件。

民事责任和损害赔偿责任的关系是属概念和种概念的关系，而我们许多人在讨论归责原则时却未能注意到二者的区别。我国《民法通则》第 106 条的规定虽然不够严谨科学，但是，《民法通则》和其他单行法在关于民事责任的具体规定中，也基本上考虑到了不同责任形式的区别。但是，我们的理论研究对本国的立法和司法实践却未能给予足够的重视，而热衷于一般民事责任归责原则的空洞争论。这样的争论实在应该休息了。相比之下，司法实务界，特别是从事知识产权审判的法官们的积极探索，更为理智和务实。正是他们，为中国关于侵害知识产权民事责任归责原则的研究注入了新的活力。[1]

侵权行为类型与归责原则的关系属于立法政策问题，它所体现的是立法者对相互冲突的利益的衡量和政策选择，如高度危险作业致人损害、环境污染致人损害、缺陷产品致人损害等应适用何种归责原则，以及哪些作业应归入高度危险作业，就需要进行慎重的政策选择。因此，这个问题原则上应当由立法解决。在这方面，学术研究的作用主要在于为立法提供理论基础以及对法律进行解释、批评，指导司法，推动法律的不断完善。而责任形式与归责原则的关系则基本上是一个逻辑问题，即如何按照思维逻辑清楚地加以表达的问题。对侵害知识产权民事责任归责原则的研究必须把二者有机地结合起来。

二、物权保护方法和债权保护方法

从权利保护的角度看，民事责任制度又可称为权利保护制度（当然，从严格的意义上说，权利保护制度的外延大于民事责任制度的外延，如撤销权、解除权、抗辩权、代位权等都属于权利保护制度的范畴）。民法理论将民事权利的保护方法分为物权保护方法和债权保护方法。物权保护方法和债权保护方法的主要区别是：（1）适用的基础不同，适用物权保护方法所依据的基础权利是物权（包括知识产权、人身权等支配权），适用债权保护方法所依据的基础权利是债权。（2）目的不同，物权保护方法的目的是恢复物权的圆满状态，债权保护方法的目的是补偿因权利被侵害所受到的损失。（3）保护方法不同，物权保护方法包括返还原物、恢复原状、停止侵害、排除妨害、消除危险等，债权保护方法主要是赔偿损失。权利人依据物权等支配权请求保护的权利称为物上请求权（或物权请求权），依据债权请求保护的权利称为债上请求权（或债权请求权）。如果物权已因标的物的灭失或第三人的善意取得而消灭，作为救济权的物上请求权即随着基础

---

[1] 有关他们的讨论，请参见：蒋志培．我国立法和司法确认的知识产权请求权［G］//最高人民法院知识产权审判庭．知识产权审判指导与参考（第 1 卷），北京：法律出版社，2000．蒋志培．与贸易有关的知识产权协议（TRIPS）要求的侵犯著作权损害赔偿机制［J］．著作权，2000（6）．董天平，部中林．著作权侵权损害赔偿问题研讨会综述［J］．知识产权，2000（6）．

权利的消灭而消灭，原先的物权转化为债权——损害赔偿请求权。此时，权利人只能行使债上请求权，请求对方承担赔偿损失的民事责任。❶

请求权基础的思考方法是民法适用中最基本的思考方法，它对于民事责任的确定具有关键的意义。请求权基础的思考方法的基本思路是，当权利受到侵害时，权利人在寻求法律保护时，首先要确定自己的什么权利受到了侵害，被侵害的权利是否仍然存在，依照法律规定，可以采取哪些救济措施，这些救济措施的根据，即请求权的基础是什么（例如，是物权、人身权、继承权还是债权，如果是债权，还要进一步分析是合同之债还是侵权之债或其他非合意之债），这些问题分析清楚了，才能够依法正确行使请求权，寻求法律的保护。所谓请求权竞合，就是依据不同的基础权利所产生的请求权的竞合，例如依据合同之债所产生的损害赔偿请求权和依据侵权之债所产生的损害赔偿请求权的竞合。权利人在诉讼中必须向法庭明确提出自己的请求权，并证明其请求权的基础权利的存在，而法官则必须首先对当事人请求权的基础进行审查，只有在确定其请求权基础存在的前提下，才能进一步审查其请求的内容是否符合法律的要求，是否有必要的证据证明。而在我国的司法实践中，这一点并不是十分清楚的。关于侵害知识产权民事责任归责原则的争论，从一个侧面说明了请求权基础的思考方法并没有引起理论界和实务界的重视。因此，重视请求权基础的思考方法，应当作为今后法学教育的一个重要课题。❷

物权保护方法适用于所有支配权，包括知识产权。知识产权就其性质而言，类似于物权，因此有准物权之说，如二者都是支配权、对世权，其支配对象都是特定的财产。知识产权和物权的区别仅在于，物权所保护的是物质财产，知识产权所保护的是作为非物质财产的信息。因此，物权保护方法原则上可适用于知识产权，例如，对侵占专利或技术秘密以及抢注商标者得请求其返还，对未经许可使用者得要求停止侵害，等等。我国《民法通则》第118条规定：“公民、法人的著作权（版权）、专利权、商标专用权、发现权、发明权和其他科技成果权受到剽窃、篡改、假冒等侵害的，有权要求停止侵害，消除影响，赔偿损失。”2001年《著作权法》第45条、第46条，2000年《专利法》第57条，2001年《商标法》第53条，都规定了权利人的停止侵害请求权，停止侵害的责任形式在司法实践中也被广泛运用。因此，蒋志培法官认为我国立法和司法实践已经确立

---

❶ 但是，并非只有在物权消灭的情况下才能产生损害赔偿请求权，物权保护方法的功能是恢复物权的圆满状态，它无法补偿已经产生之损失。因此，在损失已经产生而物权仍然存在的情况下，物权保护方法和债权保护方法应当同时并用。在知识产权保护中这种并用是经常的。

❷ 关于请求权基础的思考方法，请参阅：王泽鉴. 法律思维与民法实例［M］. 北京：中国政法大学出版社，2001.

了知识产权请求权的见解殊值赞同。[1] 至于这种请求权是称为知识产权请求权还是物上请求权，则无关宏旨。

区别物权保护方法和债权保护方法对归责原则的讨论具有十分重要的意义。属于物权保护方法的各种责任形式，不论侵权行为类型是一般的还是特殊的，均不考虑行为人的过错，即应适用无过错责任原则。这可以说是一个公理。物权保护方法适用无过错责任原则的基本理由可以概括为二点：一是权利的不可侵性，既为权利，即不可侵犯，已经侵犯，即应该停止侵权，否则，权利将不成其为权利；二是物权保护方法以恢复权利的圆满状态为原则，不对侵权人施以惩罚。如无合法根据占有他人财产者应当将所占有的财产返还给权利人，这种返还只是让占有者交出本不属于自己的财产，并未给其增加另外的负担；未经许可使用他人的专利技术者应当停止使用，这种责任也仅仅使其停止对他人技术的无根据的使用，并未使其失去更多的利益。只有这样，才能维护法律的尊严，才符合公平正义的要求。各国民法在规定物权保护方法时，均不以加害人的过错为条件，足见各国立法者在这个问题上的认识是一致的。而债权保护方法（即赔偿损失）要以加害人的财产填补受害人的损失，其情况要复杂得多。按照各国立法，一般侵权行为适用过错责任原则，特殊侵权行为则要分别不同情况，在进行审慎的利益衡量和价值判断的基础上确定归责原则。

综上所述，归责原则与侵权行为类型和责任形式的关系可图示如下：

- 物权保护方法——返还原物、恢复原状、停止侵害、排除妨害、消除危险——无过错责任
- 债权保护方法——赔偿损失
  - 一般侵权行为——过错责任原则
  - 特殊侵权行为——过错责任原则或严格责任原则

传统大陆法系民法将恢复原状、停止侵害等称为物权保护方法，不作为民事责任，因此无所谓归责原则的问题。在那里，侵权责任指的就是我们所说的债权的保护方法，即损害赔偿责任，因此，归责原则的讨论也就是对损害赔偿责任归责原则的讨论，不涉及物权保护方法。我国在制定民法典的讨论中，有些民法学者认为，请求停止侵害等物上请求权或知识产权请求权是基于物权或知识产权的效力本身产生的请求权，不属于民事责任，甚至认为《民法通则》将停止侵害等规定为民事责任是没有规定物上请求权的背景下的权宜之计，这是站不住脚的。其一，除法律特别规定的情况（如违反善良风俗、损害他人利益）外，任何民事责任，从权利人的角度看，都是在其权利受到侵害时，基于其原权利而产生的一种救济权，如基于物权产生的返还原物请求权，基于知识产权产生的停止侵害请求权，而与此相对应的，则是加害人的返还原物和停止侵害的责任。其二，责任

[1] 中华人民共和国最高人民法院知识产权庭. 知识产权审判指导与参考［M］. 北京：法律出版社，2000：149. 笔者认为，知识产权请求权和物权请求权没有实质的区别，至于名称，叫物权请求权或知识产权请求权均无不可。

是对义务的担保，是法律令违反义务者所承担的一种不利的法律后果。任何人都有不侵害他人权利的义务，侵害他人之物权、知识产权等权利，即是对义务的违反，依法产生法律责任。因此，停止侵害等物权保护方法符合民事责任的本质特征，应属于民事责任。我国《民法通则》将这些救济措施规定为民事责任并无原则错误。因此，我们这里的讨论以我国现行法为依据，将物权保护方法作为民事责任的一种类型。

综上所述，民事责任（包括侵害知识产权的民事责任）归责原则的讨论，必须针对具体的侵权行为类型和责任形式，换言之，只有针对某种侵权行为类型和责任形式的归责原则，没有适用于一切民事责任的抽象的归责原则。如前所述，不管是一般侵权行为还是特殊侵权行为，停止侵害、返还原物、排除妨害、恢复原状等物权保护方法均应适用无过错责任，而作为债权保护方法的损害赔偿责任，究竟应适用过错责任还是无过错责任，则应分别不同的侵权行为类型，进行审慎的利益衡量和政策选择。

三、过错责任原则是侵害知识产权损害赔偿责任的基本归责原则

我们认为，过错责任原则是侵害知识产权损害赔偿责任的基本归责原则，理由如下：

（一）过错责任原则能够最好地实现知识产权法的立法目的

知识产权法的立法目的是促进社会经济和文化的发展，提高整个社会物质文明和精神文明的程度，造福于全人类。这一目的是通过保护人们的创造性劳动成果和商业活动的标志，从而鼓励人们发明创造的积极性和诚实经营来实现的。法律既要充分保护创造性成果和商业标志所有人的权利，又要保护和鼓励社会公众进行创新和经营活动的积极性，协调二者关系的法律机制就是过错责任原则，即只要行为人尽到了合理的注意义务，即不应被课以赔偿责任。在这种机制之下，一方面，权利人的利益得到了充分的（而不是绝对的）保护；另一方面，社会公众在进行创造性的经济文化活动时不必担心无辜被课以责任，其积极性也能得到充分发挥。

过错责任原则是损害赔偿民事责任的一般归责原则（以下如无特别说明，民事责任均指损害赔偿责任）。该原则萌芽于奴隶社会，自由资本主义时期被确立为基本原则，与所有权神圣、意思自治共同构成资产阶级民法的三大基本原则。虽然19世纪以来，随着具有高度危险性的大工业的出现，无过错责任应运而生，并且其适用范围呈扩大的趋势，但过错责任仍然是民法上最基本的归责原则。过错责任原则的含义是，以行为人主观上的过错作为构成责任的必要条件，有过错即有责任，无过错即无责任。“过错责任原则的基本精神，就是要求对有关行为进行社会性的价值判断，即依据公共行为规范和道德准则，对行为人的主观意志

状态做出判断，以确定其致害行为是'应受谴责'抑或'可以原宥'，并以此为根据决定其责任的有无以及责任的轻重，从而使行为的是非界限和责任界限得到明确划分，并有助于使应承担的责任形式和责任范围得到准确判定。"❶ 这一原则符合民法意思自治的精神，公平合理，具有重要的道德教化、行为导向和预防功能，在保护被害人权利的同时兼顾行为人的行为自由，有利于鼓励人们的创新精神，有利于经济的发展。因此，过错责任原则作为民事责任基本归责原则的地位是不容动摇的。一种侵权责任要脱离过错责任原则而适用无过错责任，必须有充足的理由，进行慎重的利益衡量和政策选择。

迄今为止无过错责任发展的历史表明，无过错责任的适用范围限于企业对劳工的工伤损害、高度危险作业致人损害、产品责任以及其他异常危险活动致人损害等范围内。在这一范围内采用无过错责任的一个重要理由（不是全部）是，因为这类活动具有异常危险，行为人即使善尽注意仍不能完全避免损害的发生，这时如仍固守过错责任原则，无辜的受害人将不能得到补偿。法律将损失分配给制造了危险来源且享受危险作业之利益者承担是符合分配正义理念的。如果某一类行为的后果是人们的意志所能够控制的，只要行为人尽到足够谨慎勤勉的注意义务能够避免损害的发生，即不应该适用无过错责任原则。侵害知识产权的行为，特别是直接侵权行为，大多数属于故意侵权行为，间接侵权行为中的多数行为也属于故意或有重大过失的行为，这从知识产权法关于侵权行为的规定中可以看得很清楚。对于行为人可控制的致损行为，采用过错责任原则是唯一明智的选择。正如王卫国先生所指出的："人是有思想、意志和情感的实践主体，法律指令要通过人的意志才能转化为具体的适法行为和法律秩序。人的自我控制是社会控制的基本单元，法律调整是人们的外在行为规则与内在行为意志之间的协调过程。所以，侵权行为法应当承认这样一个基本事实：不法行为及损害结果是人们通过主观努力所能够避免的。因此，法律应当设法调动人们防止不法行为和避免损害结果的自觉能动性。为了调动人们的这种能动性，法律就必须把责任限定在过错即不法意志状态的范围内。易言之，如果一个人达到了法律和道德所要求的注意程度，其行为便无可指责，因而不应当被强制承担民事责任。"❷ 因此，对于侵害知识产权的损害赔偿责任，采用过错责任原则是最公平合理，最符合社会整体利益，最有利于社会发展要求的。

在侵害知识产权的行为中，确有少数行为属于即使行为人善尽注意义务也难以完全避免侵权发生的情况，如出版社出版了有剽窃、抄袭内容的作品，媒体发布了有侵权内容的广告，报刊登载了有侵权内容的作品，运送人运送了侵权产品等类似问题。我们认为，对此类行为应当适用过错责任原则，如果行为人已经尽了必要的注意义务，即不应责其承担损害赔偿责任，而只能让其停止侵权行为。

---

❶❷ 王卫国. 过错责任原则——第三次勃兴［M］. 北京：中国法制出版社，2000：246-252.

那种为了保护权利人的利益，不管行为人有无过错，都让其承担赔偿责任的意见是不可取的。

（二）我国现行法采用的是过错责任原则

我国知识产权法对侵害知识产权的行为和责任作了明确的规定。分析这些规定可知，我国现行法所采用的是过错责任原则。

（1）2001 年《著作权法》第 46 条和第 47 条所规定的侵害著作权的行为都是过错行为，而且，其中大多数行为只能是故意的。值得研究的是第 46 条第（11）项规定的“其他侵犯著作权以及与著作权有关的权益的行为。”这是一个开放性、概括性的规定，它除了可以随科技发展和作品利用形式的增多而解决新出现的问题外；另一个作用就是可以被解释适用于间接侵权的情况，如储存、运送侵权复制品，媒体发表侵权作品等情况。如前所述，我们认为对这类行为应适用过错责任原则。

（2）2001 年《商标法》第 52 条规定了 5 种侵犯商标专用权的行为。其中第（3）项、第（4）项只能是故意行为。第（1）项基本上属于故意行为，但不排除个别善意的情况。对这种个别的善意使用按我国商标法规定似乎可以要求赔偿，但是，这是一个有待讨论的问题，我们将在下面讨论。第（2）项从文字上看属于无过错责任，但是，第 56 条第 3 款规定：“销售不知道是侵犯注册商标专用权的商品，能证明该商品是自己合法取得的并说明提供者的，不承担赔偿责任。”据此，可以认为对这类行为法律所采取的是过错推定原则。第（5）项是一个概括性规定，按照 2002 年《商标法实施条例》第 50 条的规定，第（5）项规定的“给他人的注册商标专用权造成其他损害”的行为也都属于故意或过失行为。

（3）2001 年《专利法》规定了两种侵犯专利权的行为，即第 57 条规定的未经许可实施他人专利的行为和第 58 条规定的假冒他人专利的行为。假冒他人专利的行为属于故意侵权是没有问题的。那么，未经许可实施他人专利时行为人的意志状态如何呢？按照 2001 年《专利法》第 11 条的规定，实施专利的行为包括为生产经营的目的制造、使用、许诺销售、销售、进口专利产品，或者使用其专利方法以及使用、许诺销售、销售、进口依照该专利方法直接获得的产品的行为。而第 63 条第 2 款规定：“为生产经营目的使用或者销售不知道是未经专利权人许可而制造并售出的专利产品或者依照专利方法直接获得的产品，能证明其产品合法来源的，不承担赔偿责任。”很显然，第 63 条采取的是过错推定，行为人如能证明其产品的合法来源，即不承担赔偿责任，反之，如不能证明产品的合法来源，即推定其有过错，应承担赔偿责任。我们认为，过错推定是确定过错的一种特殊方法，它在本质上仍属于过错责任，而不应将其作为一个独立的归责原则。除第 63 条所规定的情况外，值得讨论的情况尚有以下三种：为生产经营目的制造、许诺销售和进口专利产品和依照专利方法直接获得的产品的行为。这三种行为中可能存在行为人无过错侵权的情况，如行为人在不知道他人已取得专利的情况下，自己开发出与专利产品相同的产品并进行制造和销售或许诺销售，或者进口了不知道是侵犯他人专利权的产品。在这三种情况下，无过错的行为人是否应当承担赔偿责任也是一个值得研究的问题，我们将在后边参考外国立法进行讨论。

（4）反不正当竞争法所规定的侵犯他人商业秘密的行为都是故意行为或有过失的行为。

（三）外国法和有关国际公约的态度

1. 部分外国立法的规定

按美国专利法，不但间接侵权人可以以善意、不知情作为抗辩理由；即使对于直接侵权人，专利权人要想获得赔偿，也必须在其专利产品上标明专利标记，或直接通知侵权人，即以侵权人知道其仿制的产品系专利产品为条件。美国商标法明确规定，侵权人的“明知”，即其行为的目的是为了引起混淆、误解或欺骗，是承担赔偿责任的必要条件，对于其他侵权行为，行为人只承担停止侵害的民事责任。[1]

值得讨论的是侵犯版权的赔偿责任。诚然，在美国对侵犯版权的赔偿责任有应考虑侵权意图和不考虑侵权意图两种意见，而且不考虑侵权意图的意见似乎占上风，但是，反对的意见以及立法的发展趋势是值得我们注意的。例如，在Acosta一案中，法官Hand就表达了对让无辜的出版者承担赔偿责任的担心，他指出，如果不管出版者是如何无辜，也不管是在何种程度上对作品的使用，它都必须准备支付赔偿金，“那么我相信，对于知识的传播将不是一剂轻量级的抑制药。”美国版权法第504条第3款关于法定赔偿额的规定，充分体现了过错在确定赔偿额中的重要作用。该条规定：“当版权所有人举证证明，并且法庭也判定，侵权人是故意侵权，法庭可以依据其自由裁量权，将法定赔偿金增至不高于5万美元。当侵权者举证证明，并且法庭也判定，该侵权人没有意识到，而且也没有理由知道他或她的行为构成了侵犯版权，法庭可依据其自由裁量权，将法定赔偿金降低至不低于100美元。”1988年，这个数字被改为不高于10万美元，不低于200美元。美国众议院有关1976年版权法的报告中说：“当侵权者‘没有意识到，而且也没有理由知道他或她的行为构成了侵犯版权’，允许将法定赔偿金降低至100美元，这一例外已足以排除偶尔的或个别的无辜侵权中的莫须有的责任。而且，它也足以区别诸如广播组织和新闻报纸出版者，因为他们在这类侵权诉讼中地位尤其脆弱。在另一方面，通过确立一个现实的侵权责任的最低限度，这一规

---

[1] 见美国商标法第32条。

定也保留了它应有的威慑作用；它不允许侵权者仅仅因为原告未能反驳被告无辜的主张而逃脱责任。”十分清楚，无论是版权法的规定，还是众议院的报告，都充分重视侵权人的过错在确定赔偿责任中的作用。虽然无辜的侵权者仍然要承担不低于100美元或200美元的赔偿责任，但是，这种责任实际上只具有象征性的意义，而非真正意义上的赔偿责任（损失多少赔偿多少）了。国内有些人以此作为美国版权法采取无过错责任的根据，起码是片面的。

美国对网络服务提供者侵权责任态度的变化，最有力地说明了立法政策对归责原则的影响。美国1995年的“白皮书”坚持严格责任，但是，1998年的跨世纪数字化版权法（DMCA）即改采过错责任。这种变化的原因主要有以下两点：一是严格责任超越了网络服务提供者的监控能力，即将实际上无法履行的义务强加到网络服务提供者的身上，因而是不合理的；二是严格责任过于沉重，有损网络服务业的健康发展，进而会损害整个网络事业的发展，而网络业的发展对于美国来说是十分重要的。因此，版权人的利益要服从社会公共利益，服从网络业发展的利益。

德国著作权法所规定的侵犯著作权的行为都是故意或过失行为，而且，权利人只对于故意或过失侵权行为人才能请求赔偿损失。❶ 德国商标和其他标志保护法也明确规定，故意和过失侵权是承担损害赔偿责任的必要条件。❷ 日本著作权法规定，故意和过失侵害著作权或著作邻接权是承担损害赔偿责任的必要条件。❸

这些国家都属于知识产权保护水平比较高的国家，即使在这些国家，侵害知识产权的赔偿责任也没有采取无过错责任原则，而是以故意和过失为条件。这是值得我们深思的。

2. TRIPS 协定的规定

国际公约对侵害知识产权责任的构成要件做出明确规定的，当属TRIPS协定。TRIPS协定第45条第1款规定：“对已知或有充分理由应知其从事之活动系侵权的侵权人，司法当局应有权责令其向权利人支付足以弥补因侵犯知识产权而给权利持有人造成之损失的损害赔偿费。”“已知或有充分理由应知”所表达的显然是过错责任，而且，按照通常的理解，这里所指的是故意和重大过失。引起争论的是该条第2款的后一句话，即“在适当场合即使侵权人不知或无充分理由应知其从事之活动系侵权，成员仍可以授权司法当局责令其返还所得利润或令其支付法定赔偿额，或二者并处。”对此规定，郑成思先生认为是TRIPS协定采无过错责任原则的证明，而蒋志培法官则认为这里规定的是不当得利返还。我们赞成蒋志培法官的见解，理由有二：其一，从逻辑上讲，如果TRIPS协定主张无过错

---

❶ 吴汉东，曹新明．西方诸国著作权制度研究［M］．北京：中国政法大学出版社，1998：392-393.

❷ 参见：德国《商标和其他标志保护法》第14条、第15条、第17条。

❸ 参见：日本著作权法第112－118条。

责任原则，即没有必要规定第 1 款；其二，侵权人虽然没有过错，但其利用别人的知识产权获得利益的行为属于没有合法的根据取得不当利益而使他人受到损失的行为，符合不当得利的构成要件，按民法规定形成不当得利之债。因此，将第 2 款后一句解释为不当得利返还符合民法原理，而非文字游戏。返还不当得利和赔偿损失的区别在于：（1）构成要件不同，赔偿损失作为民事责任以行为人的过错为必要条件，返还不当得利不以过错为条件；（2）赔偿损失的目的是补偿受害人因被侵权所遭受的损失，使权利回复到未受侵害的圆满状态，返还不当得利的目的是维护社会公平，因为任何人都没有理由保有无合法根据使他人受到损失而获得的利益；（3）计算的标准不同，赔偿损失以受害人所受损失为赔偿额的计算标准，返还不当得利以得利人所得利益为计算标准。因此，TRIPS 协定第 45 条第 1 款和第 2 款所规定的是两个不同的问题，它们在立法理由、目的和计算标准方面都是不同的，不加区别地将二者混为一谈，甚至将其作为 TRIPS 协定主张无过错责任的证据，是欠妥当的。何况，TRIPS 协定也并没有将第 45 条第 2 款作为成员必须遵守的最低保护标准，而只是说“可以”这样规定。我国有的法院在审判实践中已经按照不当得利处理无过错侵权纠纷，[1] 这在我国民法通则上有充分的根据。

另外，TRIPS 协定第 44 条第 1 款明确规定，成员的司法当局有权责令当事人停止侵权，特别是在海关放行后立即禁止含有侵犯知识产权的进口商品在该当局管辖范围内进入商业渠道。但是，对于当事人在已知或有充分的理由应知经营有关商品会导致侵犯知识产权之前即已获得或已预购的该商品，成员无义务授予司法当局上述权力。在这里，故意和重大过失是承担该特定的停止侵权责任的主观要件。

上述事实说明，发达国家的有关立法以及有关国际公约，在侵犯知识产权损害赔偿责任归责原则的问题上，都采取过错责任原则。那种认为无过错责任是国际发展趋势的说法是没有充分的根据的。

四、对无过错说的批评

主张对侵害知识产权的损害赔偿责任应适用无过错责任的理由是，由于知识产权保护对象的非物质性、公开性，权利人难以控制，易受侵害，而且，权利人难以证明侵权人的过错，侵权人却很容易证明自己没有过错，因此，如果仍然适用过错责任原则，不能有效保护受害人的利益。例如郑成思先生认为，由于知识产权无形、具有地域性、受法定时间性限制之类物权等民事权利不具有的特点，权利人对其权利的保护对象很难控制，易受侵害，无过错给知识产权造成侵害具有“普遍性”，而侵权人很容易证明自己无过错，适用过错责任原则权利人很难

---

[1] 参见：成就——良好的透明度和社会公信度［N］. 中国知识产权报，2001-06-27.

得到有效保护。❶ 这个理由看似有道理，实则无道理。

（一）侵权人的过错并非比一般侵权行为更难以证明

主张让侵害知识产权的行为人承担无过错责任的一个重要理由是，权利人要证明行为人有过错非常困难，而侵权人则很容易证明自己没有过错。其实，这个理由是经不起推敲的。

在讨论这个问题时，首先应当弄清楚的是，何为过错以及如何判断过错。在侵权行为法的理论上，对于何为过错历来有主观说和客观说两种学说。主观说认为，过错在本质上是一种应受谴责的个人心理状态，我国学者多持此说。客观说把过错看成是违反社会准则的行为意志状态，法国、比利时、西班牙的学者以及英美法国家采此说。王卫国先生则认为，过错概念应当建立在主客观相统一的认识基础之上，因此，"过错就是行为人未尽自己应尽和能尽的注意而违反义务，因而为法律所不容认的行为意志状态。"❷ 我们赞成王卫国先生的观点。按照这一观点，过错是一种社会评价，这种评价的对象是行为的本质和核心——意志，而意志是通过行为人的外部活动表现出来的。所以，过错概念在法律实施过程中的运用不是体现为对行为人实施行为时心理活动的再现性描述，而是对那些足以表明行为意志状态的客观事实的综合性判断，即对行为人的过错是通过其侵害他人知识产权行为的客观事实判断的。按照这一判断过错的方法，侵权人是否有过错的判断并不困难。让我们分别直接侵权和间接侵权的情况加以分析。

所谓直接侵权行为，是指行为人的行为直接造成对他人权利的侵害，中间没有其他人行为的介入，如未经许可翻译、改编、出版他人作品，盗用他人的技术秘密，假冒他人的注册商标，等等。在这种场合，权利人只要证明自己的权利存在，并且没有许可侵权人使用，即可达到证明侵权人有过错的要求，因为，法律规定任何人未经许可不得使用他人受保护的知识产品，未获授权而使用，而且无法律规定的阻却违法的事由，本身就说明其有过错。这里并不存在比其他侵权行为更难以证明行为人过错的问题。

所谓间接侵权行为，是指在行为人的行为与侵权结果之间介入了其他人的行为，例如，出版社出版了抄袭之作或侵犯他人翻译权的作品，零售商销售侵犯商标权或专利权的商品，媒体发布了有侵犯著作权或商标权内容的广告，等等。间接侵权的多数情况，行为人是有过错的，而且这种过错也完全可以证明，例如，按照法律法规和行政规章的有关规定，出版社在出版作品时，必须与著作权人签订合同，出版演绎作品，必须要求演绎作品的著作权人提交原始作品著作权人的使用授权书，出版社如未要求或未严格审查，即为有过错；图书和音像制品的销

---

❶ 郑成思. 知识产权论［M］. 北京：法律出版社，1998：258-273.

❷ 王卫国. 过错责任原则——第三次勃兴［M］. 北京：中国法制出版社，2000：246-252.

售商不得销售侵犯著作权的图书和音像制品，销售商如果销售了侵权复制品又不能指出其销售商品的正当来源，即推定其有过错。销售侵犯专利权和商标权商品的情况亦照此办理，这在我国法律上有明确规定。这里也不存在比一般侵权行为更难以证明行为人过错的问题。

至于郑成思先生所说的出版社出版有剽窃、抄袭内容的作品或盗版作品的问题，[1] 以及媒体发布有侵权内容的广告等类似问题，确实存在权利人难以证明出版社和媒体等有过错的问题。但是，我们应当承认，在这类业务活动中，确实存在即使行为人善尽注意义务，也难以完全避免侵权发生的情况，即有时候侵权确实发生了，行为人却没有过错。但我们不能因此得出结论说，为了保护权利人的利益，必须采取无过错责任原则。从另一个角度看，这些组织承担着传播知识和信息的任务，业务量大，时效性强，其传播信息的速度、数量和质量，直接关涉社会公共利益。实际上，没有一个编审人员能够对现有的信息，哪怕是本人编审范围内的所有信息都了如指掌。要求其所编审传播的信息不出任何问题，一旦出现任何问题，如所编审的文章中有抄袭、剽窃的内容，编审本人及其组织就要承担赔偿责任，是脱离实际的，因而是不公平的。因为法律不能规定人们即使高度谨慎勤勉仍无法达到的注意义务。从全社会的角度观察，这种不切实际、过分严格的要求，将阻碍媒体的发展和知识、信息的传播，而知识、信息传播的速度和广度，对当今社会的发展具有十分重要的作用。因此，从立法政策上考虑，此类侵权行为应以过错作为承担赔偿责任的必要条件。而且，只要媒体和直接侵权人没有通谋，媒体即使有过错，也不构成共同侵权，因而不构成连带责任，媒体只能承担与自己的过错相当的责任，主要的责任人应当是剽窃、抄袭者和其他侵权者自己。

（二）与无过错责任的损失分配理念相悖

无过错责任又称危险责任、严格责任，其含义是，以损害事实的发生作为归责的依据，行为人对损害的发生是否有过错在所不问。[2] 无过错责任主要适用于高度危险作业等对周围环境、他人人身、财产有异常危险的作业或活动。对从事高度危险作业和其他具有异常危险性活动的人课以无过错责任，主要基于以下理由：

（1）从事高度危险作业或其他异常危险活动的人制造了危险来源，这种危险作业和活动是造成他人人身、财产损害的原因。

---

[1] 郑成思. 知识产权论［M］. 北京：法律出版社，1998：258-273.

[2] 我国有学者认为无过错责任相当于英美法上的严格责任，也有人认为严格责任相当于过错推定，因为严格责任并非绝对责任，被告可以以法定的免责事由抗辩。笔者采第一种说法，因为在我国立法上无过错责任并非绝对无免责事由，而且英美法上严格责任的适用范围与大陆法上无过错责任的适用范围基本一致。

（2）行为人的作业或活动具有高度危险性，即使其尽到了高度的注意义务，也不能完全避免损害的发生，如果对此类行为仍以过错作为归责的依据，将使许多受害者的损失不能得到补偿。

（3）与受害人相比，从事高度危险作业或异常危险活动的人更有能力控制危险，承担并分散损失。从事高度危险作业的通常是经营者，他有可能通过加强管理、改进技术等尽量控制、避免损害的发生，一旦发生损害，也可以通过价格机制、保险机制将损失分散。

（4）享受利益者承担风险，符合公平、正义理念。从某种意义上说，无过错责任已经不是原本意义上的责任，而是一种损失分配。❶

无过错责任的损失分配理念是，将损失分配给制造并控制着危险来源，并给他人造成损害的人。因为这类活动具有异常危险，行为人即使善尽注意仍不能完全避免损害的发生，这时如仍固守过错责任原则，无辜的受害人将不能得到补偿。法律将损失分配给制造了危险来源且享受危险作业之利益者承担是符合公平正义理念的。主张对侵害知识产权者适用无过错责任的人的思维逻辑正好相反——因为我的权利易受侵害，所以一般社会公众要承担无过错责任，即对于我的权利，一般人均应以高度的注意避免侵害，如果你侵害了我的权利，即使你已经尽了高度的注意，无可指责，你仍然应当承担包括赔偿损失在内的民事责任。这不是霸道逻辑吗？知识产权的权利人凭什么可以要求社会公众对他的权利承担高度注意的义务呢？难道就因为他的权利特别易受侵害吗？如果这一理由能够成立，那么，婴幼儿的生命健康权、妇女的人身权、社会上弱势群体的权利的保护，都应当适用无过错责任。这样的无过错责任是否符合分配正义的理念？对社会有何积极意义？从另一方面看问题，任何民事权利都是平等的，没有高低贵贱之分，除法律基于社会政策等理由做出特别规定者（如关于先取特权的规定）外，应一律平等对待，不存在哪一种权利应特别优先保护的问题。

（三）无过错责任不利于社会经济文化的发展

在确定一种侵权行为应适用何种归责原则时，不仅要考虑权利人利益的保护，而且要考虑行为人的正当利益和适度的行为自由，考虑对社会发展的影响。这从美国对于网络服务提供者侵权责任态度的变化中可以看得很清楚。当今世界，市场经济高度发达，信息传播十分迅速，知识、信息的传播和创新成为推动一个国家科技、文化和经济发展的最重要的动力。因此，我们不仅要通过保护知识产权来鼓励人们积极从事发明创造、诚实经营，而且要保护知识和信息传播者的正当利益，鼓励他们的工作，这对于推动我国经济文化的发展具有特别重要的意义。这就必须给人们适度的行为自由，即一个人只要以善意的态度，尽到合理

---

❶ 王泽鉴. 侵权行为法［M］. 北京：中国政法大学出版社，2001：17-18.

的注意义务，即不应被课以赔偿责任。特别对图书出版者、报纸杂志出版者和网络服务提供者，这一点显得尤为重要。而无过错责任过分僵硬和严格，虽然有利于对权利人利益的保护，但却过分限制了一般人的行为自由，使其动辄得咎，人们必然小心翼翼，畏首畏尾，不敢或不愿从事那些对社会发展具有积极意义但是又有风险的活动，其结果必将抑制人们的积极性，影响社会的发展。

总之，无过错责任虽然可以给权利人以有力的保护，但以辩证的观点看问题，由于其过分限制了一般人的行为自由，不利于促进社会经济文化的发展，因而是不可取的。

其实，以过错作为承担赔偿责任的要件，不会对知识产权权利人的利益造成实质性的损害。因为，其一，侵害知识产权的行为绝大多数是过错行为，而且真正给权利人造成严重损害的都是故意行为，无过错而侵权的情况是极少数；其二，无过错的侵权人虽然不承担赔偿责任，但必须承担停止侵害的责任，而停止侵害对权利人具有头等重要的意义。在我们看来，对知识产权保护不力，不是由于强调过错责任原则使那些无过错的侵权人免除了赔偿责任，而是因为对那些故意和重大过错的侵权行为没有给予有力的打击。因此，加强对知识产权保护的正确思路应当是完善立法，提高执法的质量和效率，降低诉讼成本，加大对过错侵权的打击力度，包括降低对故意侵权追究刑事责任的标准，增加资格刑（剥夺从事与知识产权有关的营业的资格），以及对故意侵权者课以惩罚性赔偿等，而不是确立无过错责任原则。

涉外“定牌加工”商标侵权纠纷的法律适用问题*

【摘要】对涉外定牌加工商标侵权纠纷的法律性质，学界存在不同认识，实务中均按侵权行为处理。本文从商标的基本功能出发，运用混淆理论和目的解释方法，论证了涉外定牌加工行为不会在出口国造成消费者混淆，不损害权利人的利益，因而在本质上不构成侵权行为。目前，涉外定牌加工商标侵权纠纷的处理可参照适用《联合国国际货物销售合同公约》第42条，即按进口国或者商品转售地国的法律判断是否构成侵权。建议在修改法律时将公约该条规定的原则精神纳入我国知识产权法律，或者《知识产权海关保护条例》之中。

【关键词】定牌加工　商标侵权

改革开放以来，定牌加工这种贸易方式逐渐在我国兴起，像广东省、浙江省、福建省这样的沿海省份，都有数以万计的企业做着定牌加工业务。实际上，中国已经成为名副其实的世界工厂，而且这种状况在短期内不可能改变。定牌加工贸易涉及商标、专利、版权等知识产权问题，这些问题的正确解决，直接涉及加工人和知识产权权利人双方合法权利的保护，关系到我国对外贸易的健康发展。但是，目前我国的知识产权法律法规并未对此做出明确规定，而有的行政规章的规定则明显与知识产权法的基本原理和相关国际公约的规定相违背，❶导致实践中对加工人交付出口的产品的商标只要与国内注册商标相同或者近似，一律

---

* 本文发表于《知识产权》2008年第4期。

❶ 1995年7月13日，原对外贸易经济合作部、国家工商行政管理局联合发布的《关于对外贸易中商标管理的规定》第10条规定：“对外贸易经营者在从事进出口活动中，对他人指定或者提供使用的商标，应当要求对方出具真实有效的商标专用权证明文件或者被许可使用该商标且未超出许可范围的证明文件，并予以核查。该商标不得与已在我国相同或者类似的商品上注册的商标相同或者近似，其商品的包装、装潢也不得与他人已在我国使用的包装、装潢相同或者近似。”

按侵权处理这种不合理的事情屡屡发生。[1] 国家商标局2007年8月商标法修改草稿仍然没有澄清这个问题。

涉外定牌加工指的是我国境内企业接受境外商标权人或商标使用权人的委托，按照其要求加工产品，贴附其提供的商标，并将加工的产品全部交付给境外委托人的贸易形式。如果境外定牌与境内注册的商标相同或者近似，而且核定使用的商品相同或者类似，就会发生加工人的行为是否侵权的问题。对此，我国知识产权学界理论上认识不一，实务中则多按侵权处理。由于这种处理与市场主体的商业道德观念和商标法的基本理论相矛盾，引发了激烈的争论。认为应当按侵权行为处理的以商标权的地域性和我国2001年《商标法》第52条为依据，该条第（1）项规定："未经商标注册人的许可，在同一种商品或者类似商品上使用与其注册商标相同或者近似的商标"的行为属于侵犯注册商标专用权的行为。仅从形式上看，这个理由确实很充分、很有力。反对按侵权行为处理的则以混淆理论为武器，认为贴牌商品不在境内销售，不会造成境内消费者混淆，也不会给境内商标权人造成损失，因此，从实质上说不构成对境内商标权的侵犯。但是，由于我国商标法并没有明确采混淆标准，所以，法院在法律适用上存在一定困难。

如何破解这一难题？本文试从侵犯商标权的实质条件以及法律适用两方面进行讨论，对涉外定牌加工的法律适用提供一种新的思路，期望对理论研究和司法实务有所帮助。

在研究具体问题之前需要特别说明的是，本文所讨论的定牌加工问题须符合

---

[1] 近几年法院和海关查处、审判的有关案例如：①慈溪市永胜轴承有限公司与宁波瑞宝国际贸易有限公司商标侵权纠纷案：瑞宝公司是中国"RBI"商标所有人，美国R. B. I INTERNATIONAL INC公司是美国"RBI"注册商标所有人。美国公司委托慈溪市永胜公司定牌生产"RBI"牌轴承并直接出口美国。合同另约定，由美国公司向永胜公司提供相关商标标识及小包装，若需在轴承上打印"RBI"商标，则由永胜公司根据美国公司提供样品制作。该合同在实际履行过程中，经瑞宝公司举报，被慈溪市工商行政管理局查扣。一审法院判决永胜公司的行为构成侵权，赔偿瑞宝公司10万元人民币，二审维持原判。【见（2005）浙民三终字第284号判决书】②美国耐克国际有限公司诉浙江省嘉兴市银兴制衣公司等商标权侵权纠纷案：FLORA BERTRAND MARA公司是西班牙NIKE商标的注册商标权人，1932年NIKE商标就在西班牙得到使用。商标权人向西班牙CIDESPORT公司提供了商标使用许可证。2000年3月至5月间，CIDESPORT公司委托浙江省畜产进出口公司和浙江省嘉兴市银兴制衣厂加工制作NIKE男滑雪夹克，由委托人提供布料、急钮金属（纽扣）、挂牌纸（NIKE商标吊牌）以及标有NIKE标识的衣物包装胶袋等。银兴制衣厂负责服装的加工制作，畜产进出口公司负责原材料的进口和服装成衣的报关出口。2000年8月12日畜产进出口公司通过深圳海关报关出口，拟经香港转口到西班牙，交付给委托人CIDESPORT公司，被深圳海关根据美国耐克公司的申请查扣。法院判决CIDESPORT公司、畜产进出口公司和银兴制衣厂停止侵权行为，侵销毁侵权标识或者权物，并赔偿损失共30万元。【见（2001）深中法知产初字第55号】③佛山市泓信公司不服广州海关行政处罚案：史丹利公司是阿联酋"HENKEL"商标的持有人，该公司委托泓信公司加工机动车用卤钨灯14万多只，使用"HENKEL"商标，产品交付给阿联酋的史丹利公司。泓信公司报关时，广州海关发现该批货物标注的"HENKEL"商标与深圳市恩同公司已经在同类产品注册备案的注册商标相似，认定泓信公司的货品侵权，给予没收货物，罚款2万元的行政处罚。广州中院和广东省高院均判决海关胜诉。【见 http：//www. legalcare. cn/zhuanti/ald. asp？ id=326】

以下条件：境外委托人（定做人）在本国或者销售地国拥有真实有效的商标权或商标使用权；国内有人注册了与委托人的商标相同或者近似的商标，而且指定使用的商品与委托人注册商标核定使用的商品相同或者类似；加工人加工的商品（贴牌商品）全部交付给定做人，不在国内销售；国内注册商标和和境外注册的相同或近似商标分属于不同的民事主体。

一、从侵犯商标权的实质要件看，定牌加工不侵犯境内商标权人的商标权

近几年处理的几起定牌加工案件中，海关和法院认定加工人侵犯境内商标权的理由主要有二：其一，根据我国 2001 年《商标法》第 52 条第（1）项和第（2）项，未经商标权人许可，在同一种商品或者类似商品上使用与其注册商标相同或者近似的商标的行为和销售侵犯注册商标专用权商品的行为属于侵权行为；其二，商标权具有地域性，委托人虽然在其本国享有商标权，但是其商标没有在中国注册，因此在中国不享有商标专用权，在中国使用即构成对中国商标权的侵犯。听起来言之凿凿，有根有据。而被告（加工人）所提出的抗辩理由也惊人地相似：加工商品全部交付给委托人（定作人），不在中国市场销售，不会发生混淆和误认，不会损害消费者的利益，也不会损害中国商标权人的利益；定牌加工的法律性质属于承揽，交付加工成果的行为不是销售行为。他们对海关和法院的处罚感到困惑不解。

究竟应当如何认识定牌加工行为的法律性质？加工企业的行为是否构成对国内商标权的侵犯？要回答这个问题，必须首先讨论清楚侵犯商标权的实质要件是什么，或者说商标权究竟保护什么。我国 2001 年《商标法》第 52 条列举了侵犯商标权行为的表现形式，而没有指出其实质要件。研究实质要件的意义在于揭示侵犯商标权行为的本质特征，帮助人们准确分析认定某种行为是否构成对商标权的侵犯。

商标的基本功能是来源识别功能，即将商标权人的商品（服务。下同）与其他人的商品区别开来。消费者借助商标选购自己喜爱的商品，经营者则借助商标推销自己的商品，占领市场，建立信誉，而这一切都有赖于商标识别功能的正常发挥。可以说，各项商标法律制度都是为了保护商标的识别功能的。侵犯商标权行为的表现形式多种多样，其本质特征都是对商标识别功能的破坏，即造成对消费者的欺骗，使其对商品来源产生混淆、误认，对经营者而言，则表现为市场被侵占、信誉降低等不利益。TRIPS 协定第 16 条明确规定以“可能产生混淆”作为侵犯商标权的必要条件。美国商标法第 32 条，我国台湾地区“商标法”第 29 条和第 61 条也都明确规定以使相关消费者可能产生混淆、误认作为侵犯商标权的实质要件。虽然我国 2001 年《商标法》第 52 条没有明确指出以可能使消费者产生混淆、误认为构成侵权的实质要件，但是，最高人民法院为了适应审判工作的需要，已经在相关司法解释中明确将“容易使相关公众产生误认”作为认定侵犯商

标权行为的必要条件。

从以上分析可以得出这样的认识：致消费者对商品的来源可能产生混淆、误认，是侵犯注册商标专用权的实质要件。反过来说，如果不会对消费者造成欺骗，也不可能使其对商品的来源产生混淆、误认，则不存在侵权行为。国际贸易中的定牌加工，是指加工企业接受境外商标权人或者商标使用权人的委托，按照其要求加工产品，贴附委托人提供的商标后，将产品全部交付给境外委托人的贸易形式。在这种贸易中，贴附境外委托人商标的产品全部交付给委托人，不在境内销售，因此不可能在境内市场上造成混淆，不存在欺骗消费者的问题，也不会对境内商标权人的利益造成任何损害，也就是说，不具备构成侵犯商标权行为的实质要件，因此，此种定牌加工不应侵认定为侵犯境内商标权的行为。

进一步说，这些产品在境外销售，也不损害境内商标权人在国际贸易中的利益，因为在委托人的国家，商标权是委托人的，不管有无定牌加工，境内商标权人都不可能再在该国取得相同或近似商标的注册。至于说委托人可能将产品销售到第三国，那完全可能，但是，如果境内商标权人没有到那些国家申请商标注册，取得商标权，你也不能凭借中国的商标权来禁止别人在第三国销售。要想获得在这些国家的市场利益，你必须到这些国家去申请商标注册，能否如愿以偿，还要看境外商标权人是否已经捷足先登。因此，如果国际市场被定牌加工关系中的委托人抢先占领，也只能怪境内商标权人缺乏商标国际注册的竞争意识，而与定牌加工无关。权利以利益为核心要素，定牌加工既不损害商标权人国内市场上的利益，也不会损害其在国际市场上的合法利益，何以构成侵权？

二、在加工商品上贴附商标的行为，不构成商标法上的商标使用

商标使用在商标法上具有十分重要的意义，它既是维持商标权的必要条件，也是判断某种行为是否属于侵犯商标权行为的事实标准。在美国，使用还是取得联邦商标注册的必要条件。因此，商标使用为各国商标立法所重视，通常要设专条对商标使用做出明确规定。我国关于商标使用的规定在2002年《商标法实施条例》第3条："商标法和本条例所称商标的使用，包括将商标用于商品、商品包装或者容器以及商品交易文书上，或者将商标用于广告宣传、展览以及其他商业活动中。"该规定的主要缺陷是未指出商标法上的商标使用必须是商业活动中的使用。加之2001年《商标法》第52条将未经许可使用、销售、制造商标标识等并列为侵犯商标权的行为，导致实践中对商标使用的机械理解，即将商标贴附于商品或其包装、容器，就是商标法上的商标使用，就构成侵权，至于该商品是否用于销售，在所不问。正是在这种认识的指导下，定牌加工所定之牌如果和境内某个注册商标相同或者近似，即被理所当然地认定为侵犯境内注册商标专用权的行为，法律根据就是2001年《商标法》第52条和2002年《商标法实施条例》第3条。从表面上看，定牌加工的加工人将委托人提供的商标贴附于所加工之产

品上，确实符合2001年《商标法》第52条和2002年《商标法实施条例》第3条所规定的商标使用的条件，构成侵权似乎没有问题。但是，我们在前面的分析表明，定牌加工行为不符合侵犯商标权的实质要件，不应当作为侵权行为处理。被处罚的市场主体对这种处罚感到困惑不解，感到冤枉，也从商业道德层面印证了我们关于定牌加工不侵权的分析结论是正确的。产生这种矛盾的根源就在于我们对商标法上商标使用的界定存在问题。

那么，什么是商标法上的商标使用呢？作为一个法律概念，对其含义的解释应当符合法律的规范目的，即所谓目的解释。正如黄茂荣先生所指出的："作为人类的行为规范，法律的制定或接受既然本来便是'有所为'而来，则在法律的制定、接受或甚至在探讨时，人们对之莫不'有所期待'"❶ 根据目的解释，商标法上的商标使用，应当是为了实现商标功能的使用。商标最主要的功能是识别，而只有在商品进入流通领域时，才需要通过商标表彰自己的商品，商标的识别功能才得以发挥。如果产品不进入流通领域，商标就不过是一种装饰，无所谓识别问题。因此，商标法上的商标使用，应当是与商品流通相联系的使用，即将商标贴附于商品进行销售或者其他交易，如出租，或者将商标用于广告、展览和交易文书等行为。在定牌加工中，加工人按照委托人的要求将商标贴附于加工之产品上，就其性质而言，属于加工行为的一部分，而且加工人并不销售加工产品，而是将产品全部交付委托人，因此，其行为不构成商标法上的商标使用。

对于这种解释，我们可以在境外的立法例上找到充分的支持：如德国商标法将商标所有人的专用权表述为"未经商标所有人同意，禁止第三人在商业流通中1. 为商品和服务使用与受保护的商标相同的标识，并且商品和服务也相同，……"❷ 美国商标法规定，侵犯商标权的行为也需要有复制、抄袭、仿冒他人注册商标用于商品或者服务上的事实。而且此次修改《知识产权海关保护条例》时，笔者曾经建议将《联合国国际货物销售公约》第42条规定的原则纳入条例之中，即明确规定出口商品是否侵权，应当以进口国或者商品销售地国的法律为判断标准，而不应当以我国（出口国）的法律为判断标准。也就是说，申请海关扣押的人必须证明其在货物进口国享有知识产权，而出口的货物侵犯了其在进口国受保护的知识产权。使用必须是为了销售、许诺销售、批发或者广告，而且有可能引起混淆、误解或欺骗。❸ 我国台湾地区"商标法"第6条专条对商标使用作了明确规定：本"法"所称商标使用"指为行销之目的，将商标用于商品、服务或其有关之物件，或利用平面图像、数位影音、电子媒体或其他媒介物足以使相关消费者认识其为商标。"而且，我国台湾地区"经济部"还曾专门发文解释，定牌加工中加工人将加工之产品出口交付定做人的行为不属于"商标

---

❶ 黄茂荣. 法学方法与现代民法［M］. 北京：中国政法大学出版社，2001：45.

❷ 参见：德国商标法第14条、第15条。

❸ 参见：美国商标法第32条。

法”第6条所说之行销，而称之为“回销”。[1] 上述立法均将行销或者为了行销之目的作为商标使用的必要条件，可谓抓住了商标使用的实质。

为此，建议此次修改商标法，将“为了销售的目的”作为商标使用的实质要件加以规定。在商标法未修改之前，司法实务中可通过对2001年《商标法》第52条和2002年《商标法实施条例》第3条的解释，将“为了销售”的目的纳入商标使用的构成要件之中，以求有关纠纷的合理解决。

三、涉外定牌加工商标侵权纠纷的处理可参照适用《联合国国际货物销售合同公约》第42条

《联合国国际货物销售合同公约》已经对国际贸易中可能发生的知识产权纠纷给予高度重视，并做出了明确的规定。其第42条第1款规定：“卖方所交付的货物，必须是第三方不能根据工业产权或其他知识产权主张任何权利的货物，但以卖方在订立合同时已知道或不可能不知道的权利为限，而且这种权利或要求根据以下国家的法律规定是以工业产权或其他知识产权为基础的：（一）如果双方当事人在订立合同时预期货物将在某一国境内转售或做其他使用，则根据货物将在其境内转售或做其他使用的国家的法律；或者（二）在任何其他情况下，根据买方营业地所在国家的法律。”该条第2款规定：“卖方在上一款中的义务不适用于以下情况：（一）买方在订立合同时已知道或不可能不知道此项权利或要求；或者（二）此项权利或要求的发生，是由于卖方要遵照买方所提供的技术图样、图案、款式或其他规格。”根据该条规定，在国际货物买卖中涉及知识产权纠纷的，第三方的权利主张必须以买方营业地国家的法律为基础。如果合同双方当事人在订立合同时预期货物将在某一国境内转售或作其他使用，则第三方的权利主张应根据商品将在其境内转售或作其他使用的国家的法律。总而言之，权利人不能以出卖人国家的法律为基础主张权利，而应当以销售地国家的法律为基础主张权利。该规定的理由是，只有在货物的销售地，才会发生挤占权利人的市场，损害权利人利益的问题，因此，权利人的权利主张应当以货物销售地国家的法律为根据。而在出卖人的国家，不存在货物销售，因此不会挤占权利人的市场，损害权利人的利益，也不会发生消费者混淆的问题，因此，权利人不能以出卖人国家的法律为根据主张权利。公约的这一规定准确抓住了保护知识产权的真谛，真正体现了知识产权的地域性。

《联合国国际货物销售合同公约》的适用范围是货物买卖合同，而涉外定牌加工属于加工承揽合同，可以适用该公约吗？货物买卖和定牌加工确实是两种不同的合同，因此，不可能把公约关于当事人权利义务的规定全部适用于定牌加工合同。但是，就交付货物（定作物）这一行为及其法律效果而言，买卖合同和定

---

[1] 1983年（72）台商现字第20764号函。

牌加工合同并没有什么不同，与此相关的当事人的权利义务和责任，如风险负担、与货物有关的侵权责任等，在合同法的原理和具体规定上，也没有原则区别。因此，《联合国国际货物销售合同公约》第42条的规定应当可以参照适用。作为买卖合同中的出卖人，对出卖的货物享有完全的所有权，可以从出卖货物中获取交易所带来的利润，尚且可以依据该公约享受此等保护，定牌加工中的加工人完全是按照委托人的要求加工产品，赚取的不过是微薄的加工费，按照举轻以明重的道理，更应该享受这种保护，即得以此为根据进行不侵权抗辩。不唯如是，《联合国国际货物销售合同公约》第42条第2款还明确规定，如果第三方提出的权利要求是由于出卖人要遵照买方提供的技术图样、图案、款式或其他规格，则出卖人对于在买受人国家或者双方在订立合同时预期的货物将在其境内转售或做其他使用的国家的侵权不承担责任。该规定可以理解为是该公约对国际贸易中定牌加工知识产权问题的特别规定。我国已经参加了《联合国国际货物销售合同公约》，自应遵守该公约的规定。而且，我国《民法通则》第142条第2款规定，涉外民事关系，“中华人民共和国缔结或者参加的国际条约同中华人民共和国的民事法律有不同规定的，适用国际条约的规定，但中华人民共和国声明保留的条款除外。”我国在加入该公约时未对第42条声明保留，因此，按民法通则上述规定，公约该条规定在我国应当优先于国内法适用。所以，涉外定牌加工中有关知识产权侵权纠纷的处理，可以参照适用《联合国国际货物销售合同公约》第42条。

一点建议

参照适用毕竟是权宜之计，根本的解决之道还在于修改法律。修改法律的方案有二：一是修改《知识产权海关保护条例》，将《联合国国际货物销售合同公约》第42条规定的原则纳入条例之中，即明确规定出口商品是否侵犯他人的知识产权，应当以进口国（地区）或者商品销售地国（地区）的法律为判断标准，而不应当以我国（出口国）的法律为判断标准。相应地，申请海关扣押的人必须证明其在货物进口国（地区）享有知识产权，而出口的货物侵犯了其在进口国（地区）受保护的知识产权。二是借修法之机，将《联合国国际货物销售合同公约》第42条的原则精神分别纳入各项知识产权法律中。我国正在修改专利法，著作权法的修改也指日可待，因此，后一种方案可能更为现实。

附件二：中国近现代商标法律文本

商牌挂号章程*

（1904 年 3 月 8 日）

案查新定约章载明，洋商商标商牌，应由中国设立注册局所，照议保护。兹将开办奉行之章，开列于后。

第一条 议由北洋之津海，南洋之江海，两关各立注册局房，以该关税务司作为特派注册之员。凡商人有应记载之标牌，或本商自赴局房，陈明一切，或亲在他口税务司处报明，请为转致该局注册均可。

第二条 挂号之标牌，应分三项。

一系洋商已在外国按照该国例章挂号之标牌，作为洋牌。

一系洋商在中国使用，尚未在外国挂号之标牌，或用于进口之洋货，或用于在华所造各货上，均可作为专牌。

一系华商使用赴局挂号之标牌，作为华牌。

应由该两关税务司，分立三项标牌册，按照某商标牌应入之册，分别发给挂号执照。

第三条 凡商人将已在外国挂号之洋牌，请在中国挂号者，须将该国挂号之执照呈验。此呈验之执照，须先由该国应管之官，画押盖印，并由该领事官添用印押，作为无误之凭据。凡洋牌若有定限，倘在中国复行挂号，其本国原注作废之限至期，在中国亦一律作废。倘将该标牌在该国续行挂号者，在中国亦可照续。

第四条 凡将未在外国挂号之标牌，请在中国注册挂号者，其呈请挂号之禀，内应有附件陈明确系本商标牌，他商并未用过，由该国领事官在附件上画押盖章为凭。此项在中国挂号之专牌，应以二十年为限。限满或续行挂号或作废，

---

* 《商牌挂号章程》（修订稿）共十四条。见总税务司署造册处编：《中国海关起源、发展和活动的文件汇编》（第 11 册）P394-398，1938 年上海出版。转引自：左旭初．中国商标法律史（近现代部分）[M]．北京：知识产权出版社，2005：68-70.

至时再定。

第五条 凡华商将本商使用之华牌，赴局挂号者，其呈请挂号之禀，内应陈明确系本商标牌，他商并未用过. 此项华牌应以二十年为限。限满或续行挂号或作废，至时再定。

第六条 凡有第二三项请挂号之专、华牌，须由该商将标牌之样式，详细开明，并请挂号之各原由，按照该局定章出招布知，并将出招之凭据，复行禀局知悉。倘出招后有人赴局，将该标牌有确实不应挂号之故，呈明该局，即不准其挂号。倘无不应挂号之确实原由，则应俟六个月之期满，始行注册，发给执照。

第七条 凡呈请挂号之禀，内须将现请挂号标牌之形式各节，详细陈明。并将样式三分，呈局存案。又须陈明此标牌，系为何类何等货物。独用之标牌，又须将此项标牌，或系色染或系刷印，或系织出，抑系刊刻之类，以及用此标牌，系在原物之上，或在何项包封之上，一一陈明。又须将此标牌，系属某行号某公司或某姓氏商人之业，并有无准他人同用之处，亦行禀明。以上挂号各事，请局办理者，须用该局自备之各项空白单照，分别事类注明。（局中办事者须合看洋文为要）

第八条 凡有第二三项请挂号之专、华牌，倘有与先已挂号之标牌，以及未经挂号确系在中国用过者同式，或形式相似，或凭此标牌可以作弊，或标牌名目与人易于相混者，管理该局之税务司，均可不允其挂号。倘拟用之标牌，无论系形式，或名目，或字样，如系与未经立局之前，华、洋各商，或挂号，或未挂号，用作专项土货或专项进口洋货之标牌相同、相似，或系国家专用，他人不准僭越者，亦可由该局税务司不允挂号，或已经挂号，亦可注销。至华商所用之牌，若日后货色与初时相逊，即由该挂号局，自行将其牌注销。（局中办事者须合看洋文为要）

第九条 倘有将标牌转与他人者，若系洋牌，须由某商将转受之凭据，由该国应管之官并领事官，于据上画押盖印后呈局，方可由该局将转受之情事注册。若系专牌暨华牌，亦须将转受之事注册。惟只可由原挂号之人，或本人，或例准代办之人，赴局请注。倘原注册之商业系属公司，或数人合伙之业，必经合伙允协，方准将转受之事注册。

第十条 凡有洋、专、华各标牌注册者，即由该局发一注册之执照给该商收执，并将挂号之事，在新闻纸内广告，并在新关贸易册之专款内，分别记明。

第十一条 凡来局请看标牌册簿者，可准阅看，不准摹写。

第十二条 如有人违犯以上各章，不得冒用他人标牌之意义，应行分别办理。若系洋商冒用各牌，应由本牌主，在该局税务司处报明立案。一面自行赴该管领事官处控告。若系华商冒用各牌，亦应由本牌主先在该局税务司处立案。由该税务司请该管之官会同审办，以昭保护之实。

第十三条 应取之规费列后：

一洋牌挂号领照	关平银拾两
一专、华各牌呈请挂号	关平银拾两
一专、华各牌挂号领照	关平银贰拾两
一转受标牌注册	关平银伍两
一限满续请挂号	关平银伍两
一补发挂号执照每件	关平银伍两
一到局阅册	关平银伍两
一赴局禀控冒牌	关平银伍两
一刊入新闻纸广告	按照登载原价还局

第十四条 以上各条系开办时试行之章，可以随时增添酌改。

商标注册试办章程*

（1904 年 8 月 4 日）

第一条 无论华洋商欲专用商标者，须照此例注册。商标者，以特别显著之图形、文字、记号，或三者具备，或制成一、二，是为商标之要领。

第二条 商部设立注册局一所，专办注册事务。津、沪两关作为商标挂号分局，以便挂号者，就近呈请。

第三条 凡呈请注册者，将呈纸送呈注册局，或由挂号分局转递亦可。

第四条 呈纸内须附入说帖，说帖内附商标式样三纸。务将商标式样之大概，及此项试办章程细目内所定之类别，与此项商标特定之商品记载明确。

如由挂号分局转递，须将呈纸及说帖，添写副本各一通。

第五条 注册局收受呈纸，查无不合例处，存留六个月。其间如无他人呈请与此抵触者，即将此项商标注册。

第六条 如系同种之商品，及相类似之商品呈请注册者，应将呈请最先之商标准其注册。若系同日同时呈请者，则均准注册。

第七条 在外国业已注册之商标，由其注册之日起，限四个月以内，将此商标呈请注册者，可认其在外国原注册之时日。

第八条 不准注册之商标，如下所列：

一、有害秩序、风俗并欺瞒世人者。

二、国家专用之印信字样（如国宝、各衙门、关防、钤印等类）及由国旗、军旗、勋章摹绘而成者。

三、他人已注册之商标又距呈请前两年以上，已在中国公然使用之商标，相同或相类似而用于同种之商品者。

四、无著明之名类可认者。

第九条 无论华洋商商标专用年限，由本局注册之日起，以二十年为限。其已在外国注册之商标，照章来请注册者，则专用年限，即从其原注册之年限，但不得过二十年。

---

* 见北洋政府农商部商标局编：《商标公报》（第二期），附录 P1-5，1923 年 10 月 15 日出版。另见黄宗勋编：《商标行政与商标争议》附录 P92-95，商务印书馆 1940 年 6 月第一版。转引自：左旭初. 中国商标法律史（近现代部分）［M］. 北京：知识产权出版社，2005：96-98.

第十条　专用年限届满时，如欲续用此项商标者，如在满期之前六个月以内，准其呈请展限。

第十一条　业已注册之商标主，如欲将该商标之专用权，转授与他人或须与他人合伙，须即时至注册局呈请注册。

第十二条　业已注册之商标，若与第八条内第一、第二、第四则有背者，注册局可将其原注之商标注销。

第十三条　业经注册之商标，如有与第六条及第八条之第三则违背于此，有利害相关之人，准其呈请注销。但注册已过三年者，不在此例。

第十四条　注册局于请注之商标，认为不合例者，应将缘由批明，不准注册。

第十五条　有不服前条之批驳者，由批驳之日起，六个月以内，许其据情呈请注册局，再行审查。

第十六条　凡商标呈请注册人或商标主，不在中国者，或距注册局所较远者，必须择定妥友报明，作为经手代理人。

第十七条　如有欲抄录商标档册，或阅看档册者，准其至注册局或挂号分局呈请。距局较远者，可由经手代理人呈请。

第十八条　注册局将注册之商标及注册关系各事，刷印商标公报，布告于众。

第十九条　有侵害商标之专用权者，准商标主控告。查明后责令赔偿。

第二十条　控告侵害商标者，办法如下所列：

一、如被告系外国人，即由该地方官照会该管领事会同审判。

二、如被告系中国人，即由该领事照会该地方官会同审判。

三、如两造均系洋人，或均系华人，遇有侵害商标事件，一经告发，由各该管衙门照办，以示保护。

第二十一条　如凡下列各条者，罚以一年以内监禁，及三百两以下之罚款。但须俟被害者控告，方可论罪。

一、意在使用同种之商品而摹造他人注册商标，或将此贩卖者。

二、将商标摹造而使用于同种之商品者，又知情贩卖其商品，或存积该物意在贩卖者。

三、以摹造之商标，用为招牌登入报章告白者。

四、知他人之容器（即箱、匣、瓶、罐等类）包封等，有注册商标而以之使用于同种之商品者，或知情贩卖其商品者。

五、明知可以侵害他人注册商标之品物，故意运进各口岸者。

第二十二条　如有以上各条情事，将其制成之商标及制造商标之器具，均没收入官。其与商标不能分离之商品，或容器，或招牌，则毁坏之。

第二十三条　凡呈请挂号注册给找等，无论华洋商，应缴各项公费，如下所列：

一、呈请挂号，每件关平银五两。

二、注册给发印照，每件关平银三十两。
三、合用转授注册，每件关平银二十两。
四、期满呈请展限并注册，每件关平银二十五两。
五、抄录注册商标之文件，关平银二两。(过百字者，每百字加五钱。)
六、到局阅册每二刻钟，关平银一两。
七、遗失补请印照，关平银十两。
八、报明冒牌等事，每件关平银五两。
九、呈请再审查，关平银五两。
十、呈请注销，关平银三十两。
十一、留传后人，请换印照每件，关平银五两。

附则

第二十四条 本章程自光绪三十年九月十五日起施行。

第二十五条 本局未开办以前照条约应得互保者，即在相当衙门呈请注册之商标，本局当认其已经合例呈请。

第二十六条 本局未开办以前，在外国已经注册之商标，须于本局开办六个月以内，将此项商标呈请注册。本局当认此项商标为呈请之最先者。

第二十七条 本局未开办以前，其商标虽经各地方官出示保护，如本局开办六个月内，不照章来请注册者，即不得享保护之利益。

第二十八条 前三条情节于第五条所定章程无关，以上作为试办之章程，其未尽各项，俟商标律订成后，再行酌量增补。

商　标　法*

（1923年5月3日公布施行）

第一条　凡因表彰自己所生产、制造、加工、拣选、批售或经纪之商品，欲专用商标者，须依本法呈请注册。

商标须用特别显著之文字、图形、记号或其联合式为之。

商标须指定所施颜色。

第二条　左列各款之一，不得作为商标呈请注册。

一、相同或近似于中华民国国旗、国徽、国玺、军旗、官印及勋章者；

二、相同或近似于红十字章获外国之国旗、军旗者；

三、有妨害风俗秩序或可欺罔公众之虞者；

四、相同或近似于同一商品习惯上所通用之标章者；

五、相同或近似于世所公知他人之标章，使用于同一商品者；

六、相同或近似于政府所给奖章及博览会、劝业会等所给奖牌褒状者，但以自己所受奖者作为商标之一时，不在此限；

七、有他人之肖像、姓名、商号或法人及其团体之名称者，但已得其承诺时，不在此限；

八、相同或近似于他人注册商标失效后未满一年者，但其注册失效前已有一年以上不使用者，不在此限。

第三条　二人以上于同一商品以相同或近似之商标各别呈请注册时，应准实际最先使用者注册。其呈请前均未使用，或孰先使用无从确实证明时，得准最先呈请注册；其在同日呈请者，非经各呈请人协议妥洽让归一人专用时，概不注册。

第四条　本法施行前以善意继续使用五年以上之商标，于本法施行六个月以内依本法呈请注册时，得不依第二条第五款及第三条规定之限制，准予注册。但商标局认为必要时，得令其将形式或使用之地位，加以修改或限制。

第五条　同一商人于同一商品使用类似之商标，得作为联合商标，呈请注册。

第六条　外国人民依关于商标互相保护之条约专用其商标时，得依本法呈请

---

* 见农商部商标局编：《商标公报》第一期，公文P1，1923年9月15日出版。另见《中华民国商业档案资料汇编》第一卷上册（1912－1928），P301-307，中国商业出版社1991年9月第一版。转引自：左旭初．中国商标法律史（近现代部分）［M］．北京：知识产权出版社，2005：173-178.

注册。

第七条 因商标注册之呈请所生之权利，得与其营业一并移转于他人。

承顶前项之权利者，非呈经更换原呈请人之名义，不得以之对抗第三人。

第八条 凡在中华民国境内无住所或营业所者，非委托在中华民国境内有住所或营业所者为代理人，不得为商标注册之呈请及其他程序，并不得主张商标专用权，或关于商标之权利。前项代理人，除有特别委托之权限外，于本法及其他法令所定关于商标之一切程序及诉讼事务，均代表本人。

第九条 前条代理人之选任、更换或其代理权之变更、消灭，非呈经商标局核准注册，不得以之对抗第三人。

第十条 商标局于商标有关系之代理人认为不适当者，得令更换。

代理人既令更换后，商标局得将其关于商标所代理之行为，作为无效。

第十一条 商标局于位居外国及边远或交通不便之地者，得以职权或据呈请延展其对于商标局所应为程序之法定期间。

第十二条 凡为有关商标之呈请及其程序者，延误法定或指定之期间时，其呈请及一切程序，得作为无效。但认为确有事故窒碍时，不在此限。

第十三条 凡声明事由，呈请关于商标之证明、图样之摹绘及书件之查阅或抄录者，商标局除认为须守秘密者以外，不得拒绝。

第十四条 商标自注册之日起，由注册人取得商标专用权。商标专用权，以呈请注册所指定之商品为限。

第十五条 凡以普通使用之方法而表示自己之姓名、商号或其商品之名称、产地、品质、形状、功用等事者，不为商标专用权之效力所拘束。但自商标注册后，以恶意而使用同一之姓名、商号时，不在此限。

第十六条 商标专用期间，自注册之日起，以二十年为限。

依第六条所定，以外国注册之商标呈请注册者，其专用期间以该注册国原定之期间为准，但不得逾二十年。

前二项之专用期间，得依本法之规定，呈请续展。但仍以二十年为限。

第十七条 商标专用权，得与其营业一并移转于他人，并得随使用该商标之商品分析移转。但联合商标之商标权，不得分析移转。

第十八条 商标专用权之移转，非经商标局核准注册，不得以之对抗第三人。其以商标专用权抵押时，亦同。

第十九条 商标专用权除得由注册人随时呈请撤销外，凡在注册后有左列情事之一者，商标局得以其职权或据利害关系人之呈请撤销之。

一、于其注册商标自行变换，或加附记，以图影射而使用之者；

二、注册后并无正当事由，迄未使用已满一年或停止使用已满两年者。

三、商标权移转后已满一年，未经呈请注册者，但因继嗣之移转不在此限。

前项第二款之规定，于联合商标仍使用其一者，及以兼在外国注册之商标，于注册国已使用或未停止使用者，不适用之。

商标局为第一项所定撤销之处分，应于先期六十日以前，示知商标专用权者或其代理人。

因受第一项所定撤销之处分，有不服者，得于六十日以内，依法提起诉愿于农商部。

第二十条 商标专用期间内废止其营业时，商标专用权因之消灭。

第二十一条 商标专用或其专用续展之注册，违背第一至第五条之规定者，经商标局评定，作为无效。

第二十二条 商标局应备置商标簿册，注录商标专用权，或关于商标之权利及法令所定之一切事项。

凡经核准注册之商标，分别注录之于商标簿册，并发给注册证。

第二十三条 商标局应刊行商标公报，登载注册商标，及关于商标之必要事项。

第二十四条 商标专用或其专用期间续展之注册，应由呈请人于呈请时照缴规定之注册费，但经商标局核驳时，应发还之。

第二十五条 呈请注册者应就各商品之类别，指定其所使用商标之商品。

前项商品之分类方法，另以施行细则定之。

第二十六条 商标局于有呈请商标专用或其专用期间续展之注册时，由审查员审查之。审查后认为合法者，除以审定书通知呈请人外，应先登载于商标公报。俟满六个月，别无利害人之异议，或经辨明其异议时，始行核准。

第二十七条 商标呈请人对于核驳有不服者，自审定书送达之日起三十日以内，得具不服理由书，呈请再审查。

对于再审查之审定有不服时，得依法诉愿于农商部。

第二十八条 左列事项得由利害关系人，请求评定：

一、依第二十一条规定，其注册应无效者；

二、应认定商标专用权之范围者。

违背第一条或第二条第一至第六款规定，其注册应无效者，审查员得请求评定。

注册之商标违背第二条第七款、第八款，第三条至第五条规定者，自登载商标公报之日起，已满三年时，概不得请求评定。

第二十九条 请求评定时，应呈请求书于商标局，凡关评定事项，各当事人所呈之书状，商标局应抄示对手人，令依限具书，互相答辩，并得发诘问书令之陈述。

第三十条 评定依评定委员三人之合议，以其过半数决之。

评定委员由商标局长就各该事件指定之。

评定委员于该事件有利害关系或向曾参与者，应行回避。

第三十一条　评定得就书状评决之，但认为必要时，应指定日时，传集当事人口头辩论。关于评定之各当事人延误法定或指定之期间时，评定不因之中止。

第三十二条　关于评定事件有利害关系者，得于评定终结以前呈请参加，其准驳应询问当事人，并由评定委员合议决定之。

参加人为关于评定之行为与其所补助当事人之行为相抵触者，无效。

第三十三条　对于评定之评决有不服时，自评定书送达之日起三十日以内，得请求再评定，其一切程序适用关于评定之规定。

第三十四条　对于再评定之评决有不服时，得于六十日以内，依法提起诉愿于农商部。

对于前项诉愿之决定有不服时，以其决定违背法令为限，得依法提起行政诉讼。

第三十五条　关于商标事件，经评定之评决确定后，无论何人，不得就同一事实及同一证据，请求为同一之评定。

第三十六条　关于商标专用权之事项，有提出民事或刑事诉讼者，应俟评定之评决确定后，始得进行其诉讼程序。

第三十七条　凡非营利事业之商品，有欲专用标章者，须依本法呈请注册。

前项之标章，准用关于商标之评定。

第三十八条　商标注册费及其他关系商标事件应缴之公费，其数额于施行细则定之。

第三十九条　犯左列各款之一者，处一年以下之徒刑，或五百元以下之罚金，并没收其物件。

一、使用他人注册商标于同一商品，或使用附有他人注册商标之容器、包装等于同一商品，或以此种商品交付或贩卖者；

二、意图令人使用于同一商品，而以他人注册商标或以附有他人注册商标之容器、包装等交付或贩卖者；

三、意图自行使用或令人使用于同一商品，而伪造或仿造他人之注册商标者；

四、以伪造或仿造之注册商标使用于同一商品，或意图令人使用于同一商品，而以之交付或贩卖者；

五、以使用伪造、仿造商标之同一商品，交付或贩卖者；

六、以使用与他人注册商标相同或近似之商标之商品交付贩卖，或意图交付贩卖，而自外国输入者；

七、关于同一商品，以与他人注册商标相同或近似之商标使用于营业所用之广告、招牌、单票及其他交易字据者。

前项第一、第二款及第五、第六款交付获贩卖之罪，其意图交付或贩卖而持有之者亦同第一项各款之罪，须被害人告诉乃论。

第四十条　犯左列各款之一者，处六个月以下之徒刑，或二百元以下之罚金。

一、以诈欺取得商标专用权者；

二、以未注册而冒称注册之商标使用于商品，或以此种商品交付贩卖，或意图交付贩卖而持有之者；

三、以未注册而冒称注册之商标，表示于营业所用之广告、招牌、单票及其他交易字据者。

第四十一条　依第三十九条应没收之物件，于判决前经被害人之请求，得估计相当价值，宣告交付被害人。

被害人之损害额超过前项交付物之估计时，其不足之数，仍得诉请赔偿。

第四十二条　证人、鉴定人及通译，对于商标局及其嘱托之行政或司法官署，为虚伪之陈述者，处六个月以下之徒刑，或二百元以下之罚金。犯前项之罪者，于该案之审定或评定以前自白者，得减轻其刑罚或免除之。

第四十三条　依第三十九条至第四十二条所定，关于商标之罪罚及赔偿损害，其审理及执行关于外国人民时，有条约特别规定者，依现行条约办理。

第四十四条　本法自公布之日施行。

商　标　法*

(1930年5月6日公布　1931年1月1日施行)

第一条　凡因表彰自己所生产、制造、加工、拣选、批售或经纪之商品，欲专用商标者，应依本法呈请注册。

商标所用之文字、图形、记号或其联合式，须特别显著，并指定所施颜色。

第二条　左列各款，均不得作为商标呈请注册。

一、相同或近似于中华民国国旗、国徽、国玺、军旗、官印、勋章或中国国民党党旗、党徽者；

二、相同于总理遗像及姓名、别号者；

三、相同或近似于红十字章或外国之国旗、军旗者；

四、有妨害风俗、秩序或可欺罔公众之虞者；

五、相同或近似于同一商品习惯上通用之标章者；

六、相同或近似于世所共知他人之标章，使用于同一商品者；

七、相同或近似于政府所给奖章及博览会、劝业会等所给奖牌、褒状者。但以自己所受奖者，作为商标之一部分时，不在此限；

八、有他人之肖像、姓名、商号或法人及其团体之名称者，但已得其承诺时，不在此限；

九、相同或近似于他人注册商标失效后，未满一年者。但其注册失效前，已有一年以上不使用时，不在此限。

第三条　二人以上于同一商品，以相同或近似之商标各别呈请注册时，应准实际最先使用者注册。其呈请前均未使用，或孰先使用无从确实证明时，得准最先呈请者注册。其在同日呈请者，非经各呈请人协议妥洽让归一人专用时，概不注册。

第四条　以善意继续使用十年以上之商标，依本法呈请注册时，不受第二条第六款及第三条规定之限制。但商标局认为必要时，得令其将形式或所施之颜色，加以修改或限制。

---

* 见钱永源编《商标汇编》法规及解释 P1-12，商标汇编社出版发行，1931年12月。转引自：左旭初．中国商标法律史（近现代部分）[M]．北京：知识产权出版社，2005：306-310.

第五条 同一商人于同一商品使用类似之商标，以作联合商标为限，得呈请注册。

第六条 外国人民依关于商标互相保护之条约，欲专用其商标时，应依本法呈请注册。

第七条 因商标注册之呈请所生之权利，得与其营业一并移转于他人。

承受前项之权利者，非呈经更换原呈请人之名义，不得以之对抗第三人。

第八条 凡在中华民国境内无住所或营业所者，非委托在中华民国境内有住所或营业所者为代理人，不得为商标注册之呈请及其他程序，并不得主张商标专用权，或关于商标之权利。

前项代理人，除有特别委托之权限外，于本法及其他法令所定关于商标之一切程序及诉讼事务，均代表本人。

第九条 前条代理人之选任、更换或其代理权之变更、消灭，非呈经商标局核准注册，不得以之对抗第三人。

第十条 商标局于商标有关系之代理人，认为不适当者，得令更换之，并得将其关于商标所代理之行为，作为无效。

第十一条 商标局于位居外国及边远，或交通不便之地者，得以职权或据呈请延展其对于商标局所应为程序之法定期间。

第十二条 凡为有关商标之呈请及其程序者，延误法定或指定之期间时，其呈请及一切程序，得作为无效。但认为确有事故窒碍时，不在此限。

第十三条 凡声明事由，呈请关于商标之证明、图样之摹绘及书件之查阅或抄录者，商标局除认为须守秘密者以外，不得拒绝。

第十四条 商标自注册之日起，由注册人取得商标专用权。商标专用权以呈请注册所指定之商品为限。

第十五条 凡以普通使用之方法，而表示自己之姓名、商号，或其商品之名称、产地、品质、形状、功用等事者，不为商标专用权之效力所拘束。

但自商标注册后，以恶意而使用同一之姓名、商号时，不在此限。

第十六条 商标专用期间，自注册之日起，以二十年为限。

前项之专用期间，得依本法之规定，呈请续展。但每次仍以二十年为限。

第十七条 商标专用权得与其营业一并移转于他人，并得随使用该商标之商品分析移转。但联合商标之商标权，不得分析移转。

第十八条 商标专用权之移转，非经商标局核准注册，不得以之对抗第三人。其以商标专用权抵押时，亦同。

第十九条 商标专用权除得由注册人随时呈请撤销外，凡在注册后有左列情事之一者，商标局得以其职权，或据利害关系人之呈请，撤销之。

一、于其注册商标自行变换，或加附记，以图影射而使用之者；

二、注册后并无正当事由，迄未使用已满一年，或停止使用已满两年者。

三、商标权移转后已满一年，未经呈请注册者，但因继嗣之移转，不在此限。

前项第二款之规定，于联合商标仍使用其一者，不适用之。

商标局为第一项所定撤销之处分，应于六十日以前，通知商标专用权者，或其代理人。

因受第一项所定撤销之处分，有不服者，得于六十日以内，依法提起诉愿。

第二十条 商标专用期间内废止其营业时，商标专用权因之消灭。

第二十一条 商标专用或其专用期间续展之注册，违背第一至第五条之规定者，经商标局评定，作为无效。

第二十二条 商标局应备置商标簿册，注录商标专用权，或关于商标之权利及法令所定之一切事情。

凡经核准注册之商标，分别注录之于商标簿册，并发给注册证。

第二十三条 商标局应刊行商标公报，登载注册商标及关于商标之必要事项。

第二十四条 注册事项遇有呈请变更或涂销时，经商标局核准后，应登载商标公报公告之。

第二十五条 商标专用或其专用期间续展之注册，应由呈请人于呈请时，照缴规定之注册费。但经商标局核驳时，应发还之。

第二十六条 呈请注册者，应就各商品之类别，指定其所使用商标之商品。

前项商品之分类方法，于施行细则定之。

第二十七条 商标局于呈请专用之商标，经审查员审查后，认为合法者，除以审定书通知呈请人外，应先登载于商标公报。俟满六个月，别无利害人之异议，或经辨明其异议时，始行注册。

呈请专用期间续展之商标，经审查合法者，应换发注册证，并登商标公报公告之。

第二十八条 商标呈请人对于核驳有不服者，自审定书送达之日起，三十日以内，得具不服理由书，呈请再审查。

对于再审查之审定有不服时，得于六十日以内，依法提起诉愿。

第二十九条 商标异议准用前条之规定。

经过异议之注册商标，于前条诉愿决定后，对手人不得就同一事实及同一证据，请求评定。

第三十条 左列事项得由利害关系人，请求评定：

一、依第二十一条规定，其注册应无效者；

二、应认定商标专用权之范围者。

违背第一条或第二条第一至第七款规定，其注册应无效者，审查员得请求评定。

注册之商标，违背第二条第八款、第九款，第三条至第五条规定者，自登载商标公报之日起，已满三年时；概不得请求评定。

第三十一条 请求评定时，应呈请求书于商标局。凡关评定事项，各当事人所呈之书状，商标局应抄示对手人，令依限具书，互相答辩，并得发诘问书令之陈述。

第三十二条 评定依评定委员三人之合议，以其过半数决之。

评定委员由商标局长就各该事件指定之。

评定委员于该事件有利害关系，或向曾参与者，应行回避。

第三十三条 评定得就书状评决之，但认为必要时，应指定日时，传集当事人口头辩论。

关于评定之各当事人，延误法定或指定之期间时，评定不因之中止。

第三十四条 关于评定事件，有利害关系者，得于评定终结以前，呈请参加。其准驳应询问当事人，并由评定委员合议决定之。

参加人为关于评定之行为，与其所辅助当事人之行为相抵触者，无效。

第三十五条 对于评定之评决有不服时，自评定书送达之日起，三十日以内，得请求再评定。其一切程序适用关于评定之规定。

第三十六条 对于再评定之评决有不服时，得于六十日以内，依法提起诉愿。

第三十七条 关于商标事件，经评定之评决确定后，无论何人，不得就同一事实及同一证据，请求为同一之评定。

第三十八条 凡非营利事业之商品，有欲专用标章者，须依本法呈请注册。

前项之标章，准用关于商标之规定。

第三十九条 商标注册费及其他关系商标事件应缴之公费，于施行细则定之。

第四十条 本法施行细则由工商部定之。

商　标　法[*][**]

（1935 年 11 月 23 日修正公布）

第一条　凡因表彰自己所生产、制造、加工、拣选、批售或经纪之商品，欲专用商标者，应依本法呈请注册。

商标所用之文字、图形、记号或其联合式，应特别显著，并应指定名称及所施颜色。

商标所用之文字，包括读音在内。

第二条　左列各款，均不得作为商标呈请注册。

一、相同或近似于中华民国国旗、国徽、国玺、军旗、官印、勋章或中国国民党党旗、党徽者；

二、相同于总理遗像及姓名、别号者；

三、相同或近似于红十字章或外国之国旗、军旗者；

四、有妨害风俗、秩序或可欺罔公众之虞者；

五、相同或近似于同一商品习惯上通用之标章者；

六、相同或近似于世所共知他人之标章，使用于同一商品者；

七、相同或近似于政府所给奖章及博览会、劝业会等所给奖牌、褒状者。但以自己所受奖者，作为商标之一部分时，不在此限；

八、有他人之肖像、姓名、商号或法人及其团体之名称者，但已得其承诺时，不在此限；

九、相同或近似于他人注册商标失效后，未满一年者。但其注册失效前，已有一年以上不使用时，不在此限。

第三条　二人以上于同一商品，以相同或近似之商标各别呈请注册时，应准

---

* 见上海机制国货工厂联合会编：《工商手册》P88-97，上海机制国货工厂联合会发行，1937 年 1 月出版。转引自：左旭初．中国商标法律史（近现代部分）［M］．北京：知识产权出版社，2005：336-340.

** 1935 年《商标法》删除了 1930 年《商标法》第四条。该条内容为："以善意继续使用十年以上商标，依本法呈请注册时，不受第二条第六款及第三条规定之限制，但商标局认为必要时，得令其将形式或所施之颜色，加以修改或限制"。本条涉嫌阻碍我国工商业和商标事业发展，并受到工商业人士普遍关注，故予以删除。

在中华民国境内实际最先使用并无中断者注册。其呈请前均未使用，或孰先使用无从确实证明时，得准最先呈请者注册。其在同日呈请者，非经各呈请人协议妥洽让归一人专用时，概不注册。

第四条 同一商人于同一商品，使用类似之商标，以作联合商标为限，得呈请注册。

第五条 外国人民依关于商标互相保护之条约，欲专用其商标时，应依本法呈请注册。

第六条 因商标注册之呈请所生之权利，得与其营业一并移转于他人。

承受前项之权利者，非呈经更换原呈请人之名义，不得以之对抗第三人。

第七条 凡在中华民国境内无住所或营业所者，非委托在中华民国境内有住所或营业所者为代理人，不得为商标注册之呈请，及其他程序，并不得主张商标专用权，或关于商标之权利。

前项代理人，除有特别委托之权限外，于本法及其他法令所定关于商标之一切程序及诉讼事务，均代表本人。

第八条 前条代理人之选任、更换或其代理权之变更、消灭，非呈经商标局核准注册，不得以之对抗第三人。

第九条 商标局于商标有关系之代理人，认为不适当者，得令更换之，并得将其关于商标所代理之行为，作为无效。

第十条 商标局于位居外国及边远，或交通不便之地者，得以职权或据呈请延展其对于商标局所应为程序之法定期间。

第十一条 凡为有关商标之呈请及其程序者，延误法定或指定之期间时，其呈请及一切程序，得作为无效。但认为确有事故窒碍时，不在此限。

第十二条 凡声明事由，呈请关于商标之证明、图样之摹绘及书件之查阅或抄录者，商标局除认为须守秘密者以外，不得拒绝。

第十三条 商标自注册之日起，由注册人取得商标专用权。

商标专用权，以呈准注册之图样，及所指定之商品为限。

第十四条 凡以普通使用之方法，而表示自己之姓名、商号，或其商品之名称、产地、品质、形状、功用等事者，不为商标专用权之效力所拘束。但自商标注册后，以恶意而使用同一之姓名、商号时，不在此限。

第十五条 商标专用期间，自注册之日起，以二十年为限。

前项之专用期间，得依本法之规定，呈请续展。但每次仍以二十年为限。

第十六条 商标专用权得与其营业一并移转于他人，并得随使用该商标之商品分析移转。但联合商标之商标权，不得分析移转。

第十七条 商标专用权之移转，非经商标局核准注册，不得以之对抗第三人。其以商标专用权为质权之标的物时，亦同。

第十八条 商标专用权除得由注册人随时呈请撤销外，凡在注册后有左列情事之一者，商标局得依职权，或据利害关系人之呈请，撤销之。

一、于其注册商标自行变换，或加附记，以图影射而使用之者；

二、注册后并无正当事由，迄未使用，已满一年，或停止使用已满两年者。

三、商标权移转后已满一年，未经呈请注册者，但因继承之移转，不在此限。

前项第二款之规定，于联合商标仍使用其一者，不适用之。

商标局为第一项所定撤销之处分，应于六十日以前，通知商标专用权者，或其代理人。

因受第一项所定撤销之处分，有不服者，得于六十日以内，依法提起诉愿。

第十九条 商标专用期间内废止其营业时，商标专用权因之消灭。

第二十条 商标专用或其专用期间续展之注册，违背第一至第四条之规定者，经商标局评定，作为无效。

第二十一条 商标局应备置商标簿册，注录商标专用权，或关于商标之权利及法令所定之一切事情。

凡经核准注册之商标，分别注录于商标簿册，并发给注册证。

第二十二条 商标局应刊行商标公报，登载注册商标，及关于商标之必要事项。

第二十三条 注册事项遇有呈请变更或涂销时，经商标局核准后，应登载商标公报公告之。

第二十四条 商标专用或其专用期间续展之注册，应由呈请人于呈请时，照缴规定之注册费。但经商标局核驳时，应发还之。

第二十五条 呈请注册者，应就各商品之类别，指定其所使用商标之商品。

前项商品之分类方法，于施行细则定之。

第二十六条 商标局于呈请专用之商标，经审查员审查后，认为合法者，除以审定书通知呈请人外，应先登载于商标公报。俟满六个月，别无利害人之异议，或经辨明其异议时，始行注册。

呈请专用期间续展之商标，经审查合法者，应换发注册证，并登商标公报公告之。

审定商标自行变换或附记，以图影射而使用之者，商标局得依职权，或据利害关系人之呈请撤销之。

第二十七条 商标呈请人对于核驳有不服者，自审定书送达之日起，三十日以内，得具不服理由书，呈请再审查。

对于再审查之审定，及审定商标因受前条第三项所定撤销之处分有不服时，得于六十日以内，依法提起诉愿。

第二十八条 商标异议，准用前条之规定。

经过异议之注册商标，于前条诉愿决定后，对手人不得就同一事实及同一证据，请求评定。

第二十九条　左列事项，得由利害关系人请求评定：

一、依第二十条规定，其注册应无效者；

二、应认定商标专用权之范围者。

违背第一条或第二条第一至第七款规定，其注册应无效者，审查员得请求评定。

注册之商标，违背第二条第八款、第九款，第三条或第四条规定者，自登载商标公报之日起，已满三年时，概不得请求评定。

第三十条　请求评定时，应呈请求书于商标局。凡关评定事项，各当事人所呈之书状，商标局应抄示对手人，令依限具书，互相答辩，并得发诘问书，令人陈述。

第三十一条　评定依评定委员三人之合议，以其过半数决之。

评定委员由商标局长就各该事件指定之。

评定委员于该事件有利害关系，或向曾参与者，应行回避。

第三十二条　评定得就书状评决之，但认为必要时，应指定日时，传集当事人，口头辩论。

关于评定之各当事人，延误法定或指定之期间时，评定不因之中止。

第三十三条　关于评定事件，有利害关系者，得于评定终结以前，呈请参加。其准驳应询问当事人，并由评定委员合议决定之。

参加人为关于评定之行为，与其所辅助当事人之行为相抵触者，无效。

第三十四条　对于评定之评决有不服时，自评定书送达之日起，三十日以内，得请求再评定。其一切程序适用关于评定之规定。

第三十五条　对于再评定之评决有不服时，得于六十日以内，依法提起诉愿。

第三十六条　关于商标事件，经评定之评决确定后，无论何人，不得就同一事实及同一证据，请求为同一之评定。

第三十七条　凡非营利事业之商品，有欲专用标章者，须依本法呈请注册。

前项之标章，准用关于商标之规定。

第三十八条　商标注册费，及其他关系商标事件应缴之公费，于施行细则定之。

第三十九条　本法施行细则由实业部定之。

晋察冀边区商品牌号专用登记办法*

（1944年5月25日晋察冀边区行政委员会公布）

一、为奖励工艺生产，凡工艺制造品使用之牌号，经制造人依本办法申请登记后，政府予以保护。

二、申请人（或机关）须将商品种类、牌号、名称与图样、销售方向地区，及申请人姓名、住址、职业，（如系机关即注明机关名称）写一申请书，向所在地县政府申请登记。县政府接到申请书后，经审查合格后即发给登记证，申请人即取得牌号专用权。

三、专用权遭受损害时，专用权人得向县政府提起诉愿，县政府按损失大小，令侵权人为一定之赔偿，赔偿价额不得超过损害价额之三倍。

四、牌号专用权除登记人得随时申请撤销外，凡在登记后迄未使用已满半年或停止使用已满一年者，其专用权即归无效。

五、本办法自公布之日施行。

---

* 见晋察冀边区行政委员会编：《现代法令汇集》（下册）P649，晋察冀边区行政委员会编印出版，1945年12月第一版。转引自：左旭初. 中国商标法律史（近现代部分）[M]. 北京：知识产权出版社，2005：385-386.

山东省渤海工商局商标登记注册暂行办法*

第一条 本暂行办法系根据渤海区第四届参议员大会提议、行政委员会及行署之决定制定之。

第二条 本办法以保护我区手工业之发展，免为外来品所混淆，以及取缔奸商鱼目混珠、仿造假货为目的。

第三条 凡在渤海区内所制造之工业品及有商标之其他土产，皆应登记注册，以资保护其发展。

第四条 凡声请登记注册之商标，应按下列手续进行：

一、填报商标登记表内容：1. 工厂名称。2. 经理或制造人姓名。3. 工厂地址。4. 产品包装法。5. 资本数目。6. 每月生产量。7. 商标名称及图样贰份。8. 营业日期。

二、经检查核准发给登记注册证，及在商标上印刷注册之号码后，则享受政府之法律保护，任何人不得仿造或冒用。

三、若声请注册之商标，与其他商标相同着，得令其另行制定之。

第五条 声请登记注册商标者，应按下列类别缴纳注册费：

一、日用品——如毛巾、肥皂、牙刷、牙粉、袜子、带子、机织布、毯子、桑皮纸等，应缴纳登记费贰百元。

二、消耗品——如纸烟、粉纸等，应缴纳登记费伍百元。

三、迷信品——如烧纸、神香、鞭炮等，应缴纳登记费壹千元。

第六条 凡不进行登记注册之商标或应贴商标而不贴商标之工业品，一律以外来品论，征收入境税或禁止其销售。

第七条 若假造冒用注册商标，经原注册人告发或其他人发觉，除赔偿原注册人所受损失外，应受政府之法律制裁。

第八条 如有下列一、二两项之情事，得重新缴费注册，有三、四两项之情事，得声请注销。

---

* 见 1947 年 2 月 11 日《渤海日报》第二版。转引自：左旭初．中国商标法律史（近现代部分）[M]．北京：知识产权出版社，2005：425-426.

一、更换经理或工厂名称者。

二、更换商标者。

三、结束歇业者。

四、转营其他营业者。

第九条 商标登记证，不得转借他人，违者以违法论，若有遗失，得觅保声请缴费补领。

第十条 本暂行办法自公布之日起施行之。

希各制造厂户遵照登记注册手续，向就地工商机关进行商标登记注册，领取登记注册证，以资保护为要。

一九四七年二月　日[1]

[1] 经过与作者核实，该暂行办法颁布、实施的具体日期不明。——编辑注

华北区商标注册暂行办法*

（华北人民政府制定　1949 年 1 月 8 日颁布）

第一条　为发展华北区工业，保障商标牌号专用权，特制定本办法。

第二条　凡本区工厂生产之商品，以及商号加工、拣选、批售之商品，欲专用商标者，应依本办法呈请注册。

第三条　商标自注册之日起，由注册人取得商标专用权。商标专用权，以呈准注册之图样，及其所指定之商品为限。

第四条　商标专用期间，自注册之日起，以二十年为限。前项之专用期间，得依本法之规定呈请续展，但每次仍以二十年为限。

第五条　商标专用权得与其营业一并移转于他人，并得随使用该商标之商品，分析移转。

第六条　商标专用权除得由注册人随时呈请撤销外，凡在注册后有下列情事之一者，得撤销之。

一、于其注册商标自行变换者。

二、注册后并无正当理由，迄未使用已满一年，或停止使用已满两年者。

三、商标权移转后已满一年，未经呈请注册者。但因继承之移转，不在此限。

第七条　商标专用期间停止其营业时，商标专用权因之消灭。

第八条　凡经核准注册之商标，发给注册证。

第九条　呈请专用之商标经审查认为合法者，除以审定书通知呈请人外，应先刊载于商标公报，俟满两个月，别无利害关系人之异议，或经辨明其异议时始予注册。政府所指定之报纸，为刊载商标公报之法定报纸。

第十条　未取得营业证之商人，不得为商标专用权之呈请。

第十一条　同一商标有二人以上呈请注册者，或同一名称标志各异者，应准许最先呈请者注册。

第十二条　商标专用或其专用期间续展之注册，应由呈请人于呈请时，照缴规定之注册费，但经核驳时，应发还之。

---

* 见中央档案馆编：《共和国雏形——华北人民政府》P315-316，西苑出版社 2000 年 3 月第一版。转引自：左旭初．中国商标法律史（近现代部分）［M］．北京：知识产权出版社，2005：434-435.

第十三条 商标注册核准、核驳之权，属华北人民政府工商部。但因战争环境，地区辽阔，为便利商民起见，呈请商标注册者，得向各行署工商处或相当于行署之市工商局呈请，经审查认为合法后，以审定书通知呈请人，并报告本府工商部，工商部当即按第九条之规定登报，并发给注册证。

第十四条 本办法颁布前，经各地地方政府核准之商标注册证，一律视为有效。但须于本办法颁布后两个月内，由该地方政府将注册登记簿汇报本府工商部，发给新证，收回旧证。

第十五条 凡由我军解放之城镇，商民原有之商标注册证，须于解放后（业经解放者，于本办法颁布后）两个月内，呈报行署工商处或相当于行署之市工商局，转报本府工商部换取新证，收回旧证，其生效自换证时起。

第十六条 依第十四、十五条补领注册证之商标与其他已注册之商标发生相同名称时，由本府工商部依其出品之先后，质量之优劣、数量之大小裁定之，未获准许者得撤销注册，或改换其他商标或加记另行注册。

第十七条 医药制成品，须经行署或相当于行署之市卫生行政机关化验许可发给证书后，始得呈请注册。

第十八条 凡经注册之商标，应在封装上或商品上注明“华北人民政府工商部商标注册证，字第×号”。

第十九条 本办法施行细则另定之。

第二十条 本办法自公布之日起施行。在本办法公布以前各地颁布之商标注册办法，即行作废。

华北区商标注册办法*

（华北人民政府制定　1949年6月11日颁布）

第一条　为发展华北区工业，保障商标牌号专用权，特制定本办法。

第二条　凡本区工厂生产之商品，以及商号加工，拣选，批售之商品，欲专用商标者，应依本办法呈请注册。

第三条　商标自注册之日起，由注册人取得商标专用权。

商标专用权，以呈准注册之图样及其所指定之商品为限。

第四条　商标专用期间，自注册之日起，以二十年为限。

前项之专用期间，得依本法之规定，呈请续展，但每次仍以二十年为限。

第五条　商标专用权得与其营业一并移转于他人。并得随使用该商标之商品，分析移转。

第六条　商标专用权除得由注册人随时呈请撤销外，凡在注册后有左列情事之一者，得撤销之。

一、于其注册商标自行变换者。

二、注册后并无正当理由，迄未使用已满一年，或停止使用已满两年者。

三、商标权移转后已满一年，未经呈请注册者。但因继承之移转，不在此限。

第七条　商标专用期间废止其营业时，商标专用权因之消灭。

第八条　凡经核准注册之商标发给注册证。

第九条　呈请专用之商标经审查认为合法者，除以审定书通知呈请人外，应先刊载于商标公报，俟满两个月，别无利害关系人之异议或经辨明其异议时始予注册。

第十条　经审定公告期满后核准注册之商标，利害关系人如认为有影射其注册商标情事者，得向工商部请求评定。

第十一条　相同或近似商标用于同一商品有二人以上呈请注册者，或同一名称标志各异者，应准许最先呈请者注册。

第十二条　商标专用或其专用期间续展之注册，应由呈请人于呈请时，照缴

---

* 见华北人民政府工商部编印《商标公报》第一期P1，1949年6月15日。转引自：左旭初．中国商标法律史（近现代部分）[M]．北京：知识产权出版社，2005：443-445.

规定之注册费，但经核驳时，应发还之。

第十三条 商标注册核准，核驳之权，属本府工商部。但因战争环境，地区辽阔，为便利商民起见，呈请商标注册者，得向各行署工商处或相当于行署之市工商局呈请，经审查认为合法后，以审定书通知呈请人，并报告本府工商部，核准者按第九条之规定办理。

第十四条 本办法颁布前，经各地地方政府核准之商标注册证，一律视为有效。但须于本办法颁布后两个月内由该地方政府将注册登记簿连同旧证汇报本府工商部，再行发给新证。

第十五条 凡由我军解放之城镇，商民原有之商标注册证，须于解放后（业经解放者，于本办法颁布后）两个月内将旧证呈报行署工商处或相当于行署之市工商局登记后转报本府工商部换取新证，其生效自换证时起。

第十六条 依第十四、十五条换领注册证者，尚与其他注册商标发生图样近似或名称相同时，工商部得依其出品之先后，质量之优劣，数量之大小裁定之。未获准许者。即予撤销，或令改换商标另行呈请注册。

第十七条 未取得营业证之商人，不得为商标注册之呈请。如以成药呈请商标注册，须再附当地卫生行政机关之化验许可证。

第十八条 凡经注册之商标，应在封装上或商品上注明“华北人民政府工商部商标注册证×字第×号”。

第十九条 本办法施行细则另定之。

第二十条 本办法自公布之日起施行。在本办法公布以前各地颁布之商标注册办法，即行作废。

华北区政府商标注册办法施行细则*

（华北人民政府制定 1949年6月11日颁布）

第一条 本细则根据商标注册办法（以下简称商标法）第十九条之规定制定之。

第二条 商标使用人欲为商标法第二条之规定呈请注册时，应缮具申请书二份，详载商品种类，商标名称，商标图样特征，经营人住址等，并附呈商标图样十份，印板一枚。

第三条 申请书由工商部统一制定样式，各行署工商处及市工商局依式印制，随商人之需要领填。

第四条 呈请注册时须附送货样五份，货样以最小之封装为限，其不便搬运之笨重商品，可以模型或照片代替之。工商部认为必要时，得令申请人为制造过程之详细说明。

第五条 呈请商标注册时应缴注册费人民券一万元。为商标权之移转时，应缴注册费人民券四千元。

第六条 按商标法第十四条之规定更换新证者免缴注册费，按商标法第十五条之规定申请更换新证或令改换商标另行注册者，均须照缴注册费。

第七条 以两种以上同一类别之商品，使用一种商标时，仍按一种商标缴纳注册费。同一申请人申请使用数种商标者，须按商标种类分别缴费。

第八条 依商标法第五条因让与或其他事由而呈请移转时，应由关系人连署并附原注册证及移转字样，继承者须附呈合法继承之证明字据及原注册证。

第九条 因商标无效之评定确定或经裁决撤销其商标专用权，应令缴还商标注册证，并以公报宣示之。

第十条 注册之商品按下表分类。

第十一条 本细则与商标注册办法同日施行。

商标注册用商品分类表（略）

---

* 见华北人民政府工商部编印：《商标公报》（第一期）P1-5，1949年6月15日。转引自：左旭初．中国商标法律史（近现代部分）[M]．北京：知识产权出版社，2005：445-448.

苏皖边区商品商标注册暂行办法*

（1946年5月20日）

（一）本府为保护工商业发展，准许专利，举行商品商标注册，特订定本办法。

（二）凡在边区境内，无论公营私营，合股经营之大小工厂手工作坊，制造之一切商品，暨所采用商标，一律举行注册。

（三）注册手续，除由各工厂具申请书外，并应绘呈商品商标式样（每式拾元）及商品商标说明书，暨工厂组织、资金、生产概况表，方准注册。

（四）本府认为注册手续完备，经审查合格，即发给注册证，不收任何费用。

（五）注册事项，一律由本府建设厅办理之，较近地区之申请注册事项，可依据申请注册手续，由所在地政府或专员公署转呈。

（六）凡有下列情形之商品商标，一概不予注册。

1. 商品质量极劣，不适于应用，或有碍卫生者。

2. 假冒或有意混同其他商品之商标，式样名称者。

3. 制造于社会有害，或经法令禁售之商品。

4. 工厂无固定基金。

（七）商品商标注册后，得享受以下权利：

1. 政府予以专利，如有他人假冒，得予以法律保障。

2. 商品销售发生困难时，可呈请政府，予以法律保障。

3. 各工厂制创精良之商品，或有益于社会民生之商品，政府予以奖励。

（八）注册后之商品商标，如有变更时，应重行检选式样申请注册。

（九）若工厂对注册后之商品，不拟继续出品，或工厂倒闭不能出品时，均须呈报备案。

（十）本办法经本府主席团通过后，并公布施行。

---

* 见《华中报》1946年4月18日。江苏省档案馆史料：1946年5月20日“苏皖边区政府举办商品商标注册暂行办法”。转引自：左旭初．中国商标法律史（近现代部分）［M］．北京：知识产权出版社，2005：463.

松江省牡丹江市暂行商标注册办法*

（1948 年 10 月 8 日）

为发展生产，提高工业生产品产量及质量，并保护生产者及消费者之利益不受损害，特制定本办法。

第一条 凡公营企业及私营工厂出品，均一律实行注册。

第二条 拟制新商标者，应持图案，来市府注册。经承认后，方可印制。

第三条 商标上须记牡丹江市，工厂字号，注册号码，该品之数量（长度、重量）等字样。

第四条 商标上可以记明，该品质良好、耐久性质如何等字样。

第五条 工厂因出产品之形状，包荷大小不一者，商标亦应为一种，可将商标图案扩大或缩小印制，但必须将几种大小不一同类商标，均向市府提出存册。

第六条 工厂因出产品种类多，使用同样商标时，必须向市府呈交各种出产品使用一样商标之说明书。各种出产品上使用之同一样商标图案，可扩大缩小，但不得稍有图案变貌。

第七条 商标为生产品有意义之记号，因此禁用有伤风化之图案印装。

第八条 商标上如须记明出产品等级之字样时，必须根据市府开同业公会，公议评定检查之等级印装。

第九条 迄今已经使用之商标，限于十月十五日前，持该商标来市府注册，予以承认使用权。

第十条 商标文字均宜用中国文字或新文字，如有必要使用苏联文、英文、拉丁文字时，需另附有说明书呈交市府。

第十一条 各印刷厂承印商标时，必须有经市政府工商管理科对商标图案之认可印鉴，方可印制。

第十二条 商标既经市府承认后，使用有效期间为五年。

第十三条 既经承认之商标，出品工厂应保证商标与物品相符，他人不得假

---

* 见东北行政委员会商业部编印：《商业法令规章汇编》，1949 年 6 月 1 日。转引自：左旭初．中国商标法律史（近现代部分）[M]．北京：知识产权出版社，2005：474-475.

冒伪造，从中取巧，欺骗营利。

第十四条 尚有违犯以上诸项办法者，以危害政府法令论处。

第十五条 此商标图案办法，自公布日起施行之。

陕甘宁边区商标注册暂行办法*

第一条 为保障商标牌号专用权，发展生产，提高产品质量，特制定本办法。

第二条 凡本区公私各厂、店之产品，申请商标注册者，悉依本法之规定办理之。

第三条 商标注册由本府工商厅办理。为便利商民起见，凡申请商标注册者，得向行署工商处或相当于行署之市工商局，呈递申请书，经其复查合格者，并转呈本府工商厅核准后，准予注册。

第四条 申请商标注册时，须呈送商标图样、货样及填具载明下列事项之申请书：

1. 厂名，2. 经理人，3. 企业性质，4. 类别，5. 资本额，6. 主要机器设备，7. 每月产量，8. 所需主要原料及来源，9. 行销范围，10. 商标牌号名称及其所代表之商品特点。

前项商标图样及申请书经批准后，分存工商厅，行署（或市政府）及申请人各一份。

货样以最小封装为限，其因搬运笨重，不便呈交者，可以模型、照片或图样代替，如认为必要时，并得令申请人，将制造过程详细说明。

第五条 凡经审查合格准予注册者，应将其商标图样先行刊载于商标公报，或指定之报纸满两月后，别无利害关系之异议时，始行注册，发给注册证。

第六条 商标专用权，以呈准注册之图样及其指定之产品为限。

第七条 商标专用期限，自呈准注册之日起，有效期间为五年。期满后，得呈请续展，每次亦以五年为限。

第八条 商标所用文字，以本国文字为限，不得使用外国文字（已经使用外国文字之商标、牌号，得限期更换之）。

第九条 商标所代表之产品，其品质提高，特点发生变化时，得向原注册机

---

* 见陕甘宁边区政府工商厅印行：《商标公报》第一期 P1-3，1949 年 12 月出版。转引自：左旭初．中国商标法律史（近现代部分）［M］．北京：知识产权出版社，2005：483-484.

关呈送说明书，经审查属实后，以商标公报公布之。

第十条 未经注册之商标，如与已注册之商标重牌，得以已注册之商标为合法，并责令未注册商标重新更换，办理注册手续。

第十一条 凡商标、牌号及其营业，一并转让他人时，应由双方于事前申请，本府工商厅批准并缴销旧注册证，另换新证。

第十二条 在商标专用期内歇业者，其商标专用权即同时废止，并缴销注册证。

第十三条 医药制品，须先经行署卫生行政机关化验、许可，并取得证明后，始得申请商标注册。

第十四条 商标专用人，发觉有伪造其商标时，得向司法机关起诉，依法处理之。

第十五条 有左例情形之一者，不得申请商标注册：

一、属于迷信品与违禁品之产品。

二、未取得营业证照者。

三、相同或类似之商标、牌号。

第十六条 商标注册后，有左例情事之一者，由原注册机关撤销之。

一、商标专用人，将其商标自行变换或加附记者。

二、商标专用人，未能保持其商标所代表之产品特点，品质日益下降，经通知其改进，而不遵办者。

三、请准注册之商标，在一年内未经使用，或停用满一年而无正当理由者。

四、商标权移转已满半年，未经重新申请注册者（因承继移转者，不在此限）。

第十七条 本办法未颁布前，各厂、店原已注册之商标，于本办法颁布后，一月内申请注册，换领新证。

第十八条 依十七条之规定，所换领注册之商标，与已注册之商标重牌时，由工商机关按其出品前后、质量优劣、产量多寡裁定之，未获核准者，予以撤销，并令其改换商标，另请注册。

第十九条 办理商标注册，要由申请人依左例规定，缴纳注册费。

一、申请注册及换领新注册证，缴纳人民币一万元。

二、申请转移商标权，缴纳人民币五千元。

两种以上货物使用一种商标者，仍按一种缴纳注册费；同一申请人申请使用数种商标者，则按商标种类分别缴纳注册费。

第二十条 凡经注册之商标，应在封装上，或产品上，注明“陕甘宁边区工商厅商标注册证×字第××号”字样。

第二十一条 商标申请书及商标注册证，由本府工商厅统一印制，申请书由申请人向行署工商处（或市政府工商局）自行领填。

附：

1. 商标注册申请书
2. 商标注册证书
3. 商标权转移申请书

（略）

商标注册暂行条例

（1950年7月28日政务院第43次政务会议批准
1950年8月28日政务院公布）

第一条 为保障一般工商业专用商标的专用权，制定本条例。

第二条 一般公私厂、商、合作社对自己所生产、制造、加工或拣选的商品，需专用商标时，应依本条例的规定，向政务院财政经济委员会中央私营企业局申请注册。

第三条 商标上的文字、图形，应特别显著，并应有一定的名称和颜色。

第四条 下列各款的文字、图形不得作为商标申请注册：

一、与中华人民共和国的国旗、国徽、军旗或勋章相同或近似的；

二、与联合国的名称、徽记或红十字章及外国的国旗、军旗相同或近似的；

三、在同一类商品上所使用的商标，与他人已经申请审定或已经核准注册的商标相同或近似的（包括文字、图形、名称、读音）；

四、用外国文字作为商标的，但运销国外或由外国进口的商品不在此限（前国民党反动政府商标局注册的外国文字商标，重新申请注册，得暂准专用两年）；

五、与一般公用的标章相同的（如合作社、电信及铁路标志等）；

六、与久为人所使用或一般商业上使用的名称、符号标记相同的；

七、与政府或展览会所颁发的奖章、奖状相同或近似的，但以自己所受奖的奖章、奖状作为商标之一部分时，不在此限；

八、用他人姓名、肖像或企业、团体等名称的，但已得对方承认时，不在此限。

第五条 已与中华人民共和国建立外交关系，订立商约之国家的商民，如需专用商标时，得在订立条约的规定范围内，依本条例申请注册。

第六条 已经审定及核准注册的商标和其他应公告的事项，登载于商标公报。

第二章 申请

第七条 商标注册的申请人应备具申请书、图样、印版及注册费，向中央私营企业局申请。如委托代理人办理，应附具委托书。

第八条 凡未取得工商业营业登记证者，不得申请商标注册。

第九条 以成药申请商标注册，应附送卫生行政机关的化验许可证或许可证的照片。

第十条 二人以上用相同或近似的商标使用在同一类商品之上，分别申请注册时，应准最先申请的注册；如于同日申请，则准使用在先的注册。

第十一条 一人用两个以上近似的商标，使用于同一商品之上，而申请注册时，应指定一个为正商标，其他作为联合商标。

联合商标，应以实际使用的为限。

第十二条 已申请注册或已经核准注册的商标，均得转让给别人；但转让人和承受人应会同申请中央私营企业局核准移转后方为有效；连同营业一并转让者，并应附具转让营业的证件。

前项商标亦得作为遗产由继承人继承。继承移转，亦须申请核准，并应附具合法继承的证件。

第三章　审查

第十三条 申请注册的商标，经审定时发给审定书；经审查认为不合而驳回时，发给核驳通知书。

第十四条 完成审定手续的商标，经登载商标公报公告满四个月，无人提出异议，或提出异议，经查不能成立时，始予注册。

第十五条 申请人对驳回有不服时，得自接到核驳通知书之日起四十天内，备具理由书，请求再审查；如再经驳回，即作终结。

第十六条 申请商标注册，经审查驳回时，应发还申请人的注册费。

第四章　注册

第十七条 已经核准注册的商标，发给注册证。

第十八条 商标自注册之日起，注册人取得专用权，专用权的期限为二十年，期满得申请继续专用。

第十九条 商标的专用权，以核准注册的图样、名称以及所指定的商品为限。

第二十条 商标经核准注册后，如须变更注册事项，应申明理由，并附具证件，报请中央私营企业局核准后，登载于商标公报公告之。

第二十一条 有下列情形之一时，即撤销其已经注册的商标，并通知商标专用权所有人或其代理人：

一、商标专用权所有人，自行变换其所注册的商标；

二、停止使用其所注册的商标已满一年；

三、商标专用权自行移转后已满六个月，未经报请移转。

第二十二条 在商标专用期间歇业或转业，商标的专用权即随之消灭。

第二十三条 注册商标，因第二十一条或第二十二条的情事被撤销时，应登载商标公报公告之。

第五章 异议

第二十四条 已经审定的商标，在公告期内，他人认为与自己已经注册或审定的商标相同或近似时，得提出异议。

第二十五条 已经核准注册的商标，他人认为与自己注册的商标相同或近似时，得提出异议，但以登载商标公报之日起一年内为限。

第二十六条 关于异议事项，中央私营企业局应将原理由书抄发对方，限期提出答辩。

第二十七条 对异议的审定有不服时，得自接到异议审定书之日起四十天内，提出再异议。

第二十八条 对于再异议的审定有不服时，得自接到再异议审定书之日起四十天内，向政务院财政经济委员会申请裁决，经裁决后，即为终结。

第二十九条 商标专用权所有人，认为专用权被侵害时，得向当地人民法院起诉。

第六章 附则

第三十条 凡申请商标注册、移转商标权利和变更注册事项、提出异议、再异议、以及其他有关事项，均应依照规定或指定的期限办理，如有违误，则不发生效力；但被认为确有正当理由时，不在此限。

第三十一条 有下列情形之一时，依法惩处：

一、伪造、仿造已注册的商标；

二、未经注册的商标，冒称已经注册；

三、用欺骗方法取得商标的注册。

第三十二条 凡前在各地方人民政府注册的商标，于本条例公布后，均须换证，其办法另定之。

第三十三条 前国民党反动政府商标局注册的商标，应于本条例公布后重新申请注册，其处理办法另定之。

第三十四条 本条例经政务院批准实行。其实施细则由政务院财政经济委员会定之。

商标注册暂行条例施行细则

（1950 年 9 月 29 日中央人民政府
政务院财政经济委员会颁布）

第一条 本细则根据商标注册暂行条例第三十四条的规定制定之（以下简称注册条例）。

第二条 申请注册商标时，每一商标，填写申请书二份，一份连同注册费，直接寄交政务院财政经济委员会中央私营企业局，并附图样十张，印版一枚（印版亦可由中央私营企业局代制，附缴制版费）。另一份连同图样二张，送当地商业行政机关备案。前项所称商业行政机关，在市为工商局或商业局，在县为县人民政府。

第三条 商标图样，应用光洁耐用的纸张印制，长及宽不得超过十六公分（约合市尺四寸八分）。图样颜色，以实际使用的为准。

第四条 申请商标注册时，应按商品分类表所定类别，在申请书内填明所使用的商品。

第五条 同一申请人以一种商标，使用于不同类的商品，须按类分别缴纳费用，申请注册。

第六条 各市县商业行政机关接到申请书时，如发现填报不实，或图样与实际使用不符，应提出意见，申报中央私营企业局。

第七条 中央私营企业局认为必要时，得通知申请人，另送关于商标的说明书、货样或其他附件。

第八条 商标注册的申请日期，以发寄地邮局的日戳为准。如不经邮局者，即以中央私营企业局收到之日为准。

第九条 关于商标申请事项，如与注册条例或本细则的规定不符时，中央私营企业局得通知依限补正。

第十条 凡在中国境内无住所或营业所者，申请商标注册，须委托在中国境内有正当商业或职业者为代理人。

前项申请为外国人时，应并呈国籍证明书。代理人委托书、国籍证明书或其他文件，须一律用中国文字，但附呈外文原本，以供参考。

第十一条 依注册条例第四条第四款、第七款或第八款但书的规定，申请商标注册者，应缴纳证明文件。

第十二条 依注册条例第十一条规定与已经审定或核准注册的商标相联合者，应以审定或注册者为正商标。

与注册商标联合者，申请时应附原注册证，经核准后，填注所联合的注册号数、盖印发还之。

第十三条 已经审定或核准注册的商标，其图形、文字及所指定的商品，不得变更。

第十四条 商标专用期满，注册人申请继续专用时，应于期满四个月前申请之。

第十五条 凡申请人姓名、商号、住所或印章在申请中有更换时，应即报告中央私营企业局；并向当地商业行政机关备案。代理人有更换，或其住所、印章有变更时，应即报告中央私营企业局。

第十六条 提出异议及有关书件，以中央私营企业局收到之日为准。前项书件，应添具副本。

第十七条 异议和再异议审定书，中央私营企业局应分送呈请人及其对方。

中央私营企业局无从送达的文件，均于商标公报公告之。自刊登公报之日起，满三十日即认为送达。

第十八条 凡经审定、核驳或注册的商标，中央私营企业局应将审定书、核驳通知书或注册证，寄交当地商业行政机关转发。

第十九条 凡经异议撤销的注册商标，中央私营企业局应通知当地商业行政机关，转令缴还注册证，并于商标公报公告之。

因歇业、转业而消灭商标专用权者，应由当地商业行政机关收缴其注册证，转送中央私营企业局注销。

第二十条 凡经注册的商标，应于商标上注明注册号数。未经注册者，不得冒用注册商标字样，或用于广告、招牌及交易文件。

第二十一条 商标注册证有遗失或毁损时，注册人得声述理由，并附证明文件，申请补发。补发注册证后，其旧证于商标公报公布无效。

第二十二条 商标注册费及补证费规定如下：

一、申请注册每件缴人民币五十万元。

二、申请移转注册每件缴人民币三十万元。

三、申请补发注册证每件缴人民币十万元。

上项费用，得依实际情况，随时增减，由政务院财政经济委员会定之。

第二十三条 本细则与注册条例同日施行。

商标管理条例

（1963 年 3 月 30 日第三届全国人民代表大会
常务委员会第 91 次会议批准　1963 年 4 月 10 日
由国务院公布　同日施行）

第一条　为了加强商标的管理，促使企业保证和提高产品的质量，制定本条例。

第二条　企业使用的商标，应当向中央工商行政管理局申请注册。

不使用商标的商品，如果有必要和可能在商品或者商品的装潢上载明企业名称和地址的，应当载明，以便管理。

第三条　商标是代表商品一定质量的标志，工商行政机关应当会同有关部门对商品的质量进行监督和管理。

第四条　商标要有一定的名称，构成商标的文字和图形应当简单明显，便于识别。

第五条　商标不得使用下列文字、图形：

（一）同中华人民共和国的国旗、国徽、军旗、勋章相同或者近似的；

（二）同外国的国旗、国徽、军旗相同或者近似的；

（三）同红十字、红新月标志、名称相同或者近似的；

（四）政治上有不良影响的。

商标不得使用外国文字，但是出口商品的商标可以附注外国文字。

第六条　申请注册的商标，同其他企业已经注册的同一种商品或者相类似的商品的商标，不得混同。

第七条　两个或者两个以上的企业申请商标注册的时候，如果商标相同或者近似，准许最先申请的注册。

第八条　申请注册的商标未被核准，申请人如果不同意，可以自接到通知之日起，在一个月内申请再审查。经再审查后，如果仍未核准，即作为终结。

第九条　商标经核准注册后，由中央工商行政管理局公告，并发给注册证。

第十条　注册商标的使用期限自核准之日起至企业申请撤销时止。

第十一条　商标经核准注册后，有下列情形之一的，中央工商行政管理局予以公告撤销：

（一）粗制滥造降低商品质量的；

（二）自行变更商标名称、图形的；

（三）商标停止使用已满一年未经核准保留的；

（四）人民群众或者机关、团体、企业提出意见要求撤销，经审查认为应当撤销的。

第十二条 外国企业如果申请商标注册，须具备下列两个条件：

（一）申请人的国家和中华人民共和国之间已经达成商标注册互惠协议；

（二）申请注册的商标已经用申请人的名义在他本国注册。

外国企业在我国注册的商标的有效期限，由中央工商行政管理局核定。

第十三条 本条例的施行细则，由中央工商行政管理局制定公布。

省、自治区、直辖市人民委员会可以根据本条例和本条例的施行细则的规定，制定管理商标的具体办法。

第十四条 本条例从公布之日起施行。1950 年 8 月 28 日政务院公布的商标注册暂行条例同时废止。

商标管理条例施行细则

（1963年4月25日中央工商行政管理局公布施行）

第一条 根据商标管理条例第十三条的规定，制定本细则。

第二条 申请商标注册的企业，应当是核准登记的企业。

第三条 企业申请商标注册，每个商标应当交送申请书一份、商品质量规格表一份、商标图样二十张、注册费二十元。

申请书应当先送经企业主管部门审查同意。

商品质量规格表应当按照规定的产品技术标准填报，并经企业主管部门审查证明。

第四条 企业申请注册使用在药品上的商标时，应当附送省、自治区、直辖市卫生厅、局的制药批准证明。

企业申请注册使用在出口商品上的商标时，应当附送对外贸易部门的证明。

第五条 同一企业在不同类的商品上使用同一商标，应当依照商品分类表按类别分别申请注册。

第六条 申请注册商标没有核准的，原缴注册费退还。

第七条 商标注册后，如果改变商标名称、图形，应当重新申请注册。

第八条 商标注册后，如果需要在同一类的其他商品上使用的，应当报请核准。

第九条 商标注册后，如果变更企业名称、地址，应当在变更一个月后申请变更。

第十条 商标注册后，如果转让给其他企业，转让人和受让人应当会同申请移转注册，每个商标应当交送移转注册申请书一份、移转注册费二十元，并且交回原注册证。

第十一条 注册的商标，如果企业申请撤销或者依照商标管理条例第十一条的规定经公告撤销，企业应当将注册证交回注销。

第十二条 商标注册证如果遗失或者毁损，应当申请补发。申请补发时，应当交送商标图样五张，补证费五元。

第十三条 企业申请商标注册、变更注册事项、移转注册、撤销注册和补发注册证，都应当报所在市、县工商行政机关核转中央工商行政管理局。

申请人应当向核转机关交送申请书和其他有关文件的副本。

第十四条 工商行政机关通知申请人补办注册手续及其他有关事项时，申请人应当在规定的期限内办理。过期没有办理的，作为放弃申请。

第十五条 外国企业申请商标注册，应当委托中国国际贸易促进委员会代为办理。

第十六条 外国企业申请商标注册，除应当交送国籍证明书以外，每个商标应当交送申请书一份、委托书一份、本国注册证的影印本一份、商标图样二十张、注册费二十元。

第十七条 外国企业注册的商标，如果有效期满要求继续注册，应当在期满前提出申请。每个商标应当交送申请书一份，委托书一份，本国继续注册的注册证影印本一份，商标图样二十张，注册费二十元，并且交回原注册证。

第十八条 外国企业注册的商标申请变更注册事项时，每个商标应当交送变更注册申请书一份，委托书一份、本国变更注册的证件，并且交回原注册证。

第十九条 外国企业注册的商标申请移转注册，除应当交送受让人的国籍证明书以外，每个商标应当交送移转注册申请书一份，委托书一份，本国移转注册的证件、移转注册费二十元，并且交回原注册证。

第二十条 外国企业申请商标注册的文件应当使用中国文字。交送的国籍证明书、本国注册的证件应当附送中文译本。各种证件都应经过公证、认证手续。

第二十一条 本细则从公布之日起施行。